ORIENT-OCCIDENT
LE CHOC ?

Antoine Sfeir dans Le Livre de Poche :

VERS L'ORIENT COMPLIQUÉ

En collaboration avec Théo Klein :

ISRAËL SURVIVRA-T-IL ?

Collection dirigée par Jean-Paul Enthoven

CHRISTIAN CHESNOT
ANTOINE SFEIR

Orient-Occident
le choc ?

Les impasses meurtrières

CALMANN-LÉVY

Le grand écart

Extrémisme religieux, terrorisme, kamikazes, corruption endémique, droits de l'homme malmenés, régimes autoritaires ou dictatoriaux, statut de la femme rétrograde, analphabétisme chronique, pauvreté… Dans les médias, le monde arabe se résume le plus souvent à une litanie de maux qui se nourrissent les uns des autres. Le Moyen-Orient est perçu comme une zone violente, archaïque et incompréhensible. Alors qu'aux quatre coins du monde, il n'est question que de développement, y compris en Afrique, l'« *Homo arabicus* » paraît vivre en marge du mouvement de modernisation et des mutations actuelles. Y aurait-il une malédiction qui frapperait le Moyen-Orient ? Le monde arabe dispose pourtant de tous les atouts pour assurer son développement. Des richesses énergétiques considérables en pétrole et en gaz, une population jeune et dynamique, une unité de langue malgré les dialectes locaux, une situation géographique exceptionnelle, à la croisée de l'Afrique, de l'Asie et de l'Europe, des élites éduquées, des pays de grande culture et civilisation, etc. Et pourtant…

Plus que jamais, en ce début de XXIe siècle, le Moyen-Orient reste enferré dans des crises dont il ne parvient pas à se sortir et qui échappent à la compréhension des spécialistes comme des opinions publiques.

Il suffit pour s'en rendre compte de s'attarder un instant sur une carte de la région.

Le conflit israélo-palestinien, né en 1947-1948, reste béant, sans solution viable et durable à l'horizon alors qu'il suffirait d'appliquer les résolutions des Nations unies et les différents plans de paix (accords d'Oslo, initiative arabe de 2001, « feuille de route », etc.). Le contrôle du Hamas dans la bande de Gaza depuis 2006 conjugué à l'autisme des dirigeants israéliens a sapé pour longtemps toute perspective de paix. Quoi qu'en disent, avec angélisme ou hypocrisie, les puissances occidentales, États-Unis et Union européenne, le processus de paix est moribond. Il faudra des années pour le remettre sur les rails et cela ne se fera pas avec des beaux discours, auxquels plus personne ne croit.

L'Irak post-Saddam Hussein devait devenir un symbole de la démocratie, dans un Moyen-Orient régénéré. La Mésopotamie est vite devenue un cauchemar pour ses habitants, aujourd'hui libres dans un pays ravagé par des violences intercommunautaires. Plusieurs millions d'Irakiens ont d'ailleurs fui à l'étranger. La communauté chrétienne, l'une des plus anciennes de la région, est en passe de disparaître. Les États-Unis ont englouti des sommes considérables. Le prix Nobel d'économie 2001, Joseph Stiglitz, évoque le chiffre astronomique de 3 000 milliards de dollars dépensés par l'administration Bush en cinq ans. Il faudra de longues années pour stabiliser l'Irak, mais surtout réconcilier les Irakiens entre eux. Certes, l'histoire irakienne a toujours été écrite dans le sang. L'invasion américano-britannique a ouvert une nouvelle page de drames et de larmes. La dictature de Saddam Hussein a laissé place au chaos dans un pays déboussolé.

Au Liban, l'impasse politique est totale. Partisans de la coalition du 14-Mars, qui regroupe pro-occidentaux et antisyriens, et partisans de la coalition du 8-Mars, menée par le Hezbollah, s'affrontent dans des jeux de pouvoir stériles et dangereux pour la stabilité du pays. Les vieux démons de la guerre civile (1975-1990) ne sont pas loin. Alors qu'on le croyait définitivement sorti des affres de la violence, il est aujourd'hui travaillé par des forces contradictoires, internes et externes. La crise du nucléaire iranien se joue aussi en partie au Liban, *via* les alliés de Téhéran sur place. La société civile libanaise reste étonnamment vivace, mais les jeunes votent avec leurs pieds… en émigrant à l'étranger. Le pays se vide de ses forces vives, tandis que les mouvements politiques réarment plus ou moins discrètement leurs milices.

Fait troublant, c'est dans ces trois pays – Irak, Palestine et Liban –, qui construisent leur démocratie ou qui sont les plus démocratiques du monde arabe, que les crises sont les plus graves et les plus déstabilisantes pour la région. La plupart des autres pays sont aujourd'hui anesthésiés par des régimes autoritaires. Syrie, Tunisie, Égypte, Arabie saoudite représentent quelques-uns des tristes exemples de cette réalité. Les attentats du 11 septembre 2001 aux États-Unis leur ont permis de justifier toutes les répressions contre l'opposition islamiste. C'était déjà le cas auparavant. C'est aujourd'hui une règle approuvée et légitimée par l'Occident.

Le monde arabe est-il condamné à vivre dans la violence ou sous le joug de pouvoirs autoritaires ? L'Afrique, qui a connu l'esclavagisme, le colonialisme, des frontières artificielles, les divisions tribales et ethniques, expérimente aujourd'hui des évolutions politiques et économiques encourageantes, même s'il reste encore d'immenses progrès à accomplir. Alors pourquoi cette inertie paralysante ? Le sous-développement arabe a des causes multiples et complexes. Le poids de l'histoire est réel. Pendant de longs siècles, les Arabes ont vécu sous la tutelle de l'Empire ottoman… Leur civilisation, jadis brillante, s'est peu à peu endormie sur ses lauriers. L'islam sunnite majoritaire s'est recroquevillé sur lui-même. Livré aux appétits des puissances occidentales après la Première Guerre mondiale, le monde arabe est devenu un terrain d'affrontement des rivalités. La découverte du pétrole en Irak et en Arabie saoudite dans les années 30 a aiguisé les convoitises européennes et américaines. La création de l'État d'Israël en 1948, vécue comme un choc terrible, n'est toujours pas acceptée aujourd'hui. Face au fait accompli israélien, les Arabes n'ont jamais pu poser leurs conditions pour un règlement, sauf l'Égyptien Sadate après la guerre d'octobre 1973. Depuis lors, la Palestine s'est rétrécie comme peau de chagrin. La direction palestinienne, ou ce qu'il en reste, négocie à présent sur moins de 22 % du territoire de la Palestine historique !

Après la vague du nassérisme et du nationalisme, le monde arabe est aujourd'hui submergé par une « vague verte », née des défaites militaires successives contre Israël, d'une crise identitaire face à un Occident perçu comme arrogant, hégémonique et injuste, d'un rejet des pouvoirs autoritaires et corrompus, d'un sous-développement chronique. Le fait islamiste n'est pas un feu de paille, il s'inscrit dans la durée. Il faudra s'habituer à vivre avec, qu'on le veuille ou non. La victoire électorale du Hamas en Palestine et la guerre au Liban où le Hezbollah a fait étalage de sa puissance militaire constituent deux tournants historiques majeurs au Moyen-Orient, dont on mesure encore mal les conséquences à moyen et à long terme. À court terme, cela signifie une exacerbation des tensions qui répond à l'entêtement israélien à vouloir imposer une simple réponse sécuritaire. Le pari d'Israël d'une usure, d'un découragement de ses ennemis et adversaires apparaît aujourd'hui comme une erreur stratégique majeure. Soixante ans après sa création, l'État hébreu reste vulnérable : avec la guerre de l'été 2006 au Sud-Liban, la sanctuarisation de son territoire est devenue relative et incertaine. Déjà en 1991, lors de la guerre du Golfe, les Scud de Saddam Hussein l'avaient bien entamée. Un esprit logique et cohérent voudrait que dans ces conditions de neutralisation réciproque, un terrain d'entente et une solution négociée soient trouvés. Au Moyen-Orient, « les idées simples » chères au général de Gaulle semblent malheureusement appartenir au domaine de l'utopie.

Aujourd'hui, plus que jamais, le ciel paraît bien sombre entre la Méditerranée et la Mésopotamie. La région est agitée de convulsions sans fin. Génération après génération, les conflits se transmettent et s'élargissent : le monde arabe, victime d'un éclatement devenu réalité depuis la première guerre du Golfe, cède aujourd'hui devant la fragmentation intracommunautaire. Le gouvernement central chiite de Bagdad se bat contre la milice chiite de Moqtada al-Sadr ; les Palestiniens se déchirent entre nationalistes et islamistes ; au Liban, les chrétiens apparaissent divisés et les tensions entre sunnites et chiites dégénèrent régulièrement en affrontements. Dans le même temps, le jeu des puissances et sans doute la présence des 140 000 soldats de l'hyperpuissance américaine en Irak ont refermé tous ces conflits sur eux-mêmes. Hier encore, lorsque la Palestine éternuait, l'Europe s'enrhumait. Aujourd'hui, nous assistons impuissants à l'énumération morbide des victimes en Irak, à Gaza, au Liban… La mondialisation apparaît comme un système économique mais également sociétal : ces phénomènes d'éclatement, de fragmentation et de terrorisme touchent toutes les sociétés, à commencer par celles du monde arabe.

Ce livre se veut un examen clinique des crises enchevêtrées du Moyen-Orient, de leurs ressorts historiques et actuels et de leurs acteurs. Un examen pour mieux comprendre une région qui nous est finalement si proche et dont l'avenir est aussi la clé de notre stabilité. Nous pouvons continuer à vivre avec une série de poudrières à nos frontières. Mais combien de temps ?

1

Les Arabes en crise

À écouter les experts et autres spécialistes du monde arabe et musulman, il y aurait une sorte de fatalité qui empêcherait les pays de la région, répartis en quatre aires – Proche-Orient, Péninsule arabique, vallée du Nil, Afrique du Nord –, d'accéder à la démocratie et au développement. C'est faire fi de l'histoire ! À la fin du XIXe et au début du XXe siècle, les sociétés arabes ont connu les nombreux signes d'un processus démocratique : en Égypte et au Liban, la presse a joué un rôle d'éveil considérable. Partout des partis politiques se sont formés, nationalistes ou socialistes, ainsi que des syndicats.

Lorsqu'il y a près d'un siècle, après la Première Guerre mondiale, les Britanniques et les Français ont installé ces États à l'intérieur de leurs frontières, c'était la première fois depuis les temps de Pharaon que ces peuples se voyaient proposer des limites internationalement reconnues : jusque-là, ils étaient enfermés dans les frontières d'un vaste empire, qu'il soit romain, perse, byzantin, arabe, musulman ou ottoman.

À travers les protectorats et les mandats de la

Société des nations, Français et Britanniques ont mené des gestions coloniales totalement différentes. Si Londres était essentiellement préoccupé par les ressources économiques et naturelles des pays, Paris cherchait à exporter les valeurs de la IIIe République : État-nation, citoyenneté, laïcité, séparation de l'Église et de l'État, etc. Les Français parviendront même à installer les rudiments d'une vraie démocratie avec l'aide des élites sorties essentiellement des établissements religieux du Proche-Orient, dont la majorité était catholique et francophone. De ces établissements étaient également issus les intellectuels arabes, porteurs d'un projet d'émancipation de l'Empire ottoman mais surtout d'un sentiment d'appartenance à un vaste ensemble culturel, plus connu sous le nom de « nationalisme arabe » et dont la particularité était de véhiculer des valeurs séculières à défaut d'être laïques.

Et cette vision du développement des sociétés arabes a perduré jusque dans les années 50. À l'époque, l'Égypte révolutionnaire a besoin de l'Occident pour se moderniser et notamment augmenter la superficie de ses terres arables. La construction du barrage d'Assouan est un objectif stratégique. Il n'est pas question pour le colonel Nasser de s'adresser pour ce faire aux puissances coloniales – protectrices ou mandataires – présentes dans la région, en l'occurrence la France et la Grande-Bretagne. Nasser se tourne alors vers une puissance encore étrangère à la zone : les États-Unis. Ces derniers, engagés dans une alliance avec l'Arabie saoudite, lui tournent le dos et l'incitent à aller voir ailleurs. Ce qu'il fait alors avec les non-alignés – Nehru l'Indien et Tito le Yougoslave –, et avec les

Soviétiques. C'est le début d'un malentendu lourd de conséquences.

1956 sera une année fatidique pour les anciennes puissances coloniales : la France et la Grande-Bretagne, aidées par l'armée d'un État nouvellement créé dans la région, Israël, vont déclencher un véritable séisme. Le maître de l'Égypte, Nasser, ayant nationalisé le canal de Suez, une expédition franco-britannique est lancée avec l'appui de l'armée israélienne. Une guerre exclusivement mercantile ; une belle victoire militaire, mais quelle défaite politique ! Sous la pression conjuguée des États-Unis et de l'Union soviétique, les vainqueurs vont devoir se retirer du territoire égyptien avec, pour corollaire, la perte de leur suprématie en faveur des nouvelles puissances nucléaires que sont devenus Washington et Moscou et qui, à leur tour, mettront la main sur cet espace arabo-musulman. Le Moyen-Orient devient alors un terrain d'affrontement de la guerre froide, la Russie et les États-Unis soutenant leurs protégés respectifs : Égypte et Syrie pour la première, Israël et Arabie saoudite pour les seconds. Cette polarisation va freiner le processus de démocratisation.

Le monde arabe est alors coupé en deux : d'un côté, les pays dits progressistes regroupés autour de Nasser et de l'idée de l'unité arabe, et de l'autre, les pays dits conservateurs autour de l'Arabie saoudite. Mais entre les deux existe aussi une véritable différence de concept : d'un côté, avec l'Égypte, celui de l'État-nation sur le modèle occidental, incarné par l'unité arabe, la nation arabe, la Oumma arabiyya, et de l'autre, l'islam sans frontière incarné par la communauté islamique universelle, la Oumma islamiyya.

Les États-Unis, à l'instar des Britanniques, donnent la priorité à leurs intérêts : le contrôle des sources de pétrole et d'hydrocarbures, l'extraction, le raffinage et l'acheminement. Quoi de plus normal dans cette optique que de voir l'Arabie saoudite devenir une pièce maîtresse de la stratégie américaine. En tout cas plus que l'Égypte de l'époque, qui n'a pas de pétrole et dont le nouveau chef, Nasser, manifeste une hostilité arrogante envers l'Occident.

Ainsi, quatre événements allaient sonner le glas de la démocratie naissante au Proche-Orient.

La collaboration, d'abord, des puissances coloniales avec les seules élites : notables, propriétaires terriens, chefs claniques et familiaux, occultant de ce fait tous les nouveaux courants d'idées et d'opinions qui ont pénétré les sociétés de la région et dont la plupart ont été importées d'Occident.

La création, ensuite, de l'État d'Israël, qui va générer une unité arabe artificielle basée non pas sur une adhésion à un projet de construction unitaire, mais sur le rejet d'un corps étranger à la région.

La captation également du pouvoir par de nouvelles élites, issues dans leur grande majorité des toutes jeunes armées de ces nouveaux pays et qui vont très vite installer des dictatures avec pour seule référence la « résistance palestinienne » mobilisatrice des foules, et en suspectant tout opposant qui menacerait le pouvoir de « collusion avec l'ennemi sioniste ».

L'expédition de Suez, enfin, et l'appui des puissances occidentales au camp arabe conservateur regroupé autour de l'Arabie saoudite, qui prône un islam rigoureux, radical et prosélyte à coups d'arguments sonnants et trébuchants. Désormais, à partir de la fin des années 50, les islamistes vont remporter des victoires tandis que les partisans de sociétés laïques endureront des défaites répétées. Bien plus, les dirigeants arabes vont instrumentaliser les groupes islamistes contre la gauche dite nassérienne pour « nettoyer » l'Université et les syndicats, noyaux de la contestation.

Dernier élément, mais qui a son importance : issus de l'armée, les nouveaux dirigeants arabes vont naturellement flatter l'outil militaire. D'autant que la victoire idéologique définitive (si tant est que quelque chose puisse être définitif dans cette partie du monde) des conservateurs et la fin du nationalisme arabe ont favorisé les politiques sécuritaires, qui se sont substituées aux appels à la solidarité unitaire. S'appuyant sur la « menace » israélienne, les budgets de défense des pays arabes ont atteint des taux jamais égalés auparavant : entre 20 et 40 % du budget de l'État, au détriment d'autres secteurs et notamment de celui de l'éducation.

La non-démocratie et la non-existence de droits de l'homme dans le monde arabe sont-elles une fatalité ? Certes pas ! Mais une conséquence directe d'événements successifs, à la fois endogènes et exogènes. Un rapport récent du PNUD (Programme des Nations unies pour le développement) a montré la régression édifiante de l'espace arabe au cours de ces quarante dernières années. Aujourd'hui, c'est en redonnant la priorité à l'éducation que les pays arabes pourront former de nouveau des démocrates et espérer bâtir des démocraties – à condition de ne pas singer les démocraties occidentales.

La démocratie est un mode de progrès, un processus continu. Comment les pays arabes dans lesquels l'islam est majoritaire pourraient-ils progresser ? Nombre de personnes ont réfléchi à une adaptation non pas de la démocratie à l'islam, mais de l'islam à la démocratie. C'est réalisable. En Turquie, cela a fonctionné. Vraisemblablement parce qu'il y a eu séparation de la religion et de l'État. Autre exemple : Nasser avait amorcé le processus, mais il aurait fallu vingt ans de plus pour que les excès, par réaction à l'Occident, s'atténuent et que le « pendule » revienne à l'équilibre. On peut en tirer des idéologies, mais les idéologies ont aussi fabriqué des citoyens. Et il ne faut pas s'étonner, dès lors que l'islam radical de l'Arabie saoudite a pris le dessus, que celui-ci, archaïque et rétrograde, soit prégnant dans les sociétés arabes, tant le régime saoudien a été soutenu par l'Occident. Autre élément : comment édifier des démocraties dans le monde arabe alors que tous les démocrates arabes sont soit en prison, soit en exil ? Ce que Ghassan Salameh, ancien ministre libanais, a résumé dans une formule qui a fait florès : « Des démocraties sans démocrates. »

Pour autant, la solution ne réside certainement pas en une intervention occidentale. L'Occident doit rester un modèle et ne doit pas provoquer de rejet. C'est le véritable hiatus des États-Unis : jamais, même du temps de Nasser, les Américains n'ont été aussi haïs qu'aujourd'hui, même si la victoire de Barack Obama a été saluée dans le monde arabe – mais pas par Al-Qaida. Fait intéressant à noter, c'est dans les pays qui ont connu la démocratie ou à qui on veut l'imposer que les crises sont les plus graves : en Palestine, au Liban et en Irak. Dans ce contexte, l'Occident doit donner l'exemple, en aidant non pas les gouvernements mais les sociétés civiles, à travers des ONG, un tissu associatif... C'est peut-être là que réside la solution.

L'exemple du Liban est significatif. La vie démocratique y est réduite au minimum, sur fond d'attentats et avec une guerre qui en cache une autre – socio-économique celle-là. Dans le même temps, les formes démocratiques sont respectées à la lettre. Lorsque, en février 2005, Rafic Hariri est assassiné, qui s'empare de la rue ? Les étudiants, qui sortent du campus universitaire et manifestent contre l'occupation syrienne. La classe politique, trop soucieuse de garder ses avantages pour lancer cette initiative, prend le train estudiantin en marche, pour finalement se l'approprier. Aujourd'hui minoritaires au Liban, les chrétiens s'interrogent sur leur avenir, eux qui ont porté les valeurs de la renaissance arabe et des valeurs démocratiques.

Certes, les chrétiens sont plus ou moins bien traités dans les pays arabes – plutôt bien au Liban et en Syrie, même s'ils y sont instrumentalisés parce que la minorité au pouvoir est la minorité alaouite[1]. En revanche,

---

1. Les alaouites appartiennent à une secte de l'islam chiite. Ils représentent environ 12 % de la population syrienne. C'est sur

en Égypte, ils sont dans une situation difficile. Régulièrement, ils sont pris pour cibles par des extrémistes
musulmans, notamment en Moyenne-Égypte, cœur
historique de leur ancrage dans le pays. En Palestine,
il n'y a plus guère que 4 ou 5 % de chrétiens. À
Jérusalem, 80 % d'entre eux sont partis en l'espace
d'une vingtaine d'années. À Bethléem, la ville de la
Nativité, les musulmans sont devenus majoritaires. En
Iran, il y a seulement une importante minorité arménienne. En Irak, du temps de Saddam Hussein, ils
étaient bien traités. Là encore, parce qu'ils étaient
utilisés pour transmettre le savoir – Saddam Hussein
leur avait notamment confié les écoles. Mais depuis
la guerre de 2003, leur situation est catastrophique. Et
si les Américains sont haïs, ce n'est ni par les chiites
ni par les Kurdes, mais par les sunnites et, surtout, par
les chrétiens, pour lesquels l'intervention militaire a
été tragique. Au rythme des départs, la présence chrétienne se raréfie en Mésopotamie. La disparition des
communautés chrétiennes au Moyen-Orient est aussi
le signe d'une régression démocratique et de la fragi-
lité du modèle de coexistence communautaire.

Dans les pays de la Péninsule arabique, la question
de la démocratie se pose en d'autres termes : le Coran
est la Constitution et la charia, la loi islamique, est le
Code civil. Le seul État de la péninsule qui y échappe,
c'est Oman, pour des raisons d'ailleurs religieuses :
le pouvoir y est aux mains des kharidjites, la troisième

eux que la famille Assad s'est appuyée pour prendre le pouvoir
et le conserver.

branche de l'islam, qui stipule que quiconque peut être calife, y compris un ancien esclave noir – la pire des situations pour un Arabe. Malgré la chape de plomb qui pèse sur les sociétés civiles du Golfe, la vie démocratique avance, mais à pas de tortue. Les Parlements deviennent comme à Bahreïn ou au Koweït des enceintes de contestation. Les femmes commencent à y être admises.

L'Iran n'est pas un pays arabe. Les Iraniens sont des Perses, chiites, indo-européens… donc trois fois minoritaires. Le chiisme est en pleine évolution, cela ne s'est jamais arrêté. Les Iraniens ont peur. Ils se définissent eux-mêmes comme Perses dans une mer d'Arabes et de Pachtounes, chiites dans un océan de sunnites.

À l'aube du XXIe siècle, le monde arabe apparaît comme une zone sous tutelle marquée par une présence militaire étrangère aussi importante qu'à la période coloniale, avec des bases dans le Golfe et des facilités dans dix pays arabes. Les États-Unis sont présents à Djibouti, à Bahreïn, siège de la Ve flotte, au Qatar, siège du Centcom, et surtout en Arabie saoudite. Début 2008, la France, présente à Djibouti, a d'ailleurs signé avec les Émirats arabes unis la création d'une base militaire à Abu Dhabi. Autant dire que l'influence occidentale sur les pays arabes reste une donnée permanente.

Le monde arabe vit aussi une crise de développement. Tous les indicateurs du développement humain (IDH) de l'ensemble arabe sont au rouge, illustrant la

carence du système politico-culturel. Le taux moyen
d'alphabétisation des adultes, bien qu'en progression
ces quinze dernières années, demeure l'un des plus
bas du monde, juste après l'Asie méridionale et l'Afrique subsaharienne, deux zones géographiques qui ne
disposent pourtant pas des mêmes richesses que le
monde arabe[1].

Il en est de même du taux de mortalité infantile,
l'indice qui reflète le mieux le niveau de développement d'un pays puisqu'il implique tout à la fois l'état
sanitaire et le niveau d'éducation de la population
ainsi que le statut de la femme et le réseau hospitalier.
Pour la période 1995-2000, il est parmi les plus élevés
du monde, confirmant si besoin était le faible niveau
de développement arabe. Le taux de mortalité infantile
demeure particulièrement élevé aussi bien dans les
grands pays dotés d'infrastructures qu'au sein des
pays moins équipés. Au Maroc, il atteint 40 pour
1 000, en Égypte 37, en Algérie 32, en Arabie saoudite
23, en Syrie 22, au Liban 17 et en Palestine 21. L'Irak
culmine à… 94 pour 1 000[2] !

La recherche scientifique, un des leviers du décol-
lage économique et stratégique, apparaît comme une
activité marginalisée, dotée d'un budget insuffisant.
L'ambition que Bachar el-Assad, successeur présumé
du chef disparu de l'État syrien, caresse pour son pays
– fournir un accès Internet à tout foyer syrien –, s'il
répond à un besoin de mobilisation, traduit aussi une

---

1. 66,9 % pour les hommes et 40,6 % pour les femmes, selon
les statistiques de l'Institut du monde arabe (2005).
2. Source : INED.

prise de conscience angoissée et tardive devant le retard scientifique arabe. Le monde arabe ne compte que 8 000 chercheurs, dont certains figurent parmi les plus brillants cerveaux de la planète, à l'instar de l'Égypto-Américain Ahmed Zewail (prix Nobel de chimie en 1999). Quatre dollars par an et par habitant sont consacrés à la recherche scientifique, soit 300 fois moins qu'aux États-Unis. Les budgets de recherche dans le monde arabe sont de l'ordre de 0,25 % du PNB en moyenne, contre 3 à 3,5 % dans les pays développés.

Tout aussi préoccupant est le retard dans le domaine de la Net économie. Si la téléphonie a connu une expansion rapide dans les pays arabes, ce n'est pas le cas d'Internet. Le taux de pénétration dans les foyers arabes atteint des proportions dérisoires : 3,7 % en 2004 dans les 22 pays de la Ligue arabe, soit 12 millions d'internautes pour une population totale de 316 millions. À titre de comparaison, les États-Unis affichent un taux proche de 60 %, l'Europe 35 %, le Brésil 11 %, la Chine 10 % et l'Afrique 3 %[1]. Et tous les observateurs le soulignent : la fracture numérique ne peut que freiner le développement de ces pays. C'est l'idée phare qui s'est dégagée du Sommet mondial sur la société de l'information (SMSI) dont la première phase s'est tenue à Genève en 2003 et la seconde à Tunis en 2005. Pire encore, le ministre syrien des Télécommunications, Amr Salem, a été

---

1. Statistiques de l'Union internationale des télécommunications (UIT), organisatrice de la conférence de Doha.

jusqu'à déclarer en marge de la Conférence mondiale sur le développement des télécommunications à Doha (Qatar) en mars 2006 : « La présence arabe sur le réseau mondial est presque nulle […], se réduisant à quelques sites d'informations ou des sites personnels. » Les grands pays arabes avancent avec prudence sur cette voie, comme s'ils paraissaient redouter les effets déstabilisateurs de ces nouvelles technologies de l'information, et soucieux d'en assurer la maîtrise préalable.

En démultipliant à l'infini les voies de l'information, Internet rend en effet difficile le verrouillage hermétique de la société. Les nouvelles technologies de l'information sont aujourd'hui l'un des principaux vecteurs d'éducation, mais surtout d'éveil aux réalités du XXIe siècle, notamment démocratiques.

Malgré le poids de l'histoire, le monde arabe n'est pas condamné à la répression perpétuelle. Il dispose d'un atout maître : sa jeunesse, qui a soif d'ouverture sur le monde.

2

Des États sans nation ?

La plupart des observateurs qui abordent la question du Moyen-Orient occultent une réalité : durant des siècles, ces peuples n'ont jamais été citoyens. Depuis le temps des pharaons, ils font partie de vastes systèmes politiques, États, empires, régions, tout en restant enfermés dans leur communauté. Dans toute la zone, seule l'Égypte peut revendiquer une unité politique et administrative sans discontinuité depuis l'ère pharaonique, forgée autour du Nil. En 1916, avec les accords Sykes-Picot, les Britanniques et les Français ont tenté de créer des États-nations. S'ils avaient partiellement et momentanément réussi, ce fut grâce à une armada de missionnaires et de congrégations religieuses qui prirent en charge la transmission du savoir. Les colonisateurs franco-britanniques imposèrent des frontières qui ont survécu jusqu'à aujourd'hui.

Mais au lendemain de la Seconde Guerre mondiale, après le temps des indépendances et parallèlement aux bouleversements qui accompagnèrent la création de l'État d'Israël en 1948, des dictatures se sont très vite installées dans la région. Elles ont fondé des États

dans les frontières tracées par les puissances occidentales, mais ont omis de former des citoyens.

Au Moyen-Orient, les États, ce sont avant tout les
appareils d'État, et notamment les services sécuritaires. En Syrie, par exemple, la minorité alaouite ne
tient que parce que Hafez el-Assad, le père de l'actuel
président, qui était doté d'une grande intelligence, a
commencé par créer cinq services de renseignements :
pour l'armée de l'air, l'armée de terre, l'armée tout
court, la sécurité générale, et enfin la sécurité politique. Tous ces services se surveillent mutuellement et
font du zèle pour mieux contrôler la population. Ainsi
encadrée, elle est « protégée », mais surtout, espion-
née. Ce verrouillage sécuritaire de l'espace politique
se retrouve dans la plupart des pays arabes, du Maghreb – en Tunisie par exemple – au Machrek, jusqu'aux pays du Golfe.

Depuis des décennies, l'« *Homo arabicus* » est
déresponsabilisé. Comment alors devenir des citoyens
à part entière ? À la moindre incartade, ils sont punis.
Raison pour laquelle ces pays n'ont pas mûri. Si l'on
a vu émerger un processus de réislamisation dans les
années 60, c'est tout simplement parce que ces
« enfants » se sont retrouvés dans la mosquée, le seul
lieu où le dictateur ne pouvait pas entrer et où pouvait
exister une expression libre. Ils se sont en quelque
sorte emparés de ce pouvoir religieux pour braver le
père, braver l'État. À l'origine, la réislamisation n'est
autre qu'une forme d'émancipation ! Mais qui s'est
organisée à travers le prisme saoudien wahhabite,
archaïque, rétrograde, avec une lecture littéraliste du

Coran. En cherchant à s'émanciper de l'État, ces peuples ont choisi d'obéir aux lois de Dieu plutôt qu'aux lois des hommes. Lorsqu'elle ne transcende plus l'appartenance communautaire, religieuse, identitaire ou régionale, la citoyenneté vole en éclats. Le pouvoir de Dieu devient le seul auquel se raccrocher. Et comme l'on fait dire ce que l'on veut à Dieu, finalement, ce type d'émancipation renforce la dictature. La population ne possédant pas le savoir, elle est d'autant plus malléable. Pour contrer cette islamisation, les pouvoirs en place n'hésitent pas à recourir à toutes les méthodes d'intimidation.

À tel point que l'utilisation de l'appareil de l'État entraîne également les dérapages de ses propres appareils. Un petit *chaouch* (un gardien d'immeuble) qui entre au sein d'un des appareils de l'État devient le roi dans son quartier. Cela s'est vu dans les régimes totalitaires, les « régimes forts » comme on les appelait dans les années 30, les régimes soviétiques. À la différence que, dans ces derniers, il y avait de l'érudition, du savoir.

Dans les années 20, l'Empire ottoman est démantelé, entraînant la création de plusieurs États. Les puissances mandataires, surtout la France, aident ces pays à se doter d'infrastructures : écoles, tribunaux… Le port de Beyrouth date précisément du temps du mandat. Dans la même période apparaît le problème israélo-palestinien, qui ne cessera de diviser les Arabes.

Lors de la Seconde Guerre mondiale, la plupart d'entre eux se sentent solidaires des Alliés, rejetant le nazisme et le fascisme. Au lendemain de la création

de l'État d'Israël et de l'émergence de réfugiés palestiniens, deux concepts vont s'opposer. D'un côté, le
nationalisme arabe – considérant un passé et un devenir communs – et de l'autre, la communauté sans
frontière. En arabe, les termes « nation » et « communauté » sont traduits par le même mot, la *oumma*. D'où
une formidable ambiguïté. Le concept de communauté
sans frontière est porté par l'Arabie saoudite, qui ne
veut pas entendre parler de sécularisation, et encore
moins de laïcité. Le drame, c'est que l'Occident, beaucoup plus préoccupé par l'existence d'un monde libre
(face au bloc soviétique), a choisi de s'allier non pas
avec Nasser, l'homme qui prêche la sécularisation,
mais avec cet islam wahhabite saoudien.

Précisément, lors de la guerre de Suez en 1956 qui
marque la montée au créneau des Soviétiques et des
Américains dans les affaires de la région, il est facile
pour les Américains d'entraîner l'Europe, notamment
la France et la Grande-Bretagne, puissances déclin-
antes, dans une alliance avec les Saoudiens. À partir
de là, Nasser est diabolisé. Il devient même le « nouvel
Hitler ». Sa disgrâce dans le monde occidental est
lourde de conséquences : elle sonne le glas du processus de sécularisation des sociétés arabes. Parallèlement, le début du processus de réislamisation voit le
jour et le danger apparaît : il n'y a plus de transmission que du savoir religieux. Et l'on permet à la religion, qui n'appartient plus à la seule sphère privée,
d'entrer en force dans l'espace public. Cette dichoto-
tomie, ce hiatus, entraînera un processus de sécularisa-
sation et une annihilation de la nation. Parce que
l'islam est présenté comme englobant. Même s'il

existe des conflits entre les États, il y a une seule transcendance, immuable, qui est celle de l'islam. On est musulman avant tout, et non plus citoyen.

La nation n'existe pas lorsqu'il lui manque l'alliance du savoir, la théorisation. Et l'absence de nation entraîne l'absence de nationalisme. Nasser a décrété qu'il y avait un nationalisme arabe, mais il n'a jamais œuvré à sa construction. L'éphémère République arabe unie (RAU), qui réunit l'Égypte et la Syrie entre 1958 et 1961, restera comme une parenthèse sans lendemain. Le Caire cherchait surtout à asseoir sa suprématie sur le monde arabe.

Aujourd'hui, certains intellectuels essaient de reconstruire ce nationalisme arabe, de le restructurer à partir de la base. Reste que l'échec des deux principaux leaders porteurs de ce panarabisme, Nasser et Saddam Hussein, a considérablement affaibli ce courant de pensée. Le reflux du nationalisme arabe a coïncidé avec la montée en puissance de l'islamisme. Pour autant, les structures étatiques existent, et chaque peuple arabe a ses traditions, sa façon propre de parler la langue, sa cuisine, ses artistes… En clair, même s'il n'existe pas d'État-nation au Moyen-Orient, chaque nationalité se distingue des autres : entre un Marocain, un Irakien, un Yéménite et un Libanais, que de différences !

Le cas du Liban suscite beaucoup d'attention à mesure que le pays du Cèdre renoue avec ses vieux démons. Certains affirment qu'il se réduit à une addition de communautés qui se répartissent le pouvoir, d'où la crise actuelle, qui est d'abord une crise d'identité. Le pacte national de 1943, qui régit l'organisation du pouvoir politique (un président maronite, un Premier ministre sunnite, un président du Parlement chiite), montre aujourd'hui ses limites. L'évolution démographique a rendu caduc cet arrangement. Les chrétiens ne sont plus majoritaires et les chiites représentent la communauté la plus dynamique sur le plan démographique. Dans ce pays où l'État fonctionne sur une base confessionnelle, la discorde fait partie du paysage. « Individuellement, les Libanais sont merveilleux, collectivement, ils sont irresponsables », notait un ancien ambassadeur de France à Beyrouth. À tel point que certains se demandent s'il existe réellement une nation libanaise.

La façon dont les Libanais ont réagi lors de la guerre de l'été 2006 témoigne partout de leur solidarité et de leur sentiment national. Les lobbies libanais en place aux États-Unis, en Europe et jusqu'en Australie montrent que cette solidarité est une incarnation de la nation libanaise. Les dons d'argent ont afflué pour soutenir les familles sur place. La diaspora a vécu par procuration la guerre de 2006, souffrant pour ses proches.

Pour comprendre cette « libanité », il faut replonger dans l'histoire. Les éléments constitutifs de la nation libanaise sont avant tout les maronites et les Druzes, deux communautés montagnardes. Du temps des Ottomans, chaque fois que les maronites et les Druzes s'alliaient – d'une manière totalement féodale, d'ailleurs –, le pacha de Damas, celui d'Acre, le vice-roi d'Égypte ou même d'Istanbul, la Sublime Porte, tout le monde était gêné à la fois sur le plan militaire et sur le plan politique. Et quand les Druzes et les chrétiens déliaient leur alliance, les frontières n'étaient plus protégées. Lors de l'indépendance, les quatre grandes communautés ont été consultées : les maronites, supposés représenter tous les chrétiens, les chiites, les sunnites et les Druzes. Chiites, Druzes et chrétiens étaient pour des alliances avec les grandes puissances mais aussi pour la souveraineté du Liban. De leur côté, les sunnites hésitaient. Dans l'intérêt de leur communauté, ils imaginaient une continuité avec les sunnites de Syrie, de Jordanie et d'Arabie saoudite. Ils n'avaient jamais totalement admis l'indépendance du Liban et refusaient le partage colonial, jugé artificiel.

Aujourd'hui, à quoi assistons-nous ? L'actuel président du Conseil, représentant institutionnel de la communauté sunnite, estime qu'il faut absolument définir des frontières internationales avec la Syrie – et non pas avec Israël – et échanger des ambassadeurs, pour bien marquer le coup sur le plan international. Il s'agit d'un véritable retournement historique. Certains ont même vu chez les sunnites le centre de l'indépendance et de la souveraineté nationale. Une nouvelle posture adoptée par le clan Hariri et les sunnites, qui ont longtemps travaillé avec Damas, et ont désormais rejoint les autres communautés pour exiger un tracé des frontières avec la Syrie. Enterrant par là même l'idée d'une « Grande Syrie ».

Les frontières au Moyen-Orient remontent au découpage établi par la France et la Grande-Bretagne. Mais il reste encore de nombreux contentieux. Sur les cartes syriennes, on mentionne toujours le « sandjak d'Alexandrette », que la France avait rétrocédé à la Turquie en 1939. Le sandjak devint alors la province du Hatay. Même si ce n'est plus un sujet « chaud », comme le plateau du Golan occupé par Israël depuis 1967, la perte de ce territoire reste une blessure dans la mémoire collective syrienne. La Syrie estime qu'on lui a volé un morceau de son territoire national.

Autour d'Israël, les frontières ne sont pas encore définitivement fixées. Seules l'Égypte et la Jordanie ont une frontière reconnue. Plus au sud, l'Égypte conteste au Soudan le « triangle d'Halaïb », une zone sur la mer Rouge, une région désertique, en principe égyptienne, mais administrée depuis le début du XXe siècle par le Soudan. Or, son sous-sol serait riche en pétrole… d'où les convoitises du Caire et de Khartoum. Dans les eaux du golfe Persique, trois îles alimentent la tension entre l'Iran et les Émirats arabes unis : les îles de Tomb (la grande et la petite) et l'île d'Abou Moussa. Ces trois morceaux de terre sont stratégiques, car ils commandent l'accès au détroit d'Ormuz, la veine jugulaire de l'approvisionnement en pétrole de la planète. Or, depuis 1971, les Iraniens occupent ces trois îles. L'argumentation de Téhéran repose sur des cartes britanniques de 1770 qui indiquent qu'elles appartenaient à la Perse ! Les Émirats n'ont toujours pas digéré ce coup de force de leur voisin iranien. Le Moyen-Orient regorge de conflits territoriaux et maritimes.

Brutalement, la crise du Golfe de 1990-1991 a redonné un sens aux conflits territoriaux. Saddam

Hussein a considéré, comme ses prédécesseurs d'ailleurs, que le Koweït avait été injustement détaché de la nation irakienne par le colonisateur britannique. La « 19ᵉ province » devait revenir coûte que coûte dans le giron de la mère patrie. Or, le raïs n'a pas compris que la communauté internationale n'était pas prête à accepter une modification unilatérale des frontières qui provoquerait, de surcroît, la disparition d'un État. Mais une frontière peut toujours être modifiée par un accord, comme la frontière Iran-Irak l'a été par l'accord d'Alger sur le Chatt al-Arab en 1975, remis en cause lors de la guerre de 1980-1988, puis accepté à nouveau par l'Irak.

Une frontière peut-elle être modifiée par le consentement des populations ? Cette procédure peut-elle légitimer une séparation ou, au contraire, conforter une emprise ? La France a eu recours au référendum pour consacrer en droit la naissance de l'Algérie et sa séparation du territoire national après les accords d'Évian en 1962. Une procédure identique est prévue pour régler la fin du conflit du Sahara occidental, mais, plus de dix ans après son acceptation par toutes les parties, sa réalisation se fait attendre.

Les États restent plus que jamais à la base des constructions politiques dans le monde arabe. Leur légitimité historique est parfois faible car les institutions et les frontières héritées de la période coloniale restent des créations finalement assez récentes. Il n'empêche que le rôle fonctionnel des États reste important, même si les services qu'ils rendent font l'objet de critiques. Enfin, l'absence de contrôle des

citoyens, sous quelque forme que ce soit, sur ces questions, considérées comme le domaine réservé des rois
ou des dirigeants, constitue une donnée de base des
systèmes politiques arabes.

Par ailleurs, de nouveaux espaces de pouvoir se
dessinent. Que reste-t-il de la souveraineté de l'État
face aux satellites et à la généralisation de la circulation du dollar comme base des transactions ? La
culture, l'économie, la force militaire, les courants
religieux créent des systèmes inégaux nécessairement
amenés à composer et quelquefois à s'affronter.

Reste la vraie question : peut-on importer les règles
du système international dans le monde arabe ? Leur
prise en compte est plus effective que leurs détracteurs, fondant généralement leurs critiques sur l'histoire ou l'idéologie, ne voudraient le faire croire. Mais
si les États résistent assez bien aux remises en cause,
qu'en sera-t-il de leur future capacité à réguler les
mouvements d'idées, de capitaux, de personnes et de
marchandises tout en maintenant des procédures de
confiscation du pouvoir, longtemps justifiées par
l'opposition à l'ancien colonisateur ou par la menace
d'Israël ?

Au Moyen-Orient comme au Maghreb, la construction de l'État se trouve au cœur d'un processus d'adaptation des structures de gouvernement. Si la période
des réformes de l'Empire ottoman ou l'Égypte de
Mohamed Ali peuvent être interprétées comme des
forces de résistance à la pénétration européenne qui
préfigurent à certains égards Mustafa Kemal ou Nasser, ailleurs, et notamment au Maghreb, l'État est

marqué par l'expérience coloniale, en dépit de quelques tentatives modernisatrices comme celles d'Ahmed Bey et de Kheiredine en Tunisie ou de Moulay Hassan Ier au Maroc. Ailleurs, pour légitimer des États qui doivent leur naissance aux accords Sykes-Picot et aux constructions coloniales ou mandataires françaises ou britanniques, il faudra réinventer des traditions et reconstruire le passé.

Un discours nationaliste anticolonial a longtemps servi à légitimer des opérations de confiscation du pouvoir, qui vont tourner très vite à des oppositions nationalistes entre pays voisins, dans le plus pur style du XIXe siècle. Il s'agit de justifier la confiscation des appareils politiques au profit des oligarchies au lendemain des indépendances. Plus profondément, il faudrait se poser la question de la fonctionnalité pratique des découpages et des systèmes hérités, dont la légitimité reste faible. Il existe certes des exceptions, comme l'Égypte, dont les contraintes naturelles dictent depuis des millénaires le mode de fonctionnement du pouvoir et les stratégies extérieures. À un moindre degré, on pourrait faire les mêmes remarques pour le Maroc ; et les limites actuelles des États du Maghreb sont à quelques nuances près fixées depuis le XVe siècle. La primauté de l'État, l'organisation d'appareils bureaucratiques civils et militaires, qui vont s'investir de la mission d'en assurer la garantie, permettront le maintien des frontières, en dépit de leur légitimité contestable et des absurdités pratiques qui peuvent en découler ici ou là, en termes de mobilité des groupes nomades en particulier.

Cette rigidité notariale, qui fait aussi partie de l'héritage du nationalisme européen du XIXe siècle, va comporter son lot de querelles de bornage et de murs mitoyens. Le choix des bases territoriales rigides pour la construction des États va remettre en cause les anciens principes d'allégeance des personnes et des groupes qui régissaient le fonctionnement des empires et des monarchies, permettant notamment aux minoritaires et aux étrangers de trouver leur place dans un projet collectif au service du prince.

Le système avait bien fonctionné dans l'Empire ottoman et dans l'Égypte khédivale, où l'on ne comptait plus les Grecs, les Arméniens ou les étrangers en stambouline. Ce système reposait sur des mécanismes d'allégeance où les droits et les obligations de chacun à l'égard du système étaient mieux connus que codifiés. Les minoritaires, chrétiens et juifs, ainsi que les tribus, pouvaient trouver leur compte dans un pacte de service et de protection dont les contours faisaient l'objet de réévaluations, suivant les intérêts du pouvoir central et des groupes concernés, ce qui n'excluait pas la violence.

Est-ce parce que l'équilibre du contrat se dégrade, que les idées venues d'ailleurs poussent les empires à devenir des États centralisés et les minorités à revendiquer un destin de nations que l'on voit se défaire, en une génération, les vieux systèmes politiques bricolés à partir d'une modeste base commune étatique ? Un processus de transformation par exclusion et par inclusion s'opère avec le rêve chimérique et dangereux de constituer des ensembles homogènes et forts. L'évolution du mouvement des Jeunes-Turcs et ses rapports avec le nationalisme arabe en constituent un exemple type, mais pratiquement chaque processus d'indépendance nationale ou de révolution entraîne l'exclusion ou la marginalisation des groupes qui n'appartiennent pas à la culture dominante. Certes, les partis laïcs, nationalistes arabes ou baasistes vont freiner cette évolution et trouver certaines modalités de réincorporation.

L'État nouveau n'admet plus les différences ou, du moins, sait mal les gérer. Son manque de légitimité historique le rend intransigeant avec les groupes qui affirment des particularismes culturels. Les monarchies font preuve d'un peu plus de souplesse que les régimes à parti unique.

Si l'État-nation détruit l'ordre ancien des allégeances et recompose une entité politique avec les restes du système colonial, il lui faut pour durer mettre en place un nouveau système de légitimation. Celui-ci va s'appuyer sur de fortes oppositions idéologiques qui vont externaliser la signification du changement. À partir de la conférence de Bandoeng en 1955, le tiers-mondisme se constitue en doctrine et en réseau, utilisant la guerre froide, rationalisant les oppositions nationalistes aux anciens colonisateurs et demandant l'instauration d'un nouvel ordre mondial de redistribution du pouvoir et des richesses.

Pour le monde arabe, cette construction se combine avec l'opposition à Israël, qui va susciter une mobilisation plus intense au Machrek qu'au Maghreb. Toute une génération politique, symbolisée par des hommes comme Nasser ou Boumediene, a participé à cette construction. Elle a emprunté aux pays de l'Est le modèle du parti-État, utile pour justifier la confiscation des ressources collectives et globalement opérationnel pour assurer, au départ, la gestion du système. Foncièrement autoritaire et disqualifiant toute contestation ou opposition, ce type de pouvoir se caractérise également par un système de répartition des ressources qui lui assure de larges soutiens.

Par l'extension de la fonction publique, dont on peut considérer que les emplois ont été multipliés par dix durant cette période, l'État a assuré une mobilité sociale inconnue dans les époques antérieures. L'armée, la police, l'enseignement, les services de santé, les politiques artistiques officielles ont contribué à fournir un emploi et une respectabilité à un nombre considérable de fils de paysans ou de citadins issus du petit peuple. Le remplacement des cadres de la colonisation, l'utilisation des restes des balances-sterling accumulées pendant la guerre et, surtout, la rente pétrolière directe ou indirecte ont fourni aux États les moyens d'accroître leur influence en créant une classe moyenne qui leur était dévouée. En plus d'un salaire généralement modeste, l'État procurait un statut social mais aussi des avantages matériels comme le logement, l'éducation des enfants, une couverture des besoins de santé. Tous ces facteurs contribuent à créer les conditions d'un attachement qui va transcender les allégeances tribales ou communautaires, qui constituaient un réseau primaire de solidarité. On n'expliquerait pas autrement, sans un attachement au nationalisme arabe, à la lutte contre Israël ou au développement d'un État puissant symbolisé par une politique industrielle, le dévouement réel que l'on constate dans cette période chez certains minoritaires comme les Coptes ou ceux qui sont issus de cultures régionales fortes comme les Berbères. L'Égypte nassérienne ou l'Algérie de Boumediene ont leurs Coptes ou leurs Kabyles d'État, tout comme Saddam Hussein avait ses Chaldéens. Leur loyauté est souvent la contrepartie du sentiment d'avoir bénéficié d'une très grande chance. La faiblesse des classes sociales anciennes a laissé le champ libre pour la constitution d'un appareil d'État fort et autonome qui va transcender assez largement les anciens modes de solidarité, et même contribuer à leur répression. En agissant ainsi, ce groupe contribue à assurer l'autonomie de l'État, avec parfois plus d'efficacité que ceux qui sont originaires des groupes majoritaires et centraux.

Mais ces constructions trouvent leurs limites notamment dans la distribution des ressources, qui devrait être garantie à un niveau au moins constant pour assurer le maintien des fidélités et le renouvellement des élites. Elles freinent aussi toute demande de participation de la part des couches nouvelles qui ont bénéficié des politiques d'éducation, mais qui obtiennent peu de chose en contrepartie de leur soumission. Enfin, elles sont contestées par des idéologies à caractère religieux plus aptes à gérer, sur le plan interne, un nombre croissant d'exclus.

Par ailleurs, de nouvelles formes de contestation apparaissent à l'extérieur, à l'occasion des changements du système mondial, tant sur le plan économique que sur le plan idéologique, où les États perdent aujourd'hui le monopole des idées et des représentations auprès des masses dont ils réclament l'obéissance. Il est vraisemblable que l'on va voir évoluer les systèmes étatiques vers une recomposition du consensus qui les fonde, dans la mesure où il ne saurait plus être imposé de la même façon. Deux facteurs vont se combiner qui entraîneront la perte de légitimité des équipes en place : l'échec face à Israël, dont les effets se font sentir surtout au Machrek après 1967 ; mais aussi l'échec des grands projets industrialisants. La rente pétrolière directe ou indirecte et les aides extérieures ne suffisent plus à prendre le relais des ressources qui avaient assuré l'intégration des premières générations ayant participé à la construction des appareils d'État.

Les politiques d'ouverture économique (d'*infitah*) qui vont être mises en œuvre – notamment en Égypte à partir de 1974, avec l'illusion de drainer des ressources par une nouvelle forme d'incorporation à l'économie libérale occidentale – vont contribuer à miner les appareils politiques sans pour autant offrir de véritable mobilité sociale. Les fonctionnaires et les militaires vont être déclassés par rapport aux clients du pouvoir nouvellement enrichis, qui doivent leur succès à des activités commerciales ou financières et au trafic d'influence plus souvent qu'au développement de la production. Partagés entre le ressentiment et la tentation de monnayer leur savoir et leurs réseaux d'influence, ils voient diminuer leur fidélité et décliner l'image qu'ils pouvaient donner de serviteurs équitables d'un État fort.

Au même moment, de nouvelles forces concurrentes apparaissent, prêtes à prendre en charge les exclus, au nom de la solidarité religieuse. Elles se réclament de la faillite de l'État et contribuent à l'accentuer. La parole de Dieu ne connaît pas de frontières et constitue la Loi suprême. Les institutions civiles s'en trouvent privées de toute raison d'être ; la seule communauté politique reconnue devient celle des croyants. Jusqu'alors, un tel discours n'a guère fait ses preuves dans le champ économique et social. Il ne prétend pas les faire tant qu'il n'exerce pas un contrôle total de la société. Il trouvera bien dans ce cas les idéologies et les magiciens qui lui inventeront des solutions miracles à imposer par la contrainte.

Ce discours fait peser de nombreuses incertitudes sur l'appareil d'État. Elles activent l'effondrement des systèmes de porte unique qui les sous-tendent en proposant une construction idéologique concurrente, plus séduisante que le libéralisme qui ne pouvait guère attirer que les élites. Mais au nom de l'islam, on va justifier toutes sortes de courants transnationaux et d'interventions insupportables par ceux qui se sont posés en gardiens et en défenseurs du nationalisme. On risque aussi, au nom de l'authenticité culturelle et religieuse, de se priver de l'accès à la science et à la technique, qui suppose de conserver une ouverture sur l'Occident et de laisser une place aux langues étrangères dans la formation des élites de spécialistes.

Le problème se trouve posé avec plus ou moins de pression sociale depuis le début des années 80, suivant l'exemple de la révolution iranienne. Certains États, comme la Jordanie, ont choisi de laisser les islamistes pénétrer les institutions. La majorité opte au contraire pour leur non-reconnaissance et pour le maintien de contrôles étatiques et policiers, privilégiant un islam d'État chargé de limiter l'envahissement de la société par les mouvements islamistes. Globalement, le Maghreb se situe dans cette perspective. La constitution de l'UMA (Union du Maghreb arabe) à Marrakech, en mars 1989, vise à organiser une sainte alliance des gouvernements en place contre les mouvements religieux, avec l'engagement officieux de ne pas les reconnaître comme partis politiques. Par cette stratégie, visant surtout la Tunisie de Ben Ali qui semble alors la plus proche d'un compromis avec les islamistes, les gouvernements veulent limiter les risques que des courants religieux transnationaux trouvent refuges, sanctuaires et soutiens dans les pays voisins.

L'Algérie va briser ce pacte tacite en septembre 1989, en laissant libre cours au pluralisme politique, mais elle revient bientôt en arrière lorsque l'ouverture démocratique fait courir le risque d'un succès des islamistes aux élections législatives de juin 1991. Les militaires ne sont pas prêts à accepter cette marge d'incertitude. Ils trouvent un large appui dans un appareil d'État abandonné par le Front de libération nationale (FLN), mais ils ne semblent pas pour autant décidés à éliminer les islamistes du champ politique. Verrait-on se dessiner en Algérie de nouveaux « compromis historiques » qui laisseraient aux islamistes le contrôle d'un champ social assez large en contrepartie d'un renoncement de fait à la domination de l'État ?

L'esquisse de telles solutions apparaît déjà dans le système pakistanais et pourrait se préciser en Turquie, où il se combinerait avec une expansion assez forte du secteur privé encouragée au départ par l'appareil d'État.

Dans les schémas classiques hérités du droit public occidental ou de la transposition du système soviétique, État, nation et peuple ne font qu'un, même si l'internationalisme prolétarien introduit une autre dimension de référence permettant de dépasser les cadres stricts dans les rapports avec le monde intérieur. En fait, le monde arabe va avoir à gérer, à partir de la fin des années 70, une série de courants transnationaux qui remettent en cause dans la pratique les découpages rigides qu'il avait pu mettre en place depuis son émancipation des tutelles occidentales.

Depuis 1973, on peut estimer qu'une quinzaine de millions de personnes ont émigré à l'étranger, pour beaucoup de façon définitive. Le processus concerne aussi bien les migrations interarabes, liées à la rente pétrolière, que des migrations vers l'Europe, l'Amérique du Nord ou l'Australie. Les pays d'origine sont l'Afrique du Nord, l'Égypte, le Soudan, le Liban, la Syrie, le Yémen, la Palestine, la Jordanie. Ce sont d'abord des raisons économiques – expansion industrielle des années 60, diffusion de la rente pétrolière des années 70 – qui provoquent ces départs ; s'y ajoute ensuite une émigration de nature plus politique, liée aux conflits palestiniens et libanais. Or, la partie de cette émigration dirigée vers l'Europe, qui s'installe à partir de la fin des années 70, crée des phénomènes de double insertion si ce n'est de double allégeance. Les pays arabes sont encore moins préparés à gérer ces populations à l'extérieur que les pays européens à les accueillir. Suivant une tradition d'allégeance perpétuelle, le roi du Maroc interdit à ses émigrés de s'intégrer dans les pays de résidence. L'Algérie, qui a l'émigration la plus ancienne et la mieux installée, accepte, à partir de 1984, le principe de la double nationalité. Dans la pratique, les émigrés vont être des vecteurs d'idées, de symboles, de richesses et de technologies pour leur société d'origine. Ils entraînent, aussi bien par leurs contacts à l'occasion des vacances ou des séjours familiaux que par leurs (rares) retours définitifs, des courants d'influence qui échappent à l'autorité des États. Leur présence dans les circuits économiques, dans les transferts clandestins, dans l'économie souterraine désacralise l'État et brise le monopole du contrôle sur la société qu'il visait à établir. Dans leur pays d'origine, ils sont perçus, et surtout leurs enfants, comme des vecteurs de progrès, de liberté individuelle et de modernisation de type occidental, y compris les émigrés arabes partis dans le Golfe et la Péninsule arabique. Ils ne sont plus prêts à accepter l'autorité de l'État telle qu'elle s'imposait à eux à leur départ. Si pour eux les frontières restent réelles, leurs comportements tendent à créer deux espaces d'insertion entre lesquels circulent des personnes, des marchandises, mais aussi des courants d'idées, de transferts de technologie au niveau de la vie quotidienne instituant à l'extérieur une référence inaccessible qui délégitime les modestes réalisations des États d'origine.

Un autre élément de transnationalité s'est répandu plus récemment avec l'apparition au Maghreb des antennes paraboliques capables de capter les satellites de diffusion directe. Cela a entraîné la fin du monopole de l'information et de l'image exercé par l'État, et rend dérisoires les décisions sur l'arabisation totale de tous les niveaux d'enseignement, à un moment où des millions de personnes reçoivent de l'extérieur les informations et les distractions qu'elles ont choisies. Tout cela rend impossible le repli de ces sociétés sur elles-mêmes, qu'il soit imposé par l'État ou par des courants religieux.

Les États ont toujours un rôle à jouer dans la gestion des solidarités. Ils ne peuvent plus prétendre à un contrôle global des ressources au nom d'un projet historique ou industriel, mais les populations les tiennent encore pour responsables des approvisionnements et d'un fonctionnement équitable du système scolaire.

Condamnés à plus de modestie et à un meilleur partage du pouvoir avec les populations, les États conservent néanmoins leur rôle. La gestion équilibrée des rapports avec les islamistes, avec des minorités ethniques ou culturelles passe par l'admission d'un champ politique pluraliste, fonctionnant suivant des règles connues à l'intérieur comme à l'extérieur.

3

Les héritiers aux commandes

Symboliquement, les fils ont remplacé les pères à l'orée du troisième millénaire. Avec des fortunes diverses. Lorsqu'ils prennent les rênes du pouvoir, Abdallah II de Jordanie, Bachar el-Assad en Syrie et Mohammed VI au Maroc héritent de systèmes politico-sécuritaires taillés sur mesure pour leurs pères. Le roi Hussein de Jordanie (1935-1999) a régné quarante-six ans, Hafez el-Assad (1928-2000) a dirigé la Syrie d'une main de fer pendant trente ans tandis que le roi Hassan II (1929-1999) est resté sur son trône pendant près de quatre décennies. Pour conquérir le pouvoir et le conserver, ces trois leaders ont dû déjouer une multitude de complots et de tentatives d'assassinat ; il leur a fallu réprimer, ruser, parfois ouvrir leur régime, mais toujours avec un bâton dans la main… Leur sens politique et leur aptitude à lire les rapports de forces leur ont permis de naviguer dans les eaux agitées du monde arabe. C'est le secret de leur longévité. Une longévité au pouvoir qui leur a permis de poser les fondations de la Syrie, de la Jordanie et du Maroc modernes.

Dès sa plus tendre enfance, le roi Hassan II est initié aux arcanes du pouvoir. En 1947, lorsque son père, Mohammed V, réclame l'indépendance du Maroc dans un discours retentissant à Tanger, le prince Hassan est à ses côtés. Après un exil en Corse puis à Madagascar, Mohammed V et son fils font un retour triomphal au Maroc. L'indépendance du royaume est proclamée en 1956. Le prince Hassan est nommé chef d'état-major par son père avant d'être désigné prince héritier en 1957. Il est proclamé roi le 3 mars 1961. L'année suivante, il fait adopter une Constitution sur mesure qui déclenche la colère de l'opposition de gauche. Dès ses premiers pas au pouvoir, Hassan II sait être brutal avec ses adversaires. Il n'hésite pas à faire enlever en plein Paris le leader de la gauche marocaine, Mehdi Ben Barka, et à le faire secrètement assassiner. Mais, plus que de l'opposition, c'est de sa propre armée que viendra le danger.

À deux reprises, il échappe à des tentatives de coup d'État. La première alerte sérieuse se produit le 10 juillet 1971, au palais royal de Skhirat. Le roi fête son anniversaire. Il a convié tous les hauts dignitaires du royaume et les ambassadeurs étrangers. Soudain, des militaires font irruption et mitraillent les invités. On relève plus de cent morts. Hassan II s'en sort par miracle. À peine est-il remis de ce putsch que l'année suivante, un deuxième complot manque d'emporter la monarchie royale. Il est imaginé par un fidèle parmi les fidèles du roi : le général Oufkir. Ce centurion du souverain imagine une attaque aérienne contre Hassan II qui revient d'une visite en France. Le 16 août

1972, des avions de la chasse royale tirent des roquettes sur l'appareil d'Hassan II. Encore une fois, le roi en réchappe miraculeusement et selon la thèse officielle le général putschiste se suicide. Sa veuve, ses enfants et leurs proches vivront alors un long calvaire dans le « jardin secret » d'Hassan II.

En Jordanie, le roi Hussein verra lui aussi son trône menacé à plusieurs reprises. Le contexte totalement différent s'insère dans une carte géopolitique explosive, née de la création d'Israël en 1948. Appelé Transjordanie puis Jordanie, ce petit royaume est coincé entre trois zones fertiles, l'Irak, Israël et la Palestine. Il a été créé « d'un coup de crayon sur une carte, un dimanche après-midi », avouera crûment le haut commissaire Winston Churchill. À l'origine, il ne comprend que les territoires à l'est du Jourdain, soit la Jordanie actuelle.

À la faveur de la première guerre israélo-arabe de 1948, il s'agrandit vers l'ouest. Appuyé par sa Légion arabe, le roi Abdallah s'empare de Jérusalem-Est et de la Cisjordanie, qui forment jusqu'en 1967 le royaume de Transjordanie. Les deux rives du Jourdain sont désormais réunifiées sous le trône hachémite. La Palestine disparaît, mais la question palestinienne restera jusqu'à aujourd'hui le cœur du conflit israélo-arabe.

Hussein devient roi à la faveur d'un assassinat. Le 21 juillet 1951, le roi Abdallah, son grand-père, prie à la mosquée Al-Aqsa de Jérusalem, troisième lieu saint de l'islam, lorsqu'un nationaliste palestinien sort de la foule, tire et abat le souverain hachémite. Le jeune Hussein est à ses côtés. Une balle a ricoché sur l'une de ses médailles. Son père Talal aurait dû hériter du trône, mais celui-ci doit vite abdiquer pour cause de démence. Hussein n'a que dix-sept ans quand il prend les rênes du pouvoir en 1952. Il fait déjà figure de miraculé. Pour survivre, le jeune souverain ne peut compter que sur son armée de Bédouins, prêts à mourir pour lui, et sur la Grande-Bretagne, ancienne puissance coloniale.

Tout au long de son règne, Hussein devra déjouer complots et tentatives d'assassinat, comme en 1957, lorsqu'il réchappe d'un attentat fomenté par des « officiers libres », ou encore en 1960, quand une bombe explose et tue le Premier ministre. Chaque fois, la providence sauve Hussein. En 1970, c'est l'heure de vérité pour le souverain. Les Palestiniens ont constitué un véritable État dans l'État en Jordanie, d'où ils mènent une guérilla contre Israël. Contrairement à ce qui a été souvent écrit, l'Organisation de libération de la Palestine (OLP) n'a jamais voulu prendre le pouvoir en Jordanie et renverser la monarchie, mais sur le terrain, les fedayins disposent de camps d'entraînement et font la loi dans les rues d'Amman, dressant des barrages et contrôlant les identités. L'autorité du souverain est quotidiennement bafouée. Ses généraux le pressent d'en finir avec l'OLP. Le roi attend le moment propice pour frapper. Les débordements du Front populaire de libération de la Palestine (FPLP) vont lui donner l'opportunité de liquider la résistance palestinienne sur son sol. Le FPLP a détourné trois avions de ligne qu'il fait exploser devant les caméras de télévision. Pour le roi Hussein, la coupe est pleine :

il faut rétablir l'ordre, c'est une question de crédibilité. Durant ce « septembre noir » de 1970, il lance ses légions bédouines contre les groupes armés palestiniens. La répression fera des milliers de morts… Mais Hussein a sauvé son trône. Depuis ces événements sanglants et aujourd'hui encore, un pacte non écrit régit la vie du royaume : aux Transjordaniens, l'appareil sécuritaire et l'administration, aux Palestiniens, l'économie et les affaires.

Contrairement à Hassan II et à Hussein de Jordanie, le Syrien Hafez el-Assad n'a pas hérité du pouvoir, mais l'a conquis par la force des armes. Issu de la communauté alaouite, il profite des luttes de tendances qui agitent les cercles dirigeants depuis la prise du pouvoir par le parti Baas en Syrie en 1963. Hafez el-Assad a rejoint le Baas dix ans plus tôt. Il fait partie de cette génération de jeunes officiers qui rêvent d'unité arabe. Pendant la brève union entre la Syrie et l'Égypte (1958-1961), Hafez el-Assad complote déjà au sein d'un comité militaire clandestin du parti, qui aidera à la prise du pouvoir en 1963.

La défaite de 1967 sonne le glas du nassérisme et du nationalisme arabe. En Syrie, la perte du Golan est une humiliation nationale. Au sein du pouvoir baasiste à Damas, les clans aiguisent leurs armes et se déchirent dans des querelles intestines. En novembre 1970, alors qu'il détient le portefeuille de la Défense, le général Hafez el-Assad s'empare de l'appareil sécuritaire syrien, éliminant les autres factions du Baas, qui trouveront refuge en Irak. Il purge le parti et l'armée de tous les éléments suspects de déloyauté. Il s'appuie sur les officiers alaouites comme lui et sur des sunnites, compagnons de la première heure comme Mustapha Tlass ou encore Abdel Halim Khaddam, aujourd'hui exilé à Paris après avoir fait défection.

Pourtant, à la fin des années 70, le pouvoir autocratique d'Hafez el-Assad est contesté par les Frères musulmans, qui contrôlent plusieurs villes syriennes. Ils ont fait de Hama, une ville conservatrice au nord de Damas, l'un de leurs principaux bastions. Les milices islamiques font régner leur loi et imposent leur code moral. C'est l'époque où la Syrie est plongée dans une série d'attentats sanglants. Certains visent directement le président Assad. Face à la montée en puissance des Frères musulmans, qui menacent son pouvoir, le raïs syrien réagit avec la plus extrême brutalité. En 1982, il lance une répression sanglante à Hama. C'est son frère cadet, Rifaat, qui exécute les basses œuvres. Le massacre d'Hama fera des dizaines de milliers de morts parmi les islamistes et dans la population civile. Les survivants sont internés à la prison de Palmyre et torturés. L'appartenance à la confrérie des Frères musulmans est désormais passible de la peine de mort – une peine toujours en vigueur aujourd'hui.

Débarrassé de la menace islamiste, Hafez el-Assad voit un nouveau danger surgir. Cette fois, il vient de sa propre famille. Son frère Rifaat, personnage brutal et ambitieux, se verrait bien calife à la place du calife. Il pèse lourd dans le système dictatorial mis en place par son frère puisqu'il dirige les unités d'élite de la garde républicaine. En 1983, Hafez el-Assad est

victime d'une attaque cardiaque. Rifaat défie alors
ouvertement son frère. Ses hommes et ses blindés se
déploient dans Damas. Mais l'armée dans sa majorité
ainsi que le clan familial restent fidèles au président
malade. Après d'autres tentatives pour prendre le pouvoir, Rifaat sera démis de toutes ses fonctions au sein
de l'armée et du parti et contraint à l'exil en 1988. Il
essaiera de renverser une nouvelle fois son frère en
1999, mais échouera. Depuis il vit en exil entre Marbella en Espagne et Londres.

Hassan II, Hussein de Jordanie et Hafez el-Assad
sont tous les trois des « survivants ». Qu'ils aient
hérité ou conquis le pouvoir, tous l'ont défendu par la
force et ont failli le perdre à des moments critiques.
Ils n'ont pas hésité à éliminer physiquement leurs
adversaires ou écarter des membres de leur famille ou
des proches. Chacun d'entre eux a eu la « baraka »,
ce « sixième sens » oriental dont les grands leaders
peuvent se prévaloir. Leurs héritiers, Mohammed VI,
Abdallah II et Bachar el-Assad, se trouvent dans une
tout autre configuration. Bachar el-Assad et Abdallah II de Jordanie ont accédé au pouvoir par le jeu du
hasard. Seul Mohammed VI au Maroc avait été programmé pour la magistrature suprême. Hassan II
n'aura de cesse de le préparer à sa succession. Dès
l'âge de quatre ans, le prince Mohammed entre à
l'école coranique du palais royal à Rabat. Il poursuit
des études de droit et de relations internationales.
C'est Jacques Delors qui l'accueille à la Commission
européenne pour un stage à Bruxelles. Dans l'ombre
de son père, le prince se rode à la politique

internationale. Pour qu'il se fasse les dents, Hassan II le désigne en 1983 pour présider les délégations marocaines au 7e sommet des pays non alignés à New Delhi et à la 10e conférence franco-africaine d'Évian. Il représente aussi le roi au Sommet de la Terre de l'ONU en 1997. Tout naturellement, en tant que prince héritier, c'est lui qui succède à son père lorsque celui-ci décède le 13 juillet 1999.

Présenté comme le « roi des pauvres » par ses admirateurs ou affublé du surnom « Sa Majetski » par ses détracteurs, qui raillent son dilettantisme et sa passion des sports nautiques, Mohammed VI s'installe vite dans habits de nouveau souverain. Il veut imposer sa marque et son style dans une monarchie régénérée par des symboles forts. Il limoge Driss Basri, inamovible ministre de l'Intérieur et responsable en chef des basses œuvres d'Hassan II. Il autorise le retour d'Abraham Serfaty, opposant historique au régime. Il encourage la liberté de la presse et promeut une réforme majeure, celle de la Moudawana, le Code de la famille, rééquilibré en faveur des femmes. La notion de « chef de famille » est remplacée par la coresponsabilité entre époux. Dorénavant, une femme peut se marier en toute liberté, que son père soit vivant ou décédé. L'âge légal du mariage pour les jeunes femmes est relevé de quinze à dix-huit ans. Ces réformes tranchent avec l'ère Hassan II, mais sur le fond, Mohammed VI recompose à sa mesure le pouvoir de son père.

En Jordanie, le trône devait revenir au frère du roi Hussein, le prince Hassan. Cet ordre de succession avait été instauré à la fin des années 60, lorsque la vie du roi était régulièrement mise en danger par des tentatives d'assassinat. Or, à l'époque, son fils aîné, Abdallah, était trop jeune pour lui succéder. Hussein décide donc de confier le titre de prince héritier à son frère Hassan. Mais ce dernier n'accédera jamais au trône. Depuis longtemps, le roi Hussein souffre d'un cancer. En 1998, on le découvre ravagé par la maladie lors de la signature des accords de Wye Plantation entre Israéliens et Palestiniens. Il fait des allers-retours entre son royaume et la Mayo Clinique aux États-Unis. Son affaiblissement physique donne lieu à des intrigues. Sa femme, la reine Nour, voudrait imposer leur fils Hamzah comme futur roi malgré son jeune âge. C'est le préféré du roi Hussein. Hamzah lui ressemble physiquement et comme lui parle un arabe châtié.

Hassan, intellectuel polyglotte mais bien piètre politicien, commet plusieurs erreurs qui lui seront fatales. Alors que son frère est à l'agonie, il demande à l'armée sa loyauté lorsqu'il sera le nouveau monarque et commence à mettre certains officiers à la retraite. Sa femme d'origine pakistanaise, la princesse Sarwat, a déjà des idées de décoration pour le palais. Tout cela revient aux oreilles du roi. Alors que des membres de la famille royale se rendent au chevet d'Hussein, le prince Hassan ne viendra jamais lui rendre visite. À sa décharge, la reine Nour n'y tient guère : elle ne le porte pas dans son cœur et est, à ce moment-là, occupée à régler les dispositions testamentaires de son mari. Elle souhaite conserver plusieurs propriétés, notamment à Londres, et des revenus confortables pour assurer l'avenir de ses fils.

Alors que certaines ambassades occidentales parient encore sur le prince Hassan, le roi Hussein termine sa carrière politique par un coup de théâtre : il lui fait parvenir une lettre dans laquelle il le destitue au profit de son fils aîné Abdallah, âgé alors de trente-sept ans[1]. Celui-ci n'était en rien préparé à la fonction. Comme tous les princes hachémites, il a suivi des études militaires à la prestigieuse académie militaire britannique de Sandhurst. Au moment où son père meurt, le 7 février 1999, il a passé la moitié de sa vie à l'étranger, entre la Grande-Bretagne et les États-Unis, plus comme un « jet-setter » que comme un futur souverain. Sa mère, la princesse Mona, est anglaise et Abdallah maîtrise mal l'arabe, qu'il parle avec un fort accent anglais. C'est d'abord un militaire, spécialiste des forces spéciales, qui connaît mal son pays tandis qu'il est inconnu de la plupart des Jordaniens. Comme son père, il apprécie la compagnie des jolies femmes et ne cache pas sa passion pour les belles voitures et les Harley-Davidson.

En Syrie, Bachar el-Assad n'est pas plus programmé pour succéder à son père Hafez. C'est en fait son frère aîné, Bassel, qui doit prendre les rênes du pouvoir. Mais il meurt dans un accident de la route en 1994. Bachar, qui suit des études d'ophtalmologie à Londres, est alors rappelé d'urgence à Damas pour être formé en accéléré à la fonction de président. En Syrie, le pouvoir est d'abord l'affaire de l'armée.

---

1. Cette lettre, datée du 28 janvier 1999, est reproduite dans *Hussein, père et fils*, de Randa Habib, Paris, L'Archipel, 2007.

Bachar entre donc à l'académie militaire de Homs et en ressort avec le grade de colonel. Pour son apprentissage politique, son père lui confie le dossier libanais et l'initie aux rouages du régime.

Hafez el-Assad l'envoie en visite à l'étranger pour le faire connaître. Il est reçu par le président Chirac à Paris, qui lui prédit un grand avenir. En Syrie, il se fait le promoteur de l'Internet, mais surtout le pourfendeur de la corruption, ce qui lui vaut d'emblée une certaine popularité. La mort de son père le 10 juin 2000 le propulse à la tête du pays. La vieille garde a préparé une succession en douceur. Le soir de la mort d'Hafez el-Assad, la télévision montre le jeune successeur s'entretenant avec les caciques du régime, comme Abdel Halim Khaddam, le vice-président, ou Mustapha Tlass, l'inamovible ministre de la Défense. Le message est clair : le nouveau président est adoubé par les compagnons d'armes de son père. Par un tour de passe-passe, la Constitution est modifiée : elle prévoyait que le président devait être âgé d'au moins quarante ans, or Bachar n'a que trente-quatre ans. Lors du référendum du 17 juillet 2000, il est plébiscité, avec 97 % des voix. Un score « à la Saddam », mais qui traduit aussi la volonté des Syriens de tourner la page Hafez el-Assad, de faire entrer la Syrie dans la modernité. Les espoirs de changement sont immenses, surtout chez les jeunes.

Dès qu'il prend possession du palais du Peuple, imposant bâtiment qui surplombe Damas, Bachar el-Assad fait libérer 1 500 prisonniers politiques et d'opinion, un geste symbolique fort qui encourage les opposants au régime, les défenseurs des droits de l'homme, les intellectuels à sortir de l'ombre pour réclamer plus d'ouverture. Des clubs de discussions fleurissent un peu partout. C'est le début du « printemps de Damas ». Mais cette liberté de parole dérange la vieille garde. Le régime se cabre et étouffe le mouvement. Les prisons se remplissent de nouveau. Très vite, des questions se posent sur les capacités de Bachar el-Assad à gouverner le pays. De quelle marge de manœuvre dispose-t-il par rapport à la vieille garde ? A-t-il assez de caractère pour imposer ses décisions ?

Issam al-Zaim, ancien ministre du Plan, a travaillé avec Bachar el-Assad au début de son règne[1]. Il faisait partie des réformateurs. Il n'est pas resté longtemps au gouvernement. Il revient sur Bachar el-Assad : « Oui, il a une vision. Il a conscience de la position géopolitique de la Syrie, de la confrontation avec ses ennemis, mais en même temps il est parvenu au pouvoir dans une phase de transition. Il n'y a pas eu de rupture avec le régime précédent. Il a préféré coexister avec ces forces qui l'ont porté au pouvoir. Pour moi, Bachar el-Assad est un homme qui préfère travailler de longue haleine, il n'est pas impulsif, il n'est pas pressé[2]. »

Le jeune président doit encaisser deux chocs, celui de l'invasion américaine en Irak en 2003 et celui du retrait de son armée du Liban au printemps 2005. Pour lui, l'occupation américaine de son voisin est un moment particulièrement difficile à gérer. Déjà des

---

1. Il est décédé en 2008.
2. Entretien avec Christian Chesnot à Damas, en octobre 2006.

voix s'élèvent qui réclament les chars américains à Damas et le renversement du régime baasiste. Washington, qui a longtemps collaboré avec le régime syrien, notamment pendant l'opération Tempête du désert de 1991, accentue désormais sa pression sur Bachar el-Assad. En mai 2003, un mois après la chute de Saddam Hussein, Colin Powell vient en personne à Damas pour lui demander de fermer les bureaux des organisations palestiniennes hostiles au processus de paix (Hamas, Djihad, FPLP, etc.), d'empêcher les combattants de franchir la frontière syro-irakienne et de ne plus interférer dans les affaires libanaises. En clair : l'administration américaine veut couper les « ailes régionales » de la Syrie. Bachar el-Assad fait le dos rond, tergiverse et parie sur l'enlisement américain en Irak.

L'autre grand défi pour le jeune président, c'est l'affaire libanaise. Après la guerre civile (1975-1990), Damas s'était vu confier par les grandes puissances, États-Unis en tête, une sorte de tutelle sur le pays du Cèdre. La reconstruction du Liban, et notamment de Beyrouth, avait été confiée au sunnite Rafic Hariri, un homme d'affaires qui a fait sa fortune en construisant des palais en Arabie saoudite. L'afflux des pétrodollars des pays du Golfe a permis d'effacer les stigmates de la guerre. Au prix d'expropriations parfois douteuses, Rafic Hariri a rebâti le centre-ville de la capitale libanaise. Parallèlement, les Syriens ont conservé leur mainmise politico-sécuritaire, prélevant leur dîme sur l'économie libanaise. Pendant la décennie où il est au pouvoir, Rafic Hariri travaille main dans la main avec le régime syrien. Sans état d'âme. Mais le vent tourne.

La puissance financière et politique du Premier ministre inquiète Damas. Son influence auprès de Paris et de Riyad, son charisme auprès des sunnites commencent à agacer le régime syrien, qui tient à lui rappeler qui est le patron au Liban. À l'été 2004, la prorogation du mandat du président prosyrien Émile Lahoud, qui déteste Rafic Hariri, est le chant du cygne pour l'ex-Premier ministre libanais. Le pacte qui unissait Rafic Hariri et la Syrie depuis 1990 est désormais rompu. Le Libanais est l'un des inspirateurs de la résolution 1559 de l'ONU, qui réclame le départ des troupes syriennes du Liban. On connaît la suite. Rafic Hariri est assassiné le 14 février 2005 devant l'hôtel Saint-Georges, sur la corniche de Beyrouth. Tous les regards se tournent vers Damas, dont les troupes quittent le Liban quelques semaines plus tard.

Pour Bachar el-Assad et son régime, le coup est rude. La Syrie clame son innocence, mais sa voix est discréditée. Beaucoup d'observateurs et d'analystes annoncent la fin prochaine du régime. C'est sans compter sur la capacité de résilience du pouvoir à Damas et, surtout, sur la nouvelle donne régionale qui peut émerger. Qui a intérêt à un changement de régime à Damas ? Personne. Les Israéliens préfèrent traiter avec une Syrie affaiblie, mais redoutent qu'elle plonge dans le chaos, avec toutes les dérives possibles. Les Américains sont obnubilés par la crise irakienne et leur bras de fer avec l'Iran sur le dossier du nucléaire. Pour Washington, ce qui importe c'est que la Syrie contrôle sa frontière avec l'Irak. Quant à la France, elle répète qu'elle ne travaille pas à un changement de régime à Damas. Et les Syriens ? L'immense majorité de la population n'est pas forcément satisfaite du régime. Mais l'exemple de la guerre civile née du vide laissé par le renversement de Saddam Hussein agit comme un repoussoir. « Ce n'est pas le paradis en Syrie, entend-on comme un leitmotiv dans les cafés de Damas, mais au moins nous ne sommes pas plongés dans le chaos comme en Irak ! » Le régime syrien a d'ailleurs beau jeu d'instrumentaliser ce sentiment.

Si Bachar el-Assad a bien retenu une leçon de son père, c'est celle d'être patient et de savoir jouer la montre quand il le faut. L'enlisement américain en Irak, la reprise du processus de paix à la conférence d'Annapolis à laquelle la Syrie était invitée fin novembre 2007, une responsabilité encore mal établie dans les rapports de l'ONU sur l'assassinat de Rafic Hariri sont autant d'éléments qui aujourd'hui permettent à Bachar el-Assad de relever la tête et de desserrer l'isolement. Même le dialogue politique avec la France, qui s'était interrompu sous la présidence Chirac, a repris avec le président Sarkozy quelques mois après son arrivée à l'Élysée[1].

En Jordanie, le roi Abdallah est, depuis son arrivée sur le trône, le « chouchou » de la communauté internationale. Mais quand il s'installe au palais royal, il hérite d'un royaume criblé de dettes (7 milliards de dollars), doté d'une économie alanguie, croulant sous le poids de services publics sclérosés. Abdallah II, qui n'a ni l'expérience ni le charisme politique de son

---

1. Nicolas Sarkozy a renoué de manière spectaculaire en se rendant en visite officielle à Damas les 3 et 4 septembre 2008.

père, comprend vite que son salut passe par une économie forte et dynamique. Durant les premières années de son règne, il s'emploie à muscler le secteur privé, en dénationalisant à tour de bras des entreprises comme Jordan Telecom. Adepte des nouvelles technologies – le roi adore les jeux vidéo –, Abdallah veut faire de la Jordanie un pôle d'excellence en matière informatique. Il ordonne l'installation d'au moins un ordinateur dans chaque école. Sa politique vise un seul objectif : attirer des investisseurs étrangers. Tout est donc fait pour créer un climat réglementaire propice aux affaires. Ces efforts ont été récompensés par l'admission de la Jordanie au sein de l'Organisation mondiale du commerce (OMC) et par la signature d'un accord de libre-échange avec les États-Unis (Free Trade Agreement, FTA).

Le roi sera cependant très vite confronté aux réalités géopolitiques de la région. Avec le déclenchement de la seconde Intifada, le 28 septembre 2000, Abdallah II subit sa première épreuve du feu : gérer une crise majeure qui a des répercussions directes sur la Jordanie, dont plus de la moitié de la population est d'origine palestinienne. Face à la vague de solidarité avec ce nouveau soulèvement outre-Jourdain, les autorités jordaniennes ne prennent pas de gants. Les manifestations sont durement réprimées et bientôt interdites. Des arrestations ont lieu un peu partout dans le royaume, notamment dans les milieux islamistes et palestiniens. Le pouvoir redoute des dérapages sécuritaires et une déstabilisation du pays, où le clivage Transjordaniens-Palestiniens demeure une donnée structurante de la vie sociale et politique. Il est vrai que les treize camps de réfugiés palestiniens sont autant de foyers de contestation, surtout les deux plus grands d'Amman, Baqaa et Wehdate. Un signe ne trompe pas : l'un des exercices militaires favoris effectués par l'armée jordanienne consiste à mater une révolte dans un camp de réfugiés.

L'Intifada s'est à peine essoufflée que les périls montent à l'ouest, cette fois en Irak. Longtemps alliés, notamment pendant la guerre Iran-Irak, Amman et Bagdad se sont brouillés. La rupture entre le roi Hussein et Saddam Hussein intervient au milieu des années 90, quand la Jordanie accueille les deux gendres et les filles du raïs irakien qui ont fait défection. Pendant la campagne militaire américaine contre l'Irak, la Jordanie retient son souffle. Le royaume a encore en mémoire le retour précipité de plus de 350 000 Palestiniens du Koweït en 1990-1991. À l'époque, le roi Hussein avait soutenu Saddam Hussein. Pour ce nouvel affrontement, Abdallah II se range dans le camp américain, malgré les sentiments pro-irakiens de la rue jordanienne. Il permet même aux commandos américains de stationner dans le royaume avant l'assaut final.

Le renversement du régime irakien aura de sérieuses conséquences pour la Jordanie. Contrairement à ses voisins arabes, la Jordanie manque cruellement d'énergie. Or, Saddam Hussein lui livrait la totalité de ses besoins en pétrole, la moitié gratuitement, l'autre à un tarif préférentiel. La chute du dictateur irakien signifie donc la fin de ce régime privilégié. Désormais, la Jordanie doit s'approvisionner aux prix du marché auprès de ses voisins saoudien et koweïtien. La facture, c'est le Jordanien de base qui la règle en payant désormais son essence et son fuel de chauffage au prix fort ! L'autre conséquence, c'est l'afflux d'Irakiens venant se réfugier en Jordanie. Leur nombre est estimé entre 500 000 et 1 million de personnes. Leur présence a entraîné l'envolée des prix de l'immobilier et de la vie courante. Amman est même classée l'une des capitales les plus chères au monde. Parmi ces Irakiens, il y a aussi des mafieux et des délinquants qui troublent la vie paisible de la capitale jordanienne. Le développement de la prostitution fait partie de ces nouveaux phénomènes liés à l'arrivée en masse d'Irakiens.

La guerre civile en Irak pose un défi sécuritaire majeur à la Jordanie. C'est d'ailleurs l'ambassade hachémite à Bagdad qui a été le premier objectif visé par la violence terroriste. Le 7 août 2003, une voiture piégée explose devant la représentation diplomatique, faisant une dizaine de morts. Mais le pire, que redoutent les autorités jordaniennes, est à venir : l'exportation de la terreur irakienne dans le royaume. Le 9 novembre 2005, des attentats dévastateurs visent trois hôtels d'Amman. On relève près de soixante morts. Ces actions terroristes sont revendiquées par Abou Moussab al-Zarqaoui, un Jordanien djihadiste devenu le lieutenant d'Oussama Ben Laden en Irak, et recherché par la justice jordanienne. Le roi Abdallah ordonnera à ses services de tout mettre en œuvre pour le neutraliser. C'est grâce à des tuyaux des Moukhabarats (les services de renseignements) jordaniens que le terroriste sera finalement éliminé en Irak par les Américains.

Dès son intronisation, le roi Abdallah a constitué un cordon sécuritaire autour de lui. Ses proches occupent des postes sensibles : son demi-frère, Ali, est en charge de sa garde rapprochée, son frère Fayçal a la haute main sur les forces aériennes, même sa sœur Aïcha s'est vu confier la charge de mettre sur pied une unité de gardes du corps féminins. La famille royale baigne dans la tradition militaire : tous les princes, dès leur plus jeune âge, s'exercent dans les camps militaires d'été. Parfois cette obsession sécuritaire du souverain passe mal. Un jour, les services de sécurité ont retiré les cartouches des fusils des membres d'une tribu avant une visite royale, un autre jour, Abdallah II est arrivé chez les Bédouins un pistolet à la ceinture : autant de camouflets pour ces hommes du désert, qui sont ceux qui protègent le roi, et non l'inverse ! Il n'y a aucun Palestinien dans les services de sécurité, et notamment au sein du Socom, le commandement des forces spéciales, choyé par le roi. « Jusqu'à aujourd'hui, pas question pour l'un de ses hommes de se marier avec une Palestinienne, ça ne se fait pas », commente une source sécuritaire à Amman.

Côté cœur, le roi Abdallah a épousé Rania al-Yassin, née au Koweït de parents palestiniens originaires de Tulkarem en Cisjordanie. Dans le dispositif royal, celle-ci est un élément-clé de la stratégie de communication du royaume en Occident. Omniprésente dans les médias, elle apparaît seule ou au côté de son mari, sur les chaînes de télévision américaines, qui ne cessent de la réclamer. Mariant modernité et tradition, Rania intervient sur les questions de la femme dans le monde arabe et la promotion d'un islam tolérant et modéré. Dans son royaume, la reine Rania est surtout active au sein de sa fondation, la Jordan River Fundation (JRF), qui a pour objectif de rendre économiquement autonomes les femmes défavorisées, par le biais, entre autres, du microcrédit. Mais à l'instar d'Abdallah, son étoile a pâli depuis son couronnement. La Jordanie profonde et traditionnelle lui reproche son côté trop « glamour », qu'elle affiche avec ostentation lorsqu'elle assiste à des défilés de grands couturiers à Paris ou à Milan ou qu'elle pose en couverture des magazines people. Cette surexposition médiatique agace et fait jaser, alors que l'immense majorité des Jordaniens lutte au quotidien pour joindre les deux bouts. À l'autre extrémité de l'échelle sociale, dans la bonne bourgeoisie d'Amman, elle passe pour une « parvenue », car elle n'est pas issue d'une grande famille. Au début de son règne, certains l'avaient même affublée du sobriquet peu gracieux de « Reine aux Sacs à Main ».

Au-delà de l'anecdotique, le fossé se creuse entre une famille royale très occidentalisée et un peuple jordanien attaché à ses valeurs traditionnelles. L'affairisme débridé qui règne au sein de la Couronne jordanienne en exaspère plus d'un. Le roi se comporte comme un homme d'affaires qui investit dans des projets immobiliers ou encore dans la production et la commercialisation d'huile d'olive ! Son frère Fayçal gère lui les contrats d'armement, avec les commissions y afférant. Contrairement à son père, qui devait régulièrement faire la tournée des pays du Golfe pour obtenir de l'argent frais pour remplir les caisses royales, Abdallah II a choisi de se constituer un patrimoine personnel.

Cette tendance à l'affairisme n'est pas réservée au seul souverain hachémite. Mohammed VI au Maroc n'est pas en reste. Dans les milieux d'affaires au Maroc, l'appétit financier du roi exaspère, y compris les Américains qui ont à plusieurs reprises demandé au souverain de modérer sa soif d'espèces sonnantes et trébuchantes. Certains hommes d'affaires marocains n'hésitent plus à parler de « prédation » et même de « royalisation » de l'économie marocaine. Le roi Mohammed VI gère directement ou *via* des hommes de paille un portefeuille d'affaires impressionnant, dans tous les secteurs économiques : banques, assurances, immobilier, distribution, agroalimentaire, télécoms, etc. Tous les grands projets d'infrastructures sont pilotés par le palais. La Syrie n'est pas une monarchie, mais la famille du président Bachar el-Assad, notamment sa belle-famille, le clan Makhlouf, a mis en coupe réglée certains secteurs économiques comme les télécommunications (SyriaTel), les banques, ou encore l'importation de voitures. Partout dans le monde arabe, « les héritiers » s'intéressent autant à leurs affaires personnelles qu'à la politique. Les fortunes se construisent ou se reconstruisent.

Avec Mohammed VI, Abdallah II et Bachar el-Assad, la génération des « quadras » est désormais bien installée au pouvoir. Le principal acquis de ces jeunes dirigeants est d'avoir su franchir la période critique de la transition. Tous trois ont fait le pari de s'accrocher à la mondialisation. Pour les cas marocain et jordanien, le tout-libéral a permis de gonfler la croissance, mais la pauvreté ne s'est pas réduite. En Syrie, l'économie centralisée se libéralise peu à peu, mais reste engoncée dans une bureaucratie paralysante. Après avoir suscité, notamment dans la jeunesse, beaucoup d'espoirs en termes d'ouverture, de lutte contre la corruption et de justice sociale, le bilan est mitigé.

Ces jeunes chefs d'État ont fait accéder au pouvoir une nouvelle génération de technocrates formés en Occident, qui ont apporté un sang neuf. La lutte contre le terrorisme, devenue le cri de ralliement international, leur a permis et a surtout justifié le tour de vis sécuritaire dans leurs pays respectifs. Les droits démocratiques en ont pris un coup. Les élections sont devenues sans intérêt, mobilisant très peu d'électeurs, comme lors des législatives au Maroc d'octobre 2007 avec une abstention record (63 %). En Jordanie, elles ont été « arrangées » : les législatives de novembre 2007 ont été soigneusement préparées pour affaiblir les islamistes et garantir au roi une majorité composée d'indépendants et de représentants de grandes tribus fidèles au trône. En Syrie, la vie politique est atone, l'opposition bridée, l'appartenance aux Frères musulmans toujours passible de la peine de mort. À Damas, l'ouverture démocratique n'a duré que le temps d'un printemps.

La popularité et l'aura de Mohammed VI, d'Abdallah II et de Bachar el-Assad est loin d'être enracinée dans leur peuple. Leur marge de manœuvre politique est étroite. Abdallah II et Mohammed VI savent que la solidité de leur trône tient, entre autres, au soutien de l'Occident. En Syrie, Bachar el-Assad n'est pas dans cette configuration. Il compte encore sur l'appareil politico-sécuritaire légué par son père. Pour ces trois jeunes dirigeants se pose la même question : comment moderniser et démocratiser leurs pays respectifs sans scier la branche sur laquelle ils sont assis ? Au Maroc, l'idée d'une monarchie constitutionnelle n'a jamais été complètement abandonnée. En Jordanie, les Palestiniens veulent leur part du pouvoir, au regard de leur poids démographique et économique. En Syrie, la question des Frères musulmans et celle de la surreprésentation des alaouites dans l'appareil d'État restent lancinantes.

4

Israéliens et Palestiniens au pied du mur

Soixante ans après sa création, rien n'est réglé pour Israël… En ce début de XXIe siècle, l'heure est aux dilemmes et à l'introspection collective. La force n'a pas permis à l'État hébreu d'être accepté dans la région, même s'il dispose de l'arme nucléaire et de l'armée la plus puissante du Moyen-Orient. Pire : la guerre de l'été 2006 avec les 4 000 roquettes du Hezbollah a fait voler en éclats le mythe de la « sanctuarisation » du territoire israélien, comme l'avaient déjà brisé, en 1990-1991, les Scud de Saddam Hussein.

Les frontières d'Israël ne sont toujours pas définies et reconnues internationalement, mis à part celles avec l'Égypte et la Jordanie[1]. Jérusalem, annexée en 1980 et décrétée « capitale éternelle et indivisible », n'est pas davantage acceptée par la communauté internationale. Les grandes puissances, y compris les États-Unis, maintiennent leurs ambassades à Tel-Aviv. Les deux seuls États qui ont franchi le pas – le Costa Rica

---

1. Les frontières avec la Jordanie sont reconnues, mais pas celles entre la Jordanie et la Cisjordanie occupée par Israël.

et le Salvador – se sont repliés à Tel-Aviv lors de la guerre du Liban de l'été 2006.

Avec le Liban, Israël se targue d'être le seul État démocratique au Moyen-Orient. Personne ne le conteste. Mais sur le plan intérieur, le million d'Arabes israéliens, descendants des 100 000 Palestiniens qui ne furent pas chassés de leurs terres, se considèrent pourtant comme des citoyens de seconde zone. Pour Ahmed Tibi, député arabe à la Knesset, Israël ressemble plus à un pays « ethnocratique » qu'à une démocratie occidentale. Il s'explique : « Dans la loi fondamentale – Israël n'a pas de Constitution –, l'État est défini, dans l'ordre, comme juif puis comme démocratique. En fait, il n'est "démocratique" que pour les Juifs, et n'est "juif" que pour les Arabes ! »

Malgré tous ses efforts depuis 1948 pour présenter une apparence impeccable, Israël reste l'un des pays ayant l'image la plus négative dans le monde[1]. Comment l'État hébreu en est-il arrivé à un résultat aussi médiocre ?

Depuis sa création, Israël bénéficie du soutien quasi inconditionnel de l'Occident. Mais le fait palestinien est devenu une réalité incontournable, même si l'État hébreu a longtemps cru pouvoir l'éliminer de la carte. Le recours à la force – durant le siège de Beyrouth en 1982, pendant la première Intifada de 1987, puis lors

---

1. Selon un sondage de la BBC réalisé en 2007, 56 % des 28 000 personnes interrogées dans le monde ont une image négative d'Israël. L'État hébreu devance l'Iran (54 % d'opinions négatives), les États-Unis (51 %) et la Corée du Nord (48 %).

de la seconde de l'an 2000 – a considérablement terni son image. L'usage immodéré de sa puissance militaire est devenu contre-productif. Malgré ses intenses efforts pour faire croire que son existence est menacée par les Palestiniens et les Arabes, Israël ne convainc plus personne quand il se présente comme David luttant contre le Goliath arabe. « En eux-mêmes, les droits historiques ne justifient pas que le sang soit versé sans fin, reconnaissait dans *Le Monde* Zeev Sternhell, professeur d'histoire à l'Université hébraïque de Jérusalem[1]. En outre, les Palestiniens ont, eux aussi, un droit historique et naturel à la liberté comme à l'indépendance. Piétiner ces droits-là aboutit à marginaliser Israël dans le monde occidental et à mettre ses intérêts véritables en grave danger. Bien plus que pour la plupart des États, le soutien international est en effet indispensable à Israël pour respirer. »

Israël a signé un traité de paix avec l'Égypte de Sadate en 1979 et avec la Jordanie du roi Hussein en 1994, suscitant à l'époque beaucoup d'espoirs. Or, avec ces deux pays frontaliers, c'est une paix froide qui s'est installée. Dans la logique israélienne, qui a toujours préféré une approche bilatérale à un règlement global, ces deux traités auraient dû produire un effet domino. Il n'en a rien été. Aucun autre pays arabe n'a souhaité normaliser ses relations, mis à part la Mauritanie et le Qatar, qui possède un bureau israélien de représentation commerciale, en réalité une ambassade officieuse.

Avec l'Égypte et surtout avec la Jordanie, des liens

---

1. *Le Monde*, 29 décembre 2006.

économiques se sont certes créés, notamment grâce aux Qualified Industrial Zones (QIZ) dans le nord du royaume, sorte de zones franches qui accueillent des investissements israéliens, mais les montants en jeu sont négligeables par rapport au potentiel qui existerait en cas de véritable paix. Le commerce entre Israël et ces deux pays est loin d'être au niveau espéré. Pourquoi une telle frilosité ?

Tant que la question palestinienne ne sera pas résolue, il est illusoire pour Israël d'espérer vivre en paix avec ses voisins et de normaliser pleinement ses relations avec eux. C'est en tout cas la conclusion de l'ancien président américain Jimmy Carter, architecte des accords de Camp David entre l'Égypte et Israël, dont l'ouvrage *Palestine : la paix, pas l'apartheid* a fait grand bruit[1] : « Mon plus grand souci dans ma vie a été d'essayer d'apporter la paix à Israël. Les Israéliens ne connaîtront jamais la paix tant qu'ils n'accepteront pas de se retirer des territoires occupés. » Or, l'État hébreu a raté une chance historique en vidant de leur substance les accords d'Oslo, signés sur la pelouse de la Maison-Blanche en 1993. À l'époque, certains, notamment une partie de l'OLP, estimaient que ces accords inégaux ne pouvaient mener qu'à une impasse. Il est vrai qu'ils étaient construits sur l'idée des « ambiguïtés constructrices » chères à l'administration Clinton, mais tout n'était pas perdu d'avance.

---

1. Jimmy Carter, *Palestine : Peace not Apartheid*, New York, Simon & Schuster, 2007 ; Paris, L'Archipel, 2007, pour la traduction française.

À la seule condition que toutes les parties jouent le jeu, à commencer par la partie la plus forte, c'est-à-dire Israël. Dans leur philosophie, les accords d'Oslo consacraient la politique des petits pas pour bâtir progressivement une confiance entre les deux camps. Ils prévoyaient trois retraits des territoires occupés palestiniens, divisés en zones A, B et C. Un passage terrestre protégé devait relier la bande de Gaza et la Cisjordanie pour créer une continuité territoriale. La réalisation d'infrastructures (ports, aéroports, usines de traitement d'eau, etc.) avait pour objectif de désenclaver les Palestiniens et de créer les conditions d'un développement économique tourné vers l'extérieur. Yasser Arafat rêvait même de transformer Gaza en Hong Kong du Moyen-Orient ! Après cinq années, c'est-à-dire en 1999, les Israéliens auraient évacué plus de 90 % des territoires occupés et des négociations finales sur le statut de Jérusalem, des réfugiés, des frontières devaient permettre de parvenir à un règlement définitif. Entre-temps, sur le terrain, la réconciliation entre les deux peuples serait déjà bien ancrée.

Or, après avoir procédé à un retrait, les Israéliens ont interrompu le mouvement pour gagner du temps. « Les dates ne sont pas sacrées », affirma Yitzhak Rabin, signant *ipso facto* l'arrêt de mort du processus de paix… Les deux autres retraits prévus dans les accords ne seront jamais effectués. Fait aggravant : la colonisation juive dans les territoires occupés n'a jamais cessé, contrairement à ce que prévoyaient les accords d'Oslo. Un exemple parmi d'autres : la construction de la colonie d'Har Homa (Jebel Abou

Ghneim en arabe), sur une colline boisée entre Jérusalem et Bethléem, a contribué à rendre la paix impossible. Voulue par Benjamin Netanyahou en 1997, elle
vise à couper Jérusalem-Est de Bethléem. Seuls les
États-Unis, Israël et la Micronésie ont voté contre une
résolution des Nations unies condamnant cette colonie, qui est donc passée sans grande difficulté.

De son côté, le leadership palestinien s'est retrouvé
piégé. En vertu des arrangements avec Israël concernant la sécurité, la police de l'Autorité a brutalement
réprimé les islamistes du Hamas et du Djihad, opposés
aux accords d'Oslo. La communauté internationale ne
s'est pas émue des cas de torture et des mauvais traitements dans les prisons palestiniennes… Au nom de
la paix, tout était permis !

Réprimant à l'intérieur pour garantir la sécurité
d'Israël, Yasser Arafat n'a plus eu de perspectives à
offrir à son peuple : non seulement les Israéliens
avaient gelé leur retrait, mais ils développaient la colonisation. Au lieu d'intervenir, la communauté internationale, États-Unis et Union européenne en tête, a
laissé pourrir la situation. Il fallait entretenir l'illusion
que le processus de paix continuait, même s'il était
vidé de son contenu.

Personne n'a voulu prendre ses responsabilités pour
que les Israéliens appliquent les accords d'Oslo.
Résultat : un immense gâchis qui a créé les conditions
de la seconde Intifada de l'an 2000, déclenchée par la
visite d'Ariel Sharon sur l'esplanade des Mosquées
de Jérusalem.

Après l'enterrement des accords d'Oslo, Ariel Sharon devenu Premier ministre a imaginé une nouvelle stratégie, celle du retrait unilatéral. L'un de ses prédécesseurs, Ehoud Barak, l'avait déjà utilisée en 2000 au Sud-Liban. Après vingt-deux ans d'occupation d'une zone de sécurité, l'armée israélienne s'était finalement résolue à quitter le pays du Cèdre. Ce retrait annoncé n'était pas le fruit d'un accord politique avec Beyrouth, mais répondait à deux objectifs : d'abord se débarrasser d'une occupation devenue un poids financier et politique et ensuite embarrasser la Syrie qui préférait le maintien du statu quo. Sur le papier, l'idée paraissait bonne. Dans la pratique, elle s'est révélée désastreuse. Non pas, comme le croit une partie des Israéliens, parce qu'elle a renforcé le désir de revanche des Arabes, mais parce qu'elle a créé un vide sécuritaire où s'est engouffré le Hezbollah, campant désormais à la frontière israélienne.

La délimitation, parfois fantaisiste, de la « ligne bleue » tracée par l'ONU a laissé des bombes à retardement : le village libanais d'Al-Ghajar, par exemple, coupé en deux ; ou encore les fermes de Chebaa[1], dont la situation non tranchée a été utilisée par le Hezbollah pour poursuivre sa lutte contre l'occupant, alors même que l'ONU avait certifié le retrait israélien.

Ariel Sharon impose pour sa part aux Israéliens et

---

1. Les fermes de Chebaa, qui représentent entre 20 et 30 kilomètres carrés, sont revendiquées par le Liban, mais Israël affirme qu'elles appartiennent à la Syrie, et donc que son retrait du Sud-Liban conformément à la résolution 425 de l'ONU ne s'applique pas à ce minuscule territoire.

aux Palestiniens un retrait unilatéral de la bande de
Gaza, sans coordination avec l'Autorité palestinienne.
Deux lectures sont alors faites de cette initiative historique. Les plus optimistes y voient un signe que le
vieux général responsable de l'opération Paix en Galilée au Liban en 1982, qui déboucha sur les massacres
de Sabra et de Chatila, a changé : ce retrait, qui s'inscrit dans une perspective plus vaste, est en fait le
prélude à d'autres initiatives du même type, concernant cette fois la Cisjordanie. Les plus sceptiques, eux,
estiment qu'Ariel Sharon veut sortir de la poudrière
de Gaza qui n'a pas la même valeur religieuse, politique et stratégique que la Cisjordanie. Bref, ce sera
un retrait de Gaza puis le dépeçage de la Cisjordanie.

L'opération se déroule durant l'été 2005 : les colonies juives sont évacuées. Ce désengagement unilatéral laisse cette fois le terrain non pas au Hezbollah
comme au Sud-Liban, mais au Hamas, très implanté
militairement et socialement dans la bande de Gaza.
Pour l'ONU, Israël n'occupe plus ce territoire palestinien, mais reste une « puissance assiégeante », puisque l'État hébreu contrôle la mer, le ciel et les
passages terrestres reliant Gaza à l'extérieur. Il peut
ouvrir ou fermer les passages comme bon lui semble,
et décide de qui peut circuler.

Cette stratégie du retrait unilatéral ne survit pas à
Ariel Sharon, plongé dans un coma profond à partir
de janvier 2005. Son successeur, Ehoud Olmert, accélère un plan imaginé par son prédécesseur : édifier un
mur de séparation en Cisjordanie pour empêcher les
kamikazes palestiniens de s'infiltrer en Israël. D'un
point de vue sécuritaire, c'est une réussite pour les

Israéliens : le nombre d'attaques suicides n'a cessé de diminuer. Le tracé de cet édifice sécuritaire ne poserait pas de problème s'il était situé en terre israélienne. Un État souverain a le droit de prendre les mesures qu'il juge nécessaires pour assurer sa défense. Or, le mur confisque 9 % de la Cisjordanie, partie de Jérusalem-Est comprise. Le projet a d'ailleurs été condamné par la Cour de justice internationale de l'ONU[1].

Officiellement, le mur est, selon les termes de Daniel Shek, ambassadeur d'Israël en France, « un moyen inoffensif, amovible et provisoire pour assurer un objectif particulier », c'est-à-dire la sécurité d'Israël. Vu le coût de l'ouvrage – 10 millions de shekels le kilomètre (1,78 million d'euros) – et ses implications politiques, le provisoire risque de durer. En fait, au-delà de l'aspect sécuritaire, il s'agit de rendre impossible toute création d'un État palestinien indépendant et viable. Plus concrètement encore, il s'agit par ce fait accompli d'effacer la « ligne verte », frontière de 1967 et base juridique des résolutions 242 et 338 de l'ONU. Pour Israël, cette « ligne verte » n'est pas une frontière internationalement reconnue, mais une simple ligne de cessez-le-feu qui peut être modifiée en fonction des évolutions sur le terrain. Une

---

1. Dans son avis consultatif du 9 juillet 2004, la Cour internationale de La Haye juge, par 14 voix contre 1, que « l'édification du mur qu'Israël, puissance occupante, est en train de construire dans le territoire palestinien occupé, y compris à l'intérieur et sur le pourtour de Jérusalem-Est, et le régime qui lui est associé, sont contraires au droit international ».

lecture juridique partagée par l'administration américaine.

La Cisjordanie est désormais fragmentée en trois morceaux : au nord, la zone de Jénine-Naplouse, au centre, Jérusalem-Ramallah et au sud, Hébron. Les Palestiniens de Jérusalem disposent d'un statut particulier. Entre ces enclaves arabes, un système de passes régule la circulation de la population palestinienne. Plusieurs centaines de points de contrôles et de barrages, fixes ou mobiles, quadrillent les territoires palestiniens. « Quand Israël occupe un territoire qui couvre une grande partie de la Cisjordanie et relie par des routes quelque 200 colonies, mais interdit aux Palestiniens d'utiliser ces routes, ou même bien souvent de les traverser, ce sont des formes de ségrégation, ou d'apartheid, pires que ce que l'on a connu même en Afrique du Sud », estime l'ancien président américain Jimmy Carter[1].

Désormais, pour les Palestiniens, le rêve d'un État viable et indépendant s'est évanoui, et pour longtemps. On leur propose « un horizon d'ici 2015 », selon les mots de la secrétaire d'État américaine Condoleezza Rice sous l'administration Bush. Politiquement, le bilan est désastreux pour le mouvement national palestinien, aujourd'hui dans l'impasse.

Pourtant, au départ, le projet était simple : libérer toute la Palestine occupée, c'est-à-dire non seulement la bande de Gaza et la Cisjordanie, mais aussi la

---

1. Interview à la radio israélienne nationale, le 11 décembre 2006.

Palestine de 1948 qui s'appelle désormais Israël. Des organisations se créent, le plus souvent dans la clandestinité. L'une d'entre elles, le Fatah, fondée en 1959 par Yasser Arafat et un groupe de compagnons d'armes qui compte notamment Mahmoud Abbas, va prendre le leadership de la lutte et le contrôle de l'OLP établie par les États arabes en 1964. Le Fatah est le premier mouvement à mettre en avant sa « palestinité ». Il n'a qu'un seul objectif : libérer la Palestine par les armes. Les jeunes sont attirés par son mot d'ordre simple et concret, loin des grands discours des dirigeants arabes de l'époque. Yasser Arafat comprend avant tout le monde qu'il faut transformer la question palestinienne, jusqu'alors considérée comme une question de réfugiés, en un mouvement de libération nationale d'un peuple qui lutte pour recouvrer ses droits. Le Fatah recrute dans tous les milieux sociaux. Sur le plan idéologique, c'est un mouvement « fourre-tout » qui accueille des militants de tous horizons : nationalistes, communistes, indépendants, nassériens et mêmes islamistes. Son premier programme politique est annoncé à Paris en 1969 : il prône un État palestinien indépendant, démocratique et laïc. Sous la pression des Saoudiens, le terme « laïc » disparaîtra vite du vocable de la centrale palestinienne… Au sein de l'OLP, le Fatah largement majoritaire cohabite avec des factions radicales comme de celle de Georges Habache, le FPLP, et celle de Nayef Hawatmeh, le Front démocratique de libération de la Palestine (FDLP), deux organisations marxisantes qui inaugurent l'ère des prises d'otages et de la piraterie aérienne.

La surenchère de ces groupes contamine le Fatah et l'OLP. En Jordanie, où les Palestiniens forment un « État dans l'État » l'affrontement avec le roi Hussein devient inévitable. Les débordements parfois provocateurs des fedayins qui font la loi dans les rues d'Amman et accrochent des drapeaux rouges sur les minarets des mosquées coûteront cher au mouvement national palestinien. La répression du roi de Jordanie sera terrible : plus de 20 000 morts en dix jours d'affrontement en septembre 1970. Pour la révolution palestinienne, c'est l'heure du reflux et des désillusions. Les Palestiniens comprennent qu'ils ne peuvent pas compter sur leurs « frères arabes », qui les poignardent dans le dos, pour libérer leur terre ; pire, ils sont devenus des parias. De cette expérience tragique, deux lignes contradictoires surgiront : le terrorisme et l'option diplomatique.

L'organisation Septembre noir, un paravent du Fatah de Yasser Arafat, signe sa première opération : l'assassinat en novembre 1971 au Caire de Wasfi al-Tal, Premier ministre jordanien. Mais le nom de ce groupe clandestin reste attaché dans l'histoire au massacre des athlètes israéliens aux Jeux olympiques de Munich de 1972. Devant la réprobation internationale, l'option de la terreur est abandonnée par la direction palestinienne, mais pas par certains groupuscules (Abou Nidal, Wadia Haddad, etc.). Très vite, l'option diplomatique prend le dessus, notamment après la guerre du 6 octobre 1973 (ou de Yom Kippour) : face à la nouvelle donne internationale (perspective de négociations égypto-israéliennes), l'OLP est placée devant un dilemme : refuser les voies diplomatiques, c'est prendre le risque d'être complètement isolée. Après d'intenses débats internes, la solution du « mini-État » est acceptée.

Derrière ce nouveau réalisme, une phase de la lutte palestinienne, pas formellement abandonnée, est dorénavant reléguée au second plan, derrière la politique, nouveau ressort de la lutte de libération nationale. Ce virage stratégique historique est entériné par l'adoption en juin 1974 au Conseil national palestinien (CNP) de cette nouvelle ligne : la « Déclaration en dix points » prévoit l'établissement d'un « pouvoir national indépendant sur toute parcelle de la terre palestinienne, libérée ou évacuée ». En clair : le projet national palestinien renonce à libérer la Palestine historique, et se concentre désormais sur la Cisjordanie et la bande de Gaza.

Cette solution du « mini-État » palestinien est la première pierre sur le chemin des accords d'Oslo. L'échec de ces accords, comme nous l'avons vu, incombe d'abord à Israël, qui n'a pas mené à leur terme les différents retraits territoriaux. Cet arrangement a conduit les Palestiniens à une impasse majeure. Sur le plan interne, il a eu plusieurs conséquences négatives. D'abord, ces accords ont donné un coup de fouet à la corruption, en créant notamment des monopoles d'importation avec des partenaires israéliens. L'Autorité palestinienne a géré les licences d'importation de produits de première nécessité (blé, farine, essence, ciment, acier, etc.) en favorisant le clientélisme. Des responsables sécuritaires palestiniens ont été récompensés de leur loyauté par la prise en charge à leur profit de secteurs économiques. Une classe

« sécurito-mafieuse » s'est créée, incarnée par des hommes comme Mohamed Dahlan, Ghazi Jabali, Jibril Rajoub. Profitant de leur position et de contacts avec les Israéliens, beaucoup d'entre eux ont développé des affaires juteuses, mais pas toujours très nettes. Un rapport parlementaire palestinien de 2004 dénoncera ainsi les entourloupes de trois sociétés de ciment, dont l'une, la Tarifi Ready Mix Cement Company, appartient au clan de l'ex-ministre des Affaires civiles Jamil Tarifi : de septembre 2003 à mars 2004, ces entreprises auraient revendu illégalement aux Israéliens plusieurs centaines de milliers de tonnes de ciment égyptien fourni par Le Caire, qui l'avait cédé à un prix avantageux afin de soutenir l'économie palestinienne. Les mauvaises langues affirment que ce ciment aurait même servi à la construction du mur de séparation décidé par Ariel Sharon !

Impuissante à obtenir l'évacuation de nouveaux territoires et gangrenée par la corruption, l'Autorité palestinienne ne pouvait que faire le lit du Hamas. En privé, des diplomates européens font remarquer que les islamistes sont beaucoup plus honnêtes et rigoureux dans la gestion de leurs municipalités que les élus du Fatah et de l'Autorité palestinienne. La victoire du Hamas aux élections législatives de janvier 2006 est venue couronner la déliquescence des institutions palestiniennes, assimilées à « l'État Fatah ».

Le Hamas n'est pas sorti du néant. Il fut d'ailleurs, ironie de l'histoire, soutenu et encouragé par les Israéliens lors de sa création à la fin des années 80. À l'époque, l'ennemi n° 1 était l'OLP de Yasser Arafat. Les services israéliens n'hésiteront pas à assassiner plusieurs responsables palestiniens, comme Abou Jihad en 1988 à Tunis, ou encore Atef Bseiso, un des chefs du renseignement, en 1992, en plein cœur de Paris.

Pour casser l'OLP dans les territoires occupés, les Israéliens ferment les yeux sur les activités sociales et caritatives du Hamas, avant de changer leur fusil d'épaule, constatant qu'Arafat et l'OLP sont incontournables pour une solution négociée. Entre-temps, le Hamas, qui est issu de la mouvance des Frères musulmans, laboure le champ social et politique tout en incarnant la voix du refus aux accords d'Oslo. Le mouvement aux ramifications multiples se structure : il dispose d'une direction intérieure et extérieure, d'une branche militaire (les brigades Ezz El-Din al-Qassam), de soutiens financiers en Jordanie et dans les pays du Golfe.

En 2006, l'arrivée au pouvoir du Hamas par des voies démocratiques est un défi pour les Palestiniens, les Israéliens et la communauté internationale. Pour les Palestiniens, le Hamas propose un projet islamique qui se substitue au projet nationaliste de l'OLP. Un projet voué à l'échec devant la réaction d'Israël et celle de la communauté internationale, qui imposent un blocus politique et financier sévère.

Certes, le Hamas est un mouvement extrémiste qui nie officiellement le droit à l'existence d'Israël, mais il est aussi capable de faire preuve de pragmatisme. Dès 1995, le cheikh Ahmed Yassine, le leader historique du mouvement, avait proposé une « trêve de longue durée » aux Israéliens, une façon d'accepter tacitement l'État hébreu. N'oublions pas qu'il a fallu de longues années avant que l'OLP reconnaisse Israël. Refuser la moindre ouverture et tout dialogue avec le Hamas est contre-productif à moyen et long terme.

L'échec programmé du Hamas risque de peser lourd dans l'avenir, car non seulement il discrédite l'idée d'élections chez les Palestiniens, mais va encourager à la formation d'une nouvelle génération d'islamistes encore plus radicaux. Après l'expérience de l'annulation des élections législatives algériennes de 1992, l'expérience au pouvoir du Hamas sera la confirmation pour tous les militants islamistes du Moyen-Orient que la voie démocratique n'est qu'un leurre et que seule la voie violente est payante.

La politique des sanctions qui punissent les Palestiniens d'avoir choisi de confier le pouvoir au Hamas ne peut que mener à un autre désastre après l'échec du projet national palestinien. Deux Palestine sont déjà nées : l'une islamiste gérée par le Hamas dans la bande de Gaza, l'autre nationaliste contrôlée par le Fatah en Cisjordanie.

La bande de Gaza et la Cisjordanie sont à la dérive. Il n'y a plus de réelle autorité, plus de réel gouvernement. La société palestinienne se délite. À tel point que le tribalisme fait un retour en force : en l'absence de structures sécuritaires et gouvernementales crédibles et fiables, les clans et les tribus prennent la relève.

Aujourd'hui, la direction palestinienne, ou ce qu'il en reste, n'a plus de stratégie pour l'avenir.

L'indépendance restera pour longtemps un vœu pieux. Le mur de séparation et la colonisation juive (plus de 400 000 colons) rendent impossible toute édification d'un État palestinien viable et indépendant sur les 22 % de territoire de la Palestine d'avant 1967. Le pouvoir palestinien se rétrécit autour des services de sécurité, devenus des milices, des clans, des mafias locales et des tribus. Bref, tout le contraire d'une structure étatique.

Dans ces conditions, quels scénarios sont envisageables ? Dans la crise actuelle, les vieilles idées refont surface, à commencer par la solution d'un État binational. Historiquement, l'idée sera abandonnée avec le plan de partage de la Palestine, adopté en 1947 par les Nations unies, et le premier conflit israélo-arabe, qui verra la naissance d'Israël en 1948. Les deux nationalismes, juif et arabe, auront raison de cette solution audacieuse. Elle implique une redéfinition de la notion d'État et de citoyenneté, mais surtout de douloureux renoncements. En Israël, l'État est celui des citoyens juifs. Pour demeurer « juif », l'État d'Israël devra exclure ceux qui ne le sont pas, sous peine de perdre son identité. Or, la démographie joue en faveur des Palestiniens, aujourd'hui plus de 20 % de la population israélienne et dont le rythme d'accroissement est plus rapide que celui des Juifs. Inévitablement, cette bombe à retardement démographique va exacerber les tensions.

Le scénario d'une confédération jordano-palestinienne revient lui aussi en force. Une option a priori rejetée par les Jordaniens depuis que feu le roi Hussein a décidé en 1988 la rupture des liens administratifs entre son royaume et la Cisjordanie. Les Palestiniens n'y sont pas favorables non plus. Mais elle présente de nombreux avantages : elle permettrait de résoudre la question des 2 millions de réfugiés palestiniens qui vivent dans le royaume hachémite ; ils deviendraient alors citoyens de la confédération jordano-palestinienne. Une continuité territoriale assurerait une viabilité économique à la Cisjordanie qui profiterait aussi à la Jordanie. Les partisans de la confédération font également valoir qu'Amman a déjà actuellement la supervision des lieux saints musulmans de Jérusalem. L'annonce du raccordement du réseau électrique de la ville de Jéricho avec le réseau jordanien en février 2008 est une façon de renforcer les liens entre les deux rives arabes du Jourdain.

Cette solution n'est pas sans risque, notamment pour le pouvoir du roi Abdallah. Dans une telle configuration, les Palestiniens deviendraient largement majoritaires par rapport aux Transjordaniens de souche, qui n'ont pas l'intention de se laisser déposséder du pouvoir qu'ils ont conservé dans le sang après le septembre noir de 1970. Bref, c'est le trône même du roi Abdallah II qui serait dans la balance. Mais l'idée est sur la table, faute de mieux. Car le plus probable, c'est la persistance d'une situation de « non-solution », de pourrissement qui pourrait durer des années.

Aujourd'hui, Israéliens et Palestiniens sont au pied du mur. Condamnés à vivre ensemble, ils ne pourront trouver les voies de la coexistence sans une intervention internationale forte. Jusqu'à présent, les Israéliens ont eu carte blanche pour mener leurs projets

expansionnistes dans les territoires occupés palestiniens. De leur côté, les Palestiniens sombrent dans des
guerres intestines suicidaires. La communauté internationale a-t-elle vraiment l'intention d'agir ? On peut
en douter. Abandonner Israéliens et Palestiniens à leur
face-à-face mortel ne pourra que donner raison aux
radicaux des deux camps… En attendant, il est grand
temps de remettre au cœur du processus de paix la
seule planche de salut : le droit international. Et de le
faire respecter.

5

L'eau, une guerre silencieuse

Depuis la nuit des temps, l'eau est une arme redoutable. En 573 av. J.-C., pour mettre fin à un siège interminable, Nabuchodonosor II, roi de Babylone, ordonna de détruire en partie l'aqueduc qui approvisionnait la ville portuaire phénicienne de Tyr pour assoiffer ses habitants, qui finalement capitulèrent.

Aujourd'hui, rien n'a changé ou presque. L'eau reste une question de vie et de mort, un enjeu de pouvoir, comme nous l'avait un jour résumé un ministre libanais des Ressources hydrauliques, en marge d'une conférence internationale. Il expliquait que son pays ne « fournirait jamais une goutte d'eau à Israël » car, selon lui, « donner de l'eau, c'est donner la vie ; et dans ce cas, on ne peut plus la reprendre, même si vos propres besoins viennent à augmenter, sinon pour la récupérer, il faut déclencher une guerre. Un pays qui n'a pas d'eau doit mourir, c'est la loi de la nature ! ». Une vision cynique et inhumaine, mais qui rappelle qu'au Proche-Orient « l'or bleu » est un trésor inestimable pour l'État qui le détient.

La géopolitique n'a pas été clémente avec les

Arabes : toutes les sources de la région sont contrôlées par des pays non arabes souvent hostiles. Le Tigre et l'Euphrate naissent en Turquie avant de s'écouler en Syrie et en Irak, les deux branches du Nil surgissent au cœur de l'Afrique des Grands Lacs et de l'Éthiopie pour ensuite se rejoindre au Soudan et traverser l'Égypte, et le Jourdain est aujourd'hui largement sous contrôle israélien, au grand dam de ses voisins libanais, syriens et jordaniens. Sur tous ces bassins, les tensions sont permanentes, les rivalités s'exacerbent pour mettre la main sur le précieux liquide, rare et inégalement réparti.

Le Proche-Orient commence à connaître des situations de « stress hydrique » *(water stress zone)*, selon la terminologie employée par les experts hydrauliques. Nombreux sont, en effet, les États qui se situent désormais sous le seuil de pénurie, estimé à 1 000 m^3 d'eau par habitant et par an. À 500 m^3, la situation devient critique et à moins de 100 m^3, il faut faire appel à des sources « non conventionnelles » comme le dessalement ou la réutilisation des eaux usées. Le Koweït, Qatar et Bahreïn disposent de 90 à 120 m^3 par habitant et par an ; l'Arabie saoudite de 160 m^3 ; Israël de 400 m^3 ; et la Jordanie de 260 m^3. Ces deux derniers pays accusent un déficit d'environ 300 millions de mètres cubes par an, qu'ils comblent en surexploitant les nappes phréatiques, dont certaines ne sont pas renouvelables.

Aujourd'hui, l'équilibre entre les besoins de l'agriculture, du tourisme, de l'industrie et des villes, et la quantité d'eau disponible dans de nombreuses parties du Proche-Orient est rompu ou en passe de l'être. Dans un contexte de croissance démographique rapide combinée à un développement économique et social qui dévore les ressources hydrauliques, le fossé se creuse inexorablement. Tout au long de la dernière décennie, la crise de l'eau a atteint une ampleur inquiétante.

L'ancien secrétaire général de l'ONU, Boutros Boutros-Ghali, a été l'une des premières personnalités internationales à tirer la sonnette d'alarme : « Le prochain conflit dans la région du Proche-Orient portera sur la question de l'eau [...]. L'eau deviendra une ressource plus précieuse que le pétrole[1] », assurait-il dès 1992. Peut-être parce qu'il vient d'un pays – l'Égypte – qui n'existerait pas sans le Nil, Boutros-Ghali connaît la valeur et la rareté de ce nouvel « or bleu ».

Plusieurs « guerres de l'eau » ont d'ailleurs déjà éclaté dans un passé relativement récent. Ainsi, la troisième guerre israélo-arabe de 1967, dite des Six-Jours, fut à bien des égards un conflit pour le contrôle des sources du Jourdain. Une grande partie de la tension qui a provoqué le déclenchement des hostilités trouve son origine dans les efforts d'Israël et des pays arabes visant à détourner et à exploiter à leur profit exclusif le cours de ce fleuve-frontière.

La décision d'Israël, en septembre 1953, d'assécher le lac Houleh pour détourner la totalité du débit du Jourdain suscita une levée de boucliers dans les pays arabes, qui eux-mêmes tentèrent de capter à leur seul profit les sources du fleuve biblique. Afin d'apaiser

---

1. *Al-Ahram Weekly*, 19-25 mars 1992.

les tensions, les États-Unis dépêchèrent d'urgence dans la région un envoyé spécial, Eric Johnston. Celui-ci proposa le fameux plan de partage des eaux du Jourdain qui porte son nom et qui restera pendant des décennies la référence pour toute solution négociée[1]. Mais le plan Johnston ne fut jamais appliqué en raison du climat politique extrêmement tendu et instable de l'époque. Malgré les pressions internationales et régionales, Israël continua ses travaux d'aménagement hydraulique qui devaient servir à approvisionner les villes et à irriguer le désert du Néguev. De leur côté, les pays arabes décidèrent d'une riposte en adoptant lors du premier sommet arabe du Caire, en janvier 1964, un contre-projet de modification du cours du Jourdain, profitant de leur position privilégiée de pays amont. Ce plan devait non seulement organiser le détournement des eaux du Jourdain vers la Syrie, le Liban et la Jordanie, mais également priver Israël des ressources du Hasbani, du Banias et du Yarmouk, qui alimentent le cours du Jourdain. Israël réagit alors avec fermeté par la voix de son Premier ministre, Levi Eshkol, qui déclara le 15 janvier 1965 : « Toute tentative des Arabes visant à empêcher Israël d'utiliser la part qui lui revient des eaux du Jourdain serait considérée par nous comme une attaque contre notre territoire. J'espère donc que les États arabes n'appliqueront pas les décisions qu'ils ont prises au Caire. Si, toutefois, ils les appliquaient, une confrontation

---

1. Ce plan de 1953 prévoyait l'octroi de quotas pour les pays riverains du bassin du Jourdain : un tiers du débit pour Israël et les deux autres tiers pour les pays arabes (Liban, Syrie, Jordanie).

militaire serait inévitable[1]. » Dès lors, les incidents
armés se multiplièrent entre Israël et les pays arabes
sur les chantiers et ouvrages hydrauliques, les raids
aériens des uns répondant au pilonnage de l'artillerie
des autres. En avril 1967, l'aviation israélienne parvint
à détruire un barrage syro-jordanien sur le Yarmouk.
Finalement, la guerre des Six-Jours se traduisit pour
l'État hébreu par des avancées territoriales et par des
gains hydrauliques extraordinaires : l'eau du Golan et
celle des nappes de Cisjordanie passèrent sous
contrôle militaire israélien. Depuis lors, un tiers de la
consommation israélienne est assuré par les ressources
du plateau syrien occupé et 90 % de l'eau des aquifères de Cisjordanie sont exploités pour les besoins
d'Israël, notamment pour approvisionner les colonies
juives.

L'Intifada d'Al-Aqsa a confirmé une réalité lourde
de conséquences pour les Palestiniens : Israël contrôle
absolument tous les flux, en provenance ou à destination
de Cisjordanie et de la bande de Gaza. Hommes ou
marchandises, électricité ou Internet, tout doit à un
moment ou à un autre passer par l'État hébreu. Et l'approvisionnement en eau ne fait pas exception à la règle.
Les autorités israéliennes peuvent en effet à tout instant
« couper le robinet » puisqu'elles gèrent l'ensemble du
système d'infrastructures hydrauliques, des stations de
pompage jusqu'au réseau de canalisations. Une situation

---

1. Cité dans *Le Conflit israélo-arabe*, t. I, *1945-1973*, Paris,
La Documentation française, « Notes et études documentaires »,
1985.

de domination hydraulique qu'avait bien résumée Shimon Peres dans les années 90, aux belles heures du processus de paix : « Pour l'eau, il faut qu'il y ait un seul chef d'orchestre[1] » ; israélien, cela va sans dire.

Même si cette menace d'une coupure complète du flot d'eau potable vers les villes et villages palestiniens reste largement hypothétique, l'État hébreu dispose de la capacité technique de limiter ou de perturber ses livraisons d'eau en fonction de la conjoncture politique. Une épée de Damoclès suspendue en permanence au-dessus de la population palestinienne, qui depuis des années souffre déjà d'un approvisionnement parcimonieux, largement insuffisant.

Pour limiter l'accès à l'eau des Palestiniens, l'État hébreu a utilisé tout un arsenal de mesures juridiques, militaires, économiques. Depuis une loi de 1959, l'eau est « une propriété publique [...] soumise au contrôle de l'État ». Résultat : à coups de décrets militaires, les ressources en eau palestiniennes sont en grande partie confisquées. Une longue bande de terre dans la vallée du Jourdain, habituellement utilisée par les agriculteurs palestiniens, leur est désormais inaccessible puisque classée en « zone militaire ».

Autre exemple de cette politique des « deux poids, deux mesures » : entre 1967 et 1996, les Palestiniens n'auront eu le droit de forer que treize nouveaux puits ! Dans le même temps, les colonies juives ne sont pas limitées dans leur exploitation des nappes souterraines. Les colons paient leur eau quatre fois

---

1. « Tension entre Israéliens et Palestiniens à propos de l'eau », AFP, 18 juillet 1995.

moins cher que les Palestiniens. Depuis la fondation de l'État hébreu, la conquête de la terre ne s'est jamais faite au hasard. Il en va de même pour l'eau. La carte de colonisation juive des territoires palestiniens coïncide parfaitement avec celle des ressources hydrauliques. Sans eau, une colonie ne peut survivre.

Le tracé du mur de séparation entre Israël et la Cisjordanie occupée est d'ailleurs révélateur de cette stratégie. La ligne de béton et de miradors épouse celle de l'eau, de manière qu'elle soit désormais incluse dans le territoire israélien. À Qalquiliya, au nord de la Cisjordanie, près de 20 % des puits, soit un tiers des ressources en eau de la ville, ont été perdus pour les Palestiniens à cause du mur. Avant de se retirer de la bande de Gaza, l'État hébreu a pris soin de creuser des puits autour de ce minuscule territoire pour siphonner l'eau des nappes. La bataille pour l'eau entre Israéliens et Palestiniens n'a donc rien de théorique.

Dans les négociations de paix israélo-syriennes lancées en 1991, et depuis l'échec du sommet de Genève au printemps 2000 entre les présidents Bill Clinton et Hafez el-Assad, l'eau fait également figure de principale pomme de discorde. Car derrière le retour aux frontières du 4 juin 1967, c'est-à-dire le retour du Golan sous souveraineté syrienne, se joue aussi une « bataille pour l'eau ».

Aujourd'hui, l'eau du Golan, traversé par trois cours d'eau qui coulent vers les affluents du Jourdain (le Banias, le Hasbani et le Dan), représente environ 30 % de la consommation d'Israël, et le lac de

Tibériade, en contrebas du plateau, constitue le principal réservoir de l'État hébreu, qui avec une « conduite nationale » achemine l'eau dans tout le pays, notamment jusqu'au Néguev.

Si la Syrie réussit à récupérer le Golan jusqu'aux lignes d'avant la guerre de 1967, elle reprendra pied sur les berges du lac de Tibériade et pourra, de ce fait, revendiquer des droits sur ce réservoir, conformément aux règles internationales. La frontière de 1923 était tracée à 5 mètres du lac, qui appartenait ainsi entièrement à la Palestine mandataire, devenue par la suite Israël. Dans la pratique, les pêcheurs syriens étaient libres d'y naviguer. « Notre position est claire et ne changera pas d'un iota, explique un diplomate syrien. Si les Israéliens se retirent complètement du Golan jusqu'à la ligne du 4 juin 1967, toutes les autres questions, notamment celle de l'eau, peuvent être négociées[1]. » Les Syriens sont, en effet, prêts à fournir des garanties en matière de partage équitable des ressources hydrauliques du Golan et des eaux du lac de Tibériade. Mais le problème du partage de l'eau ressort d'un blocage psychologique, alimenté par la peur de se voir privé d'une ressource aussi vitale que stratégique. Les Israéliens n'ont pas l'intention de se laisser ainsi déposséder d'un tel trésor hydraulique, aujourd'hui trop précieux pour eux.

Historiquement, l'État hébreu a toujours eu des visées hydrauliques au Liban, même s'il n'a jamais pu les réaliser. Ces ambitions remontent au projet

---

1. Entretien avec Christian Chesnot à Damas, en octobre 2006.

sioniste de formation d'un État juif. En 1919, dans une lettre adressée au Premier ministre britannique de l'époque, Lloyd George, le président de l'Organisation sioniste mondiale, Chaim Weizmann, écrivait : « Nous considérons qu'il est essentiel que la frontière nord de la Palestine englobe la vallée du Litani sur une distance de près de 25 miles [40,5 kilomètres environ] en amont du coude, ainsi que les flancs ouest et sud du mont Hermon[1]. » À l'époque, le gouvernement français opposa son veto aux prétentions de la direction du mouvement sioniste ; et cela afin de contrer l'influence britannique dans la région et de pérenniser son projet de « Grand Liban ». Israël n'a pas pour autant renoncé à son rêve d'accéder aux rives du Litani. Il y parviendra une première fois en 1978, lors de son invasion militaire baptisée « opération Litani ». Le fleuve, qui prend sa source dans la vallée de la Bekaa et forme un coude au niveau du château de Beaufort avant de se jeter dans la Méditerranée, constitue une ligne rouge en deçà de laquelle Israël ne tolère aucune présence militaire hostile, comme l'a une nouvelle fois prouvé sa guerre contre le Hezbollah pendant l'été 2006. En 1982, lors de l'opération Paix en Galilée, les troupes israéliennes iront jusqu'à assiéger Beyrouth pour chasser les forces de l'OLP du Liban, avant de se redéployer puis d'établir une zone de sécurité de 850 km^2 au Sud-Liban censée protéger sa frontière nord. L'expérience de ce glacis défensif sera un échec complet, qui s'achèvera en mai 2000

---

1. Cité par Jeffrey D. Dillman, « Water Rights in the Occupied Territories », *Journal of Palestine Studies*, n° 73, automne 1989.

par le retrait des soldats israéliens et la dislocation de l'Armée du Liban Sud (ALS), milice auxiliaire de l'État hébreu.

Aujourd'hui, les Israéliens sont partis, mais il reste un point de fixation qu'utilise le Hezbollah pour justifier en partie sa « résistance à l'entité sioniste » : les fermes de Chebaa. Ce hameau devenu célèbre, accroché sur les flancs du mont Hermon au sud-est du Liban et adjacent au Golan syrien annexé par Israël en 1981, surplombe un réservoir d'eau. Cette zone contestée lors du retrait israélien abrite en effet deux sources contribuant à l'alimentation du Banias, du Dan et du Wazzani qui, eux-mêmes, se déversent dans le Jourdain. Les autorités libanaises reprochent aux Israéliens de leur contester leurs droits sur cette ressource naturelle. Bien que l'État hébreu ait déclaré en 2002 par la voix du Premier ministre Ariel Sharon en faire un *casus belli*, le Liban a poursuivi la mise en œuvre d'un projet d'adduction au profit de trente-six villages du Sud-Liban, en déficit chronique d'eau. Au Proche-Orient, sur chaque mètre carré contesté ou occupé, il y a presque toujours une source d'eau à conquérir.

Si des négociations de paix redémarrent un jour, Israël ne manquera certainement pas de revendiquer un accès aux eaux du Sud-Liban. Les Israéliens justifient leurs prétentions en expliquant qu'une grande partie de l'eau du Litani est perdue dans la mer et qu'elle pourrait servir à alimenter la Galilée du Nord. Ce à quoi les Libanais rétorquent que l'insécurité dans le sud ne leur a jamais permis d'exploiter le potentiel du fleuve et qu'ils ont désormais besoin de toutes leurs réserves pour approvisionner Beyrouth en eau potable et développer l'irrigation dans la plaine de la Bekaa.

L'autre grande zone « hydroconflictuelle » se cristallise tout au long du Tigre et de l'Euphrate, deux fleuves qui prennent leur source en Turquie, traversent la Syrie et l'Irak, avant de terminer leur course dans le golfe Arabo-Persique. Depuis toujours, le partage de ces deux fleuves oppose les pays riverains. Mais depuis qu'Ankara, Damas et Bagdad ont lancé dans les années 60 et 70 d'ambitieux programmes de construction de barrages, les tensions sont devenues permanentes.

En avril 1975, la Syrie et l'Irak ont frôlé l'incident militaire. La mise en eau du barrage syrien de Tabqa sur l'Euphrate a provoqué une grave crise entre Damas et Bagdad. L'Irak affirma à l'époque que la Syrie avait réduit, sans concertation, le débit du fleuve à un niveau exagérément bas et dangereux : il serait tombé de 920 à 197 m^3/s, menaçant ainsi l'irrigation des cultures en aval. Pour montrer sa détermination, l'Irak mobilisa ses troupes à la frontière. De son côté, la Syrie interdit son ciel aux avions irakiens et suspendit ses relations aériennes. La crise fut finalement désamorcée grâce à une médiation de l'Arabie saoudite et sous l'effet des pressions soviétiques. En échange de contreparties financières, Riyad réussit à convaincre la Syrie de lâcher suffisamment d'eau pour apaiser l'ire de Bagdad.

Aujourd'hui, c'est en amont que la querelle de l'eau oppose la Turquie à ses deux voisins arabes. Forte de sa position dominante sur les sources du Tigre et de l'Euphrate, Ankara entend dicter sa loi selon ses intérêts. Au cœur du litige : le caractère international ou non de ces deux fleuves. Pour la Turquie, le Tigre et l'Euphrate ne peuvent être classés dans la catégorie des fleuves dits internationaux, car aucun des deux n'est navigable sur toute sa longueur[1]. Cette interprétation restrictive du droit permet à la Turquie d'aménager ces deux cours d'eau en fonction de sa politique hydraulique. D'autant que, jusqu'à ce jour, aucun traité international ne règle le partage des eaux du Tigre et de l'Euphrate. Seul un accord technique bilatéral signé en 1987 par Ankara et Damas stipule que la Turquie s'engage à garantir à sa frontière avec la Syrie un débit de 500 m^3/s.

Depuis le milieu des années 80, cette position dominante a permis aux Turcs de mettre en place une « hydrostratégie » particulièrement active et dynamique, mais considérée comme « agressive » par les États arabes. Cette politique est symbolisée par le Great Anatolian Project (GAP), le grand chantier de la Turquie moderne. Démarré en 1985, ce projet gigantesque comprendra, à terme, vingt-deux barrages et dix-neuf centrales hydroélectriques sur le Tigre et l'Euphrate. Le GAP, dont la surface équivaut à deux fois et demie celle du territoire de la Belgique, vise à irriguer 1,7 million d'hectares et à produire 27 milliards de kilowatts-heure par an d'ici à 2015-2020.

Ces ambitions hydrauliques turques préoccupent au

---

1. Selon la déclaration d'Helsinki de l'Association internationale de droit, un fleuve est international s'il « est navigable et relie au moins deux États à la mer ».

plus haut point les autorités syriennes et irakiennes, qui perçoivent dans le GAP une triple menace : un « chantage hydraulique » de la part de la Turquie qui, lorsque le projet sera achevé, pourra totalement réguler les débits du Tigre et de l'Euphrate ; l'irrigation d'immenses zones cultivées qui risque de provoquer une dégradation de la qualité de l'eau dans les deux pays situés en aval du fait des rejets agricoles ; enfin et surtout, la Syrie et l'Irak craignent une baisse sensible de leur quantité d'eau disponible. Certains experts vont jusqu'à évoquer une diminution du débit à la frontière syrienne de 30 à 40 %.

Régulièrement, la Ligue des États arabes publie des résolutions condamnant les projets d'Ankara et l'invitant à coopérer pleinement avec ses voisins syrien et irakien. En vain, car rien ne semble arrêter le rouleau compresseur hydraulique turc.

Depuis longtemps, la Turquie a pris conscience de sa situation de « château d'eau » du Proche-Orient. Dès 1988, Ankara a avancé, lors du sommet de la Conférence islamique à Amman, un projet aussi spectaculaire que le GAP : l'Aqueduc de la paix. La Turquie proposait de vendre son eau – celle des rivières Ceyhan et Seyhan – aux pays du Moyen-Orient par le biais de deux gigantesques adductions. Une conduite « ouest » longue de 2 650 km aurait desservi la Syrie, la Jordanie et l'ouest de l'Arabie saoudite, tandis qu'une conduite dite « du Golfe » aurait approvisionné le Koweït, Bahreïn, le Qatar, les Émirats arabes unis et Oman. Mais, compte tenu de son coût financier et surtout de ses implications politiques et stratégiques, cet Aqueduc de la paix risque de rester encore longtemps dans les cartons des ingénieurs. En attendant, les Turcs envisagent d'exporter leur « or bleu » *via* des tankers. La Turquie a construit un terminal hydraulique près d'Antalya, sur la côte méditerranéenne. L'eau, pompée à partir de la rivière Manavgat, pourrait être ensuite transportée par tankers vers les ports des pays intéressés. La Jordanie, mais surtout Israël, ont déjà commencé à examiner très sérieusement cette « filière turque ».

Plusieurs siècles avant notre ère, l'historien grec Hérodote avait comparé l'Égypte à « un don du Nil ». C'est autour de sa crue que s'est développée une civilisation qui s'étire sur plusieurs millénaires. Toute la vie des Égyptiens était rythmée par les crues : à chaque inondation, le fleuve-dieu déposait ses limons qui fertilisaient les terres agricoles des fellahs. Depuis la construction du barrage d'Assouan, mis en service en 1970, le Nil est rentré dans son lit et protège le pays de la famine, parce qu'il assure une quantité régulière d'eau pour l'irrigation. Pour autant, l'Égypte ne tient pas son destin hydraulique entre ses mains. Plus de 80 % du débit du fleuve (le Nil bleu) sont issus des hauts plateaux d'Éthiopie, une vieille nation chrétienne d'Afrique de l'Est. L'autre branche (le Nil blanc) prend elle sa source dans les Grands Lacs d'Afrique centrale. Cette géographie alimente un « complexe de l'aval » chez les Égyptiens. La situation pourrait être résumée ainsi : d'un côté des « pays sources » africains, l'Éthiopie et les pays d'Afrique centrale, qui ont développé une coopération étroite avec Israël, et les pays aval, l'Égypte et le Soudan, ce dernier pays étant lui-même partagé entre une population nordiste arabe et une population sudiste africaine. Ces deux pays arabes doivent composer avec ces pays amont, avec qui ils entretiennent des relations souvent orageuses.

Le Caire et Khartoum ont signé en 1959 un accord bilatéral de partage des eaux du Nil, accord que n'a jamais reconnu l'Éthiopie, qui voudrait voir sa part d'utilisation augmentée. Régulièrement, Addis-Abeba annonce des projets de barrages qui irritent Le Caire. Or, dans le concept de « sécurité nationale » égyptienne, le niveau du Nil est une ligne rouge, un *casus belli*, car le destin de 80 millions d'Égyptiens en dépend. Le barrage d'Assouan joue le rôle de « compteur d'eau » : 55 milliards de mètres cubes doivent franchir la frontière soudanaise. Et l'Égypte n'a pas l'intention d'y renoncer vu son déficit de quelque 20 milliards de mètres cubes par an et la croissance de sa population : un Égyptien naît toutes les 23 secondes ! De même, l'Éthiopie revendique des droits sur le Nil en raison de son accroissement démographique et de ses projets de développement agricole.

Dans cet environnement aride du Proche-Orient, les États ont mis en place différentes stratégies de captage des eaux : conquêtes militaires et occupation pour les Israéliens, aménagements hydrauliques grandioses pour les Turcs. Grâce à leurs pétrodollars, les monarchies du Golfe, elles, se sont offert de coûteuses usines de dessalement. Au Koweït, plus de 90 % de la consommation provient de ces installations. Parfois, cela ne suffit pas. Il faut pomper dans les nappes.

L'Arabie saoudite prélève d'importantes quantités d'eau du sous-sol d'un aquifère à cheval sur la frontière jordanienne. Son eau sert à irriguer d'immenses fermes dans le désert. Vus du ciel, les périmètres irrigués forment de gigantesques cercles verts perdus dans un océan de sable.

Ces pompages intensifs ne sont pas du goût des Jordaniens, qui accusent les Saoudiens de faire baisser le niveau des nappes. Résultat : le ministère jordanien des Ressources hydrauliques s'est lancé lui aussi dans un ambitieux programme de captage de la nappe de Disi. L'idée est de pomper 100 millions de mètres cubes d'eau par an et de les acheminer vers la capitale, Amman, par le biais d'une adduction de 320 km. Mais ce captage de la nappe de Disi ne fait pas l'unanimité, car son eau ne serait pas, ou très peu, renouvelable. Selon les scénarios envisagés, on parle d'une durée d'exploitation de vingt à cinquante ans. Certains spécialistes affirment que le projet risque de dilapider un patrimoine naturel précieux au détriment des générations futures. Ses partisans estiment, eux, que l'urgence de la crise hydraulique exige de diversifier au maximum les sources d'approvisionnement. Ils font également valoir que la nappe de Disi est déjà largement siphonnée du côté saoudien. L'eau de Disi doit aussi servir à répondre aux besoins de la Jordanie, disent-ils, car sinon il ne restera plus rien à pomper.

Cet exemple de partage des eaux d'une nappe est particulièrement révélateur. Il montre que, autant la répartition du débit d'un fleuve obéit à des règles de droit précises, autant, dans le cas du captage des aquifères transfrontaliers, le vide juridique est total[1]. Les bassins hydrographiques ignorant les frontières tracées par les hommes, c'est pourtant dans ce cadre naturel que les problèmes devront être résolus : seule la coopération régionale peut permettre une gestion rationnelle et harmonieuse de la ressource.

Dans le cadre du processus de paix des années 90, les tentatives de coopération ont échoué, faute d'un accord politique qui aurait mis fin à l'occupation israélienne des territoires palestiniens et du Golan syrien. Pour autant, même si la paix est devenue illusoire dans un proche futur, les États ne pourront pas faire l'économie d'une gestion plus réaliste. La crise de l'eau n'attend pas !

Actuellement, le secteur agricole en engloutit à lui seul les deux tiers : 62 % en Israël ; 64 % en Cisjordanie et dans la bande de Gaza ; et plus de 70 % en Jordanie. Plus la ressource hydraulique deviendra rare et plus l'agriculture sera soumise à d'intenses pressions, dans la mesure où sa contribution au PNB est parfois inférieure à 5 %. Même en Israël, ce secteur high-tech, présenté comme une référence, devra mieux rentabiliser l'efficacité de l'eau d'irrigation. Contrairement à une idée reçue, l'agriculture israélienne n'est pas particulièrement économe en eau, et cela malgré l'appel à des techniques modernes telles que le goutte-à-goutte ou l'aspersion télécommandée.

---

1. Un projet de convention sur les aquifères transfrontaliers a été présenté en octobre 2008 à l'Assemblée générale des Nations unies.

Comme dans tous les autres pays de la région, l'irrigation israélienne est très fortement subventionnée, ce qui n'incite guère à une utilisation rationnelle. En outre, elle nécessite un niveau de produits phytosanitaires et d'engrais chimiques très élevé, qui entraîne une dégradation de la qualité des eaux souterraines. C'est pourquoi, en Israël, le débat porte aujourd'hui sur la place de l'agriculture dans l'économie nationale. Jadis fer de lance de l'idéal sioniste du retour à la terre, elle est à présent concurrencée par d'autres besoins : eau potable pour les villes, usages touristiques (parcs aquatiques, golfs, hôtels, etc.) et industriels.

Actuellement, la priorité va clairement à l'eau domestique pour les villes qui deviennent des métropoles difficilement gérables comme Le Caire, Beyrouth, Damas ou Amman. La difficulté ne tient pas seulement à la croissance du nombre de citadins demandant à être desservis, mais également à leur mode de vie, car un urbain consomme plus d'eau qu'un rural. Bien souvent, les infrastructures hydrauliques de ces villes tentaculaires ne suffisent plus : faute d'investissements, les réseaux de canalisations sont défectueux ; parfois le taux de fuites dépasse les 50 %, comme à Beyrouth !

Au Proche-Orient, les exemples de gaspillage abondent. C'est dire que la gestion de l'eau dans les centres urbains représentera, dans les années à venir, un enjeu crucial. Des « émeutes de la soif » se sont déjà produites en Palestine, en Iran ou encore en Algérie, rappelant le caractère vital et explosif de cette question. L'été 2007 a été marqué en Égypte par une série de manifestations et de sit-in d'Égyptiens privés d'eau à travers le pays. Ces « Assoiffés », comme ils ont été surnommés dans les médias, ont dû s'approvisionner à des camions-citernes, payant ainsi l'eau au prix fort. Ce « marché de la soif » est devenu courant dans les pays arabes déficitaires en eau.

Pire : non seulement la distribution d'eau potable est aléatoire, mais l'indigence des moyens d'épuration, quand ils existent, vient réduire encore un peu plus les quantités disponibles. Les rejets des eaux usées dans le milieu naturel (mers, fleuves, etc.) sans aucun traitement constituent une grave source de pollution. En Égypte, seuls 60 % des villes et moins de 4 % des villages sont équipés d'infrastructures d'épuration. Les effets d'une telle carence sur la santé publique sont dévastateurs.

L'Irak disposait dans les années 70 des meilleurs équipements hydrauliques du Moyen-Orient. Saddam Hussein avait fait construire trois réseaux à Bagdad : un pour l'eau potable, un pour les eaux usées et un pour les eaux municipales. Un luxe d'infrastructure inconnu en Europe à la même époque ! Trois guerres et une décennie d'embargo plus tard, le système est dans un état déplorable, faute de maintenance et d'investissement. Les eaux usées se mélangent parfois à l'eau potable. Le résultat ne s'est pas fait attendre : selon les experts de l'Organisation mondiale de la santé (OMS), le choléra est de retour en Irak.

Parmi les pays arabes, la Tunisie peut se vanter de bonne performance en matière d'épuration des eaux. Il faut dire que la faiblesse de ses ressources naturelles et l'orientation de son économie vers le tourisme balnéaire l'ont conduite à mettre en place un dispositif drastique de traitement des eaux usées. À l'inverse, le Maroc a privilégié la fourniture d'eau potable à sa population, plus nombreuse, plutôt que l'assainissement : les eaux usées sont largement rejetées en mer.

Face à une demande en forte croissance, il faudra aussi trouver de nouvelles sources d'approvisionnement. L'une des options les plus prometteuses, qui pourrait produire des volumes non négligeables, est le recyclage des eaux usées. Traitée selon des normes qui ne mettent pas en danger la santé humaine, cette eau recyclée est parfaitement adaptée à l'arrosage des terrains de golf, à des usages urbains (nettoyage de la voirie, fontaines, parcs, etc.) et à l'irrigation de certaines cultures. Seul problème : en terre musulmane, cette eau souffre de préjugés, notamment religieux, liés à son « impureté ». Les agriculteurs rechignent à l'utiliser. De prometteuses expériences sont néanmoins menées en Israël et en Tunisie.

Le dessalement figure aussi parmi les techniques d'avenir. Il est largement utilisé dans les pays du Golfe. Le perfectionnement de la technique d'osmose inverse (l'eau est filtrée au travers de membranes) a déjà permis de satisfaire de nombreux besoins, même si les capacités de production restent encore limitées à cause du coût. C'est l'une des solutions envisagées pour la bande de Gaza, où deux usines de dessalement sont en projet. Car sur place, il n'y a plus guère d'autre choix possible.

Tous les responsables des pays du Proche et du Moyen-Orient sont désormais conscients de la gravité de la crise de l'eau qui, d'année en année, prend des proportions de plus en plus inquiétantes. Localement, des conflits d'usage naissent un peu partout, notamment entre les besoins agricoles et les besoins touristiques. L'eau doit-elle servir à produire des tomates et des bananes ou bien doit-elle alimenter des complexes hôteliers et des parcours de golf ? Au niveau local, ce type d'arbitrage donne lieu à de féroces batailles. L'enjeu est tout aussi économique que politique et social, sans parler de l'aspect environnemental.

Le contexte politique régional, éminemment fluctuant et instable, ainsi que le coût du développement de nouveaux projets ou de nouvelles technologies restent deux obstacles majeurs à surmonter. Plus grave : des choix de société pourtant indispensables – diminution du volume de l'eau agricole, rationnement, tarification plus élevée, etc. – sont souvent escamotés pour des raisons politiques et sociales. Jusqu'à quand ? C'est toute la question.

6

Le pétrole, une manne pour les islamistes

On se souvient qu'Ibn Saoud avait déclaré en 1936 au géologue de la Standard Oil of California, venu lui annoncer qu'il avait trouvé du pétrole : « Vous auriez mieux fait de me trouver de l'eau. »

À l'époque, l'Arabie saoudite était faite de hameaux, au maximum de gros bourgs. Depuis les années 60, et surtout depuis le quadruplement du prix du pétrole en 1973, de grandes villes émergent, Riyad ou Djedda par exemple, d'où ont été repoussés les nomades, les Bédouins qui ne représentent plus que 4 % de la population du pays. La péninsule se couvre d'autoroutes, de gratte-ciel, d'universités, d'hôpitaux, de stades, d'usines de dessalement… En quelques années, l'or noir a permis à l'Arabie saoudite de s'offrir toutes les infrastructures d'un pays moderne. Mais c'est aussi une source de gabegie. Comme les citoyens ne paient rien, pas même d'impôts – sécurité sociale, école, eau, tout est pris en charge –, l'adage *« no participation, no revendication »* est devenu la devise du royaume wahhabite. Quand on ne participe pas au budget national de l'État, on n'a qu'un droit : se taire.

Aujourd'hui, le petit cercle des quatre ou cinq personnes au pouvoir, issues de la famille royale saoudienne, possède un fonds de 740 milliards de dollars. S'il leur prenait l'envie de venir faire leur marché en France, ils pourraient s'offrir Gaz de France, la BNP, la Société générale, Auchan, Carrefour, Total, deux ou trois industries de défense… et ils n'auraient même pas entamé la moitié de leur fortune ! Il y a une sorte de sacralisation de l'argent à travers le pétrole. Ce pétrole qui aurait pu contribuer à l'édification d'un État-nation sert aujourd'hui à construire, au mieux, une communauté d'individus croyants, d'ailleurs souvent islamistes.

Les richesses en gaz ont eu le même effet. Le Qatar, qui n'avait plus que quelques années de réserve de pétrole, se retrouve aujourd'hui à la tête d'une fortune qui donne envie à l'émir de ressembler à ses voisins. Le peuple n'a rien à y gagner : tout ce qui est au-dessous et au-dessus du sol appartient à la famille royale. L'Arabie saoudite est le seul pays au monde à porter le nom d'une famille, d'une tribu. Et avec cet argent – 10 millions de barils par jour, cela fait des centaines de millions de dollars par jour qui tombent dans l'escarcelle saoudienne –, une famille se retrouve propriétaire de grandes banques internationales, d'un formidable tissu immobilier et aussi, en partie, de l'appareil de production de son pays.

Sur le plan intérieur, cela débouche sur des villes ségréguées, aucune industrie, ou une économie mono-industrielle, aucune autochtonisation des emplois… À quoi sert le pétrole, sinon à faire passer les Bédouins, les nomades à une civilisation sédentaire sururbanisée et à faire en sorte que l'individu-roi ne se reconnaît que dans l'appartenance communautaire, c'est-à-dire musulmane ? Quel est aujourd'hui le destin d'un jeune Saoudien ?

Le pétrole contribue à la régression de ces pays, non pas sur un plan financier ou mercantile, au contraire, mais dans le sens d'un enfermement. Les bénéfices tirés de cette ressource naturelle n'ont pas été dévolus au développement d'infrastructures, des nouvelles technologies ou au financement de projets industriels. Ce sont, au contraire, les plus pauvres des pays arabes, comme le Maroc, la Tunisie, la Palestine ou quelques niches égyptiennes, qui lancent des start-up et s'intéressent aux innovations technologiques.

En Iran, le pétrole a seulement aidé le pays à n'avoir que 7 milliards de dollars d'endettement. En Irak, l'or noir a permis à Saddam Hussein de financer ses rêves de grandeur et de s'enrichir personnellement, mais aussi de diversifier l'économie du pays. Laïque, il a accepté la transmission du savoir à son peuple (les meilleurs ingénieurs du monde arabe étaient les Irakiens et les Libanais). Ce qui n'excuse en aucune façon l'aspect sanguinaire de sa dictature et l'absence totale de liberté individuelle ou publique. Le pétrole irakien a également permis à Saddam Hussein de s'ingérer dans les affaires des autres pays arabes, ce que fait aujourd'hui l'Arabie saoudite. Les Émirats utilisent parfois leurs énormes moyens pour aider certains pays à réaliser des projets, financer l'armée libanaise dans telle ou telle circonstance… et aussi des groupes islamistes. Le pétrole mais surtout le gaz ont donné un poids diplomatique au Qatar, qui a joué ces dernières années les médiateurs dans la crise libanaise, les querelles interpalestiniennes ou encore le règlement du dossier des infirmières bulgares en Libye.

Certains pays revendiquent le partage de l'eau. Ont-ils pour autant accepté de partager leur pétrole ? Il y a un vrai problème aujourd'hui de gestion du pétrole, ou du moins de gestion de la fortune pétrolière.

Les dirigeants des pétromarchies du Golfe doivent regretter ces temps bénis où leur « désert » n'intéressait personne, sinon quelques chefs d'entreprise venus leur vendre des bricoles, allant de projets immobiliers à des chars de combat et des avions de chasse. En ce temps-là, la presse ne s'intéressait pas encore à la vie quotidienne des Saoudiens, Émiratis, Koweïtiens et autres détenteurs de la manne pétrolière. Le formidable trésor qui a enrichi cette région a du mal à masquer la réalité : ces pays que les Occidentaux continuent de protéger sont ceux-là mêmes qui ont nourri le terrorisme islamique dont l'Occident a été – et demeure – la cible prioritaire.

Dans tous les pays du Golfe, l'islam est religion d'État, le Coran fait office de Constitution et la loi islamique, la fameuse charia, tient lieu de Code civil et pénal. Si les peuples sont dans leur ensemble religieux, on ne peut pas en dire autant des dirigeants. À l'exception notable du sultanat d'Oman, les Arabes de la péninsule profitent de la moindre occasion pour partir de chez eux et échapper ainsi aux règles sévères de l'islam. Cela commence en général dans l'avion de la compagnie occidentale qui décolle de Riyad ou d'Abu Dhabi, de Koweït ou de Djedda, de Doha ou de Manama… Dans la plus grande connivence et avec une parfaite hypocrisie, les femmes plus ou moins jeunes occupent les toilettes pendant la première heure de vol, où elles se débarrassent de leur robe noire pour réapparaître en habit occidental, tailleur et minijupe. Il est vrai qu'elles ont l'impression de revivre. Elles quittent rarement leur foyer de crainte de subir les exactions d'une police religieuse particulièrement active et tatillonne. Le roi Fahd (1922-2005) lui-même n'était pas un exemple de vertu islamique. Avant son accession au trône, il était connu pour son goût des tapis verts – on parle encore à Riyad de ce jour où il a perdu sans sourciller 64 millions de francs au casino de Cannes –, des charters de call-girls qu'il affrétait d'Europe vers ses yachts amarrés dans des ports d'Europe ou sa résidence d'été de Marbella. Dans ces conditions, il avait du mal à sévir contre les excès de sa police religieuse, en dépit de plaintes répétées de certaines ambassades occidentales : ces Savonarole en herbe s'en prennent aussi aux femmes des expatriés dont le foulard laisse échapper quelques mèches blondes… Au moment de la guerre du Golfe de 1991, il a fallu la réaction musclée de quelques GI américains, notamment des femmes militaires, pour calmer l'ardeur de ces « excités de la matraque ».

On comprend la migration des autochtones vers d'autres horizons pour sortir d'une existence dominée par l'ennui et la contrainte. Jusqu'à la première guerre du Golfe, Saoudiens et Koweïtiens pouvaient se rendre en toute impunité à Bassora, la grande ville du sud de l'Irak, ou encore à Bahreïn, par le pont qui relie

l'Arabie à la presqu'île, pour s'adonner aux plaisirs
de l'alcool. Un hôpital construit presque à cet effet les
remettait sur pied, car la plupart terminaient le week-
end musulman, le vendredi soir, en état d'ébriété avan-
cée. Depuis, l'islamisme radical est passé par là et
même Manama, qui avait espéré attirer les « visi-
teurs » grâce à un certain laxisme, a dû serrer les vis.
Aujourd'hui la classe dirigeante ou les richissimes
hommes d'affaires de la péninsule privilégient la côte
Ouest américaine pour préserver leur anonymat. La
classe moyenne se contente, si l'on peut dire, de Londres, Paris ou Genève, même si, disent-ils, les communautés arabes devenues de plus en plus nombreuses
les privent désormais d'un incognito tranquille et
serein. Ils sont néanmoins de plus en plus nombreux
depuis le 11 septembre 2001 à préférer se rendre dans
les pays arabes, étant devenus *persona non grata* dans
les pays occidentaux et notamment aux États-Unis. Le
Maroc, de tout temps, fut la destination de prédilection
des vacanciers arabes, en raison sans doute de la proximité du pays, mais aussi pour l'attitude peu farouche
des jeunes Marocaines, qui voyaient dans les arguments sonnants et trébuchants des hommes d'affaires
de la péninsule un moyen somme toute facile et rapide
de se sortir d'une situation matérielle souvent précaire.
Mais ce que viennent surtout chercher ces défenseurs
acharnés de l'islam – dans leur pays –, qui paient leur
Zakât, cet impôt religieux, sans se préoccuper de
savoir quelles caisses de quelle organisation ou fondation il va alimenter, ce sont les amours illicites avec
de jeunes éphèbes, appelés *ghoulâm*, ce que l'on
nomme communément « pédophilie » en Occident.

On se souvient encore de ce scandale vite étouffé par les autorités marocaines, impliquant un officiel koweïtien, grande figure de l'islamisme dans son pays, qui s'était attaché les services d'un jeune Marocain ; les parents de celui-ci, après avoir accepté une somme forfaitaire pour s'en séparer, sont venus le réclamer en pleine nuit à l'hôtel Palais-Jamaï à Fès et l'ont découvert dans le lit de son nouvel employeur…

Mais ces thuriféraires de l'islam dans leur pays n'osent pas trop s'aventurer à Dubaï pour y faire leur marché sexuel au risque d'y être reconnus. En effet, si l'Arabie est une immense station-service, et si les autorités de Dubaï veulent en faire le « Hong Kong » du Moyen-Orient, ce petit émirat membre en principe de la Fédération des Émirats arabes unis n'est aujourd'hui que le « lupanar » de la péninsule. Outre les Occidentaux, y affluent les hommes d'affaires koweïtiens, saoudiens, émiratis, qataris et iraniens, soit pour y passer quelques jours, soit pour y établir leurs sociétés et pouvoir ainsi défiscaliser, ou plutôt organiser en toute légalité et en toute impunité leur évasion fiscale. Et puisqu'il faut bien que le corps exulte, ils en profitent pour passer leurs soirées solitaires à fréquenter les bars de Dubaï, sortes de marchés au bétail, où l'on peut choisir, sans proférer une seule parole ni engager une discussion oiseuse, une compagne d'un instant, russe, ukrainienne ou biélorusse, qu'on ramène tout naturellement dans un cinq-étoiles d'un pays qui se dit musulman.

Mais comment ces dirigeants et hommes d'affaires qui réussissent si bien professionnellement, tenant tête à leurs homologues occidentaux, et qui avaient accepté de rentrer dans une modernité dépourvue de toute contrainte religieuse, ont-ils pu basculer dans une véritable schizophrénie pathologique de l'islam ? Comment arrivent-ils au lendemain du 11 Septembre à argumenter, à expliquer qu'après tout le terrorisme est l'arme du pauvre et que Ben Laden est une sorte de Robin des Bois des temps modernes ? Sans doute en raison de la fièvre qui s'est emparée du monde musulman et de la montée fulgurante de l'islamisme dans cette région. Mais surtout à cause de l'Arabie saoudite, dont l'influence islamiste continue à faire des ravages : toute la région a cru devoir basculer dans un radicalisme outrancier. Lorsque le roi Fayçal, encore prince héritier en 1960, organise, avec le soutien actif des États-Unis, le système islamiste, c'était sans aucun doute pour lutter contre l'influence de Nasser dans le monde arabo-musulman. Officiellement, il le fera au nom du wahhabisme.

Mais qu'est-ce donc que ce wahhabisme, cette doctrine sunnite qui, plus de deux siècles après son installation en lointaine Arabie, représente un des courants les plus importants de l'islamisme radical contemporain ?

Muhammad Ibn Abd al-Wahhab, fondateur du wahhabisme, condamne « les innovations blâmables » ; il proscrit des actes aussi anodins et divers que l'usage nouveau du tabac ou celui du chapelet. Par principe également, tout ce qui est survenu après la Révélation est condamnable, toute pratique, tout objet qui n'est pas mentionné par le Prophète est illicite.

Les premiers compagnons du fondateur du royaume saoudien, les Ikhwan, qui l'ont accompagné dans la reconquête lui ont reproché en 1926 d'utiliser le téléphone, l'automobile ou même le télégraphe. Comble de l'hypocrisie : c'est sur cet argument que se basent les autorités saoudiennes aujourd'hui pour condamner l'utilisation des satellites de télévision.

L'influence de toute nouveauté, sur la vie mais aussi sur la moralité du musulman, doit être minutieusement passée au crible : tout changement est pour le wahhabite préjudiciable à l'équilibre établi. Sa rigueur va plus loin encore. Sous prétexte qu'en islam, toute représentation iconographique du Prophète est bannie, il interdit même aux wahhabites de se réunir pour lire la vie de Mahomet ; il prescrit la stricte application de la loi islamique, la charia, même en matière pénale (ablation du poignet pour les voleurs, lapidation pour l'adultère…). Ses leçons, réunies en trois traités, dont le plus important est *Le Livre de l'unité*, durcissent les règles d'isolement des femmes, rendent obligatoire la prière rituelle publique, exigent que l'homme chargé de sacrifier les animaux de boucherie *(halal)* soit non seulement musulman, mais également pieux…

Un des thèmes principaux des wahhabites est celui de la migration *(hijra)*, à la fois telle que racontée par le Coran et telle qu'interprétée par Ibn Hanbal. Le Livre saint donnait à la migration du Prophète de La Mecque à Médine un sens symbolique, celui du passage des premiers musulmans d'un état d'ignorance à l'islam. Ibn Hanbal interprétait ce passage à l'islam comme le devoir de tout musulman, « aussi longtemps que les infidèles ne sont pas tués, leurs voix étouffées et leurs gestes arrêtés ».

La montée d'un islam radical, venu du Pakistan et surtout d'Égypte avec les Frères musulmans dans les années 60, inquiète les Saoudiens. Comment admettre en effet, pour un pays comme le leur, gardien des lieux saints de l'islam, une surenchère sur le plan islamique qui remettrait indirectement en cause sa légitimité ? Seul moyen d'éviter le risque : contrôler et récupérer. Grâce aux pétrodollars, l'Arabie saoudite met au point un système sophistiqué qui constitue aujourd'hui un des principaux réseaux économiques de l'islamisme. Devant la multiplication des organisations islamistes et la montée en puissance de ces mouvements, les Saoudiens ont décidé de « payer ». Ne sont-ils pas les plus musulmans et les meilleurs ? Tout islamiste devra donc choisir la voie saoudienne. De leur côté, les partis islamistes dans le monde arabo-musulman ont profité de cette manne financière. Les ambitions saoudiennes vont même jusqu'à prendre le contrôle des studios de cinéma égyptiens pour imposer leurs valeurs morales. Plus question de voir, comme dans les films des années 60, des femmes dos nu, fumant une cigarette et buvant du champagne.

Fayçal, admiré des diplomates occidentaux, va entraîner dans sa vaste entreprise les Koweïtiens et plus tard les Émiratis. Il met sur pied une véritable machine de guerre qui s'articule autour de cinq axes.

En premier lieu, la Ligue islamique mondiale (Al Rabita al islamiyya al'alamiyya). Cette organisation non gouvernementale a été créée à La Mecque en

1962, sous l'impulsion du prince héritier de l'époque, Fayçal Ben Abdel Aziz. Le monde arabe est alors à l'apogée de l'ère nassérienne, et la dynastie saoudienne cherche à créer un contrepoids par le biais d'un organisme chargé de lutter contre les conférences « dangereuses, dans lesquelles les ennemis de l'islam veulent exciter les musulmans à se révolter contre la religion, détruire leur unité et leur fraternité » (chapitre II de la Charte constitutive, publiée en décembre 1963). La Rabita a vocation de défendre les minorités islamiques dans les pays non musulmans. C'est une véritable machine, extrêmement structurée : un secrétaire général centralise toutes les activités à La Mecque. Il est entouré d'un conseil exécutif de cinquante-trois membres, issus de tous les pays islamiques, qui se réunit une fois l'an. Autant dire que le secrétaire général, toujours saoudien, a les pleins pouvoirs. Il nomme les conseils régionaux islamiques, présents sur chaque continent. Celui d'Europe a son siège à Londres et coordonne, comme les autres, les activités des associations « subventionnées » par la Ligue. Le secrétaire général désigne également les membres du Conseil mondial des mosquées, censé coordonner, gérer et financer la construction des lieux de culte. La branche européenne se trouve à Bruxelles. Enfin, dans chaque pays, il installe un bureau de l'Organisation islamique mondiale (BOLIM). À travers cette toile tissée depuis plus de quarante ans, l'Arabie saoudite finance les organisations islamistes en Europe. La Ligue, ou les organismes qui dépendent d'elle, a à son actif plusieurs projets spectaculaires : le centre islamique de Bruxelles, les mosquées de

Madrid, Rome, Kensington et Copenhague, la construction de la mosquée de Mantes-la-Jolie, en France. En revanche, la mosquée d'Évry s'est avérée un gouffre financier et a coûté à la Ligue plus de 30 millions de francs. Lorsqu'il y a quelques années, les musulmans d'Évry ont voulu changer d'imam, ce dernier a produit devant le tribunal un acte de propriété au nom de la Ligue et les fidèles ont dû s'incliner.

Il ne faut pas confondre la Ligue avec l'Organisation de la Conférence islamique (OCI), qui constitue le deuxième vecteur d'infiltration islamiste saoudienne. Cette organisation internationale, sorte de Nations unies du monde musulman, a été fondée quelques années plus tard, toujours à l'initiative de Fayçal. Elle représente les États musulmans.

En troisième lieu, la Banque islamique de développement (BID), créée en 1973, également par le roi Fayçal, finance en principe les projets d'infrastructure et de développement dans des pays islamiques. Mais la plupart des actionnaires de la BID étant saoudiens, les cordons de la bourse se délient aisément en faveur de la Ligue.

Enfin, Fayçal va associer à son projet non seulement les gouvernements de la péninsule qui craignent la puissance de nuisance que l'Arabie pourrait avoir, mais également les familles marchandes qui, depuis le début du XXᵉ siècle, ont créé des groupes extrêmement puissants dont l'aumône obligatoire va désormais alimenter cet islamisme radical violent.

Fayçal assassiné en 1975, c'est son fils Turki, chef des services de renseignements du royaume, qui prend la relève. La guerre afghane va lui donner l'occasion de parachever l'œuvre de son père. Pour aider « les combattants afghans à lutter contre l'envahisseur soviétique athée », il met sur pied la Légion islamique des Afghans, du New Jersey aux Philippines, en enrôlant les Frères musulmans de Syrie, d'Égypte, de Jordanie, de Palestine, mais aussi des Pakistanais, des Turcs et des Kurdes sans oublier au passage, quelques « Beurs français ». Ces combattants s'installent à Peshawar, au Pakistan. Par souci d'efficacité, Turki coopère étroitement avec ses homologues pakistanais de l'ISI, services de renseignements d'Islamabad. Depuis 1977, le Pakistan est un État islamique. Ensemble, ils créent l'université islamique d'Islamabad, qui assurera l'encadrement dogmatique de ces nouveaux combattants de la foi. Mais Turki travaille aussi étroitement avec les Américains. Et c'est dans le cadre de cette collaboration qu'il va présenter à la CIA en 1982 un homme disposé à mettre ses sociétés à la disposition des États-Unis, qui cherchent à livrer des armes non conventionnelles, comme les fameux missiles Stinger, aux résistants afghans. Cet homme en qui Turki a une confiance totale n'est autre qu'Oussama Ben Laden.

Tout cela coûte cher. La Ligue et l'OCI apportent leur obole, mais la guerre est un gouffre. En 1981, parallèlement au sommet islamique de Taëf, des investisseurs musulmans, venant de Koweït, des Émirats arabes unis, de Qatar, de Bahreïn, réunis par Mohamed Ibn Fayçal, le frère de Turki, lancent une banque islamique privée, Dar al-Mal al-islami (« la maison de l'argent islamique »), dont le siège est à Genève. Mohamed aidera son frère à financer ses réseaux afghans et leurs relais en Europe. D'autant qu'il ne sera

pas longtemps seul à le faire. Dès 1982, le roi Fahd
monte sur le trône saoudien. Jusque-là, il avait défrayé
la chronique par ses frasques sur la Côte d'Azur et
ses pertes fracassantes sur les tapis verts des casinos.
Devenu roi, il veut se refaire une virginité islamique.
Il charge alors un ami, l'homme d'affaires Saleh
Kamel, de créer la banque musulmane Dalla al-
Baraka, devenue aujourd'hui un énorme conglomérat
ayant des participations industrielles dans des entreprises européennes et américaines.

Ces deux banques constituent le cinquième axe du
financement de l'islamisme : les réseaux privés. C'est
grâce à ces établissements que Turki pourra, avec la
Ligue et l'OCI, mettre sur pied une vingtaine d'ONG
installées au Pakistan, avec des bureaux en Europe et
aux États-Unis. Les deux plus importantes sont l'International Islamic Relief Organisation (IIRO) et l'Islamic Relief Agency (ISRA). Les ONG collectent des
fonds auprès des hommes d'affaires musulmans, des
familles marchandes saoudiennes et koweïtiennes et
les envoient en Afghanistan, en Bosnie, mais aussi en
Europe, où la Grande-Bretagne sert de plaque tournante, avec la Mission islamique pour le Royaume-
Uni, financée par les Saoudiens et dirigée par deux
membres éminents des services de renseignements du
prince Turki Ibn Fayçal.

Les instituts de formation sont une autre manière
de financer et de sous-traiter la gestion de l'islamisme.
Outre l'université islamique d'Islamabad, créée on l'a
vu par Turki en 1980, plusieurs medersa seront mises
sur pied pour accueillir les djihadistes arabes. La
Ligue islamique mondiale est ainsi à l'origine de

l'Institut de formation des imams en Europe, installé à Saint-Étienne-de-Fougeret et confié aux Frères musulmans de l'Union des Organisations islamiques en France (UOIF).

Grâce à ces réseaux, les dirigeants des pays de la péninsule, leurs hommes d'affaires dont les propres activités dépendent de ces dirigeants, ainsi que tous ces dignitaires musulmans donneurs de leçons, ont réussi à financer depuis plus de vingt-cinq ans les islamo-nationalistes du Hamas palestinien, ceux du FIS algérien, et plus tard le GIA, les Frères musulmans syriens et jordaniens, les réseaux de prédicateurs et d'imams saoudiens, pakistanais, maliens et surtout marocains, les plus nombreux en France ; mais ils ont surtout assuré, peut-être en l'ignorant (ou en souhaitant l'ignorer) l'islamisation radicale de plusieurs milliers de jeunes musulmans qui a constitué un terreau sans précédent pour le terrorisme, grâce à l'or noir.

7

Les islamistes en embuscade

L'islamisme, fléau dans le monde musulman, vise en premier lieu à balayer toute idée de renouveau, de modernité ou de progrès sur le plan dogmatique. Un de ses caractères distinctifs, remarquable par son universalité et sa persistance, est de prétendre revenir aux fondamentaux pour reprendre l'*ijtihad*, l'interprétation du Coran, mais en demeurant au VIIᵉ siècle. Cela explique l'agressivité des islamistes à l'égard de leurs coreligionnaires : ils font du caractère englobant de l'islam le vecteur essentiel d'une prise en compte de la vie du musulman dans tous les secteurs de son vécu. Ainsi, dès la préadolescence, l'enfant est mis en condition. À l'adolescence, sous prétexte qu'il entre dans le monde des hommes, il est totalement encadré : sa vie est articulée autour de cet islam littéraliste qu'on lui inculque désormais au quotidien. Au seuil de la vie adulte, il est « responsabilisé ». Désormais, il prendra part à la réislamisation de son environnement avant de passer réellement à l'action dès la vingtaine passée.

C'est en ce sens aussi que l'islamisme est dangereux pour les États occidentaux, devenus pour certains des pays d'accueil. En aucun cas l'islamiste ne peut accepter d'être gouverné par un non-musulman ; en aucun cas ce même islamiste ne peut admettre que les lois des hommes soient supérieures à celles de Dieu – ou, devrait-on dire, à celles qu'on lui a présentées comme étant les lois de Dieu.

L'islamisme – ou fondamentalisme musulman – est une idéologie politico-religieuse qui vise à instaurer un État régi par la charia et à réunifier la *oumma*, la communauté de l'islam sans frontière. Cette définition apparemment simple recouvre une situation complexe et des réalités qui varient selon les pays et les courants idéologiques.

L'islamisme n'est pas récent, il est né avec l'islam. Dès la période médinoise, le Prophète n'a pas fait de différence entre la loi religieuse et la loi séculière : la loi religieuse, la *shari'a*, devait s'appliquer à toutes les composantes de la vie. Les interprétateurs, les *fuqaha'*, s'inspirent de quatre sources : le Coran, la *sunna* (la tradition du Prophète), le consensus (ou l'*ijma*) et le raisonnement par analogie.

Des quatre écoles juridiques reconnues par l'orthodoxie sunnite, seule celle d'Ibn Hanbal, mort en 850, refuse tout raisonnement et affirme qu'après le Prophète il ne peut rien y avoir de nouveau, précisant que la parole de Mahomet est plus importante que le raisonnement des juristes. La fermeture des portes de l'*ijtihad*, de l'interprétation à la fin du XIᵉ siècle, ainsi que l'abolition du califat en 1924 figeront définitivement la pensée sunnite.

L'école hanbalite a inspiré fortement les islamistes d'aujourd'hui. Ils s'en réclament, ainsi que tous les théologiens qui se sont succédé dans cette tradition : le Syrien Ibn Taymiyya au XIVe siècle, le Saoudien Muhammad Ibn Abd al-Wahhab au XVIIIe, qui devait initier le wahhabisme, ou encore l'Égyptien Hasan al-Banna, fondateur de la confrérie des Frères musulmans en 1928.

L'islam ne doit pas être confondu avec l'islamisme. Mais le courant radical a réussi à propager l'idée d'une religion particulièrement restrictive en termes de libertés publiques. Ce faisant, il a séduit une partie des croyants en se positionnant comme le courant « véritable », « pur », loin de l'islam dévoyé car affilié aux gouvernements corrompus. L'islamisme a donc pu d'abord s'affirmer en présentant une alternative aux pouvoirs en place, en proposant des valeurs morales fortes et en dénonçant les pratiques des classes politiques installées. Fondant leur discours sur la religion, les islamistes ont ainsi pu mener un combat pour prendre le pouvoir au sein de la communauté des croyants. S'ils n'ont pas totalement gagné les cœurs, ils ont au moins réussi à créer la confusion dans les esprits entre islam et islamisme, propageant l'image d'une religion des plus strictes. Et les adeptes des courants plus libéraux, c'est-à-dire la majorité des croyants, se trouvent enfermés dans cette image dominante. C'est pourquoi certains penseurs musulmans ont régulièrement appelé à l'ouverture des portes de l'interprétation.

L'islamisme, en définitive, réduit la religion à une simple règle de vie, jetant aux orties tous les versets d'ouverture que nous retrouvons essentiellement dans la première partie de la prédication. « Il n'y a pas de contrainte en religion », assène pourtant le Prophète, rappelant aux croyants cette parole divine : « Je vous ai créé plusieurs nations pour que vous puissiez vous parler. » Ce pluralisme disparaît dans la lecture littéraliste du Coran, de même que le fait d'être libre dans sa foi et ses croyances sans « contrainte, aucune ». L'islamisme réduit également à néant le côté prétendument libérateur sans intermédiaire entre le croyant et son créateur, permettant une véritable exégèse personnelle et un dialogue direct avec le divin. Enfin, il occulte l'aspect égalitaire de l'islam (« Vous êtes tous égaux comme les dents d'un même peigne ») incarné à travers le pèlerinage : les croyants sont nus sous leur drap blanc et il n'y a plus de différence entre les riches et les pauvres, les fils de César et les fils de rien.

Tout cela, l'islamisme le met sous le boisseau alors que c'est la véritable spécificité d'une religion révolutionnaire au regard de l'Ancien Testament, aspect qui se retrouve d'ailleurs dans le chiisme à travers la pratique permanente de l'*ijtihad*, les chiites n'ayant jamais fermé les portes de l'interprétation.

L'exemple du djihad est significatif de l'instrumentalisation de la religion musulmane par les islamistes. Aujourd'hui traduit communément par « guerre sainte », le djihad a en réalité un tout autre sens. Sa racine, « i hd », signifie effort, et non pas guerre, qui se dit « harb ». Il s'agit donc pour le croyant de faire un effort pour être un bon musulman. C'est le petit djihad. Le grand djihad est l'effort qu'il doit fournir pour que son entourage suive également les préceptes de la religion islamique. Ce n'est que dans une dernière acception que le djihad peut impliquer le combat, mais seulement si les croyants sont menacés et en situation de légitime défense.

Ce cas extrême a été isolé par les islamistes : ils l'utilisent pour justifier leur lutte contre l'Occident, mais aussi, et surtout, contre les autres musulmans. Ils considèrent que les musulmans sont partout persécutés, en Tchétchénie, en Palestine, en Irak, en Bosnie, en Afghanistan, etc.

En fait, ces mouvances cherchent à conquérir le pouvoir au sein de la communauté des croyants et utilisent la religion à cette fin. Ils optent donc pour des concepts amputés de leurs nuances afin de proposer des idées simples à des individus en mal d'identité, qui trouvent là une cause à défendre qu'ils croient noble, car ayant toutes les apparences de la religion.

À l'ignorance du public en général s'ajoute celle des musulmans eux-mêmes. Dans les pays arabes, le poids des islamistes et le faible taux d'alphabétisation en général rendent difficile l'enseignement de l'islam véritable et de toutes les facettes qu'il présente, à commencer par les plus libérales.

En Occident, le problème est différent : les populations d'origine musulmane ont souvent volontairement négligé ces connaissances afin de favoriser l'intégration des nouvelles générations. La transmission ne s'est pas effectuée. Dans d'autres cas, l'apprentissage de la religion s'est fait en faveur des plus radicaux en réaction à l'hostilité de la population indigène. S'afficher comme radical, c'est réagir, exister, s'imposer à celui qui vous nie. Le djihad, dans ce cadre, est un concept porteur.

Cette réduction du sens du djihad reflète sans doute de la manière la plus frappante l'habile manipulation pratiquée par les islamistes. D'abord, l'accaparement de l'image agressive de l'islam leur permet de s'approprier tout traitement médiatique de la question. Partant du principe que les journalistes préfèrent les trains qui n'arrivent pas à l'heure et n'ont que le souci des ventes et de l'audimat, ce traitement médiatique outrancier donne aux islamistes une double arme : celle de la reconnaissance par les autorités publiques du pays d'accueil et celle d'une reconnaissance au sein même de leur communauté. Ensuite, en l'absence du califat aboli en 1924, plus personne n'a le droit de s'exprimer au nom de l'islam. Mais, concomitamment, tout croyant a le droit de parler en tant que tel. C'est sur ce dernier point que les islamistes ont réussi à imposer leur vision. Ils se présentent comme les seuls habilités à s'exprimer sur le djihad comme sur les autres questions. Enfin, et c'est sans doute là l'ultime manipulation, les islamistes sont passés maîtres dans la pratique de la rumeur : un musulman qui prêche l'ouverture, le dialogue et la pluralité est systématiquement désigné comme un « mauvais musulman », voire un « mécréant ». Et cela suffit pour le rendre suspect aux yeux de la communauté. Cette manipulation devient quasi criminelle lorsqu'elle vise toute la communauté : en témoignent les manuels scolaires qui arrivent en masse des pays arabes et particulièrement en Arabie saoudite, où prévaut la désinformation. On cite parfois l'anecdote de ce professeur de mathématiques affirmant à ses élèves que deux lignes parallèles ne se rejoignent jamais… si Dieu le veut !

Se basant sur les hadith (dits du prophète), le cours de jurisprudence islamique en classe de troisième précise qu'« il n'est pas permis d'imiter les infidèles – juifs, chrétiens et autres – dans leur tenue et leurs vêtements. […] Il a été remarqué que certains jeunes musulmans, garçons et filles, sont tentés d'imiter certains infidèles et pécheurs célèbres dans leurs mouvements et leur comportement (ce qu'on appelle la "mode"). C'est une faiblesse religieuse et une dissolution de la personnalité musulmane […] ».

En fait, tout en cherchant à réislamiser des populations de culture musulmane et à leur imposer une vision réductrice et théocratique, les islamistes veulent s'emparer du pouvoir au sein des institutions islamiques afin d'apparaître aux yeux des « autres » comme les uniques représentants de l'islam.

En dehors de ces points communs, les islamistes forment une famille assez peu homogène. L'étude des différents courants montre une grande diversité et, finalement, l'existence de plusieurs islamismes. Il s'agit bien de courants d'idées et d'opinion et non pas de mouvements. Outre le courant ottomaniste véritablement turc, les autres mouvements asiatiques se réfèrent à l'un ou à plusieurs de ces courants d'idées qui articulent l'islamisme dans le monde. Les mouvements d'Asie comme ceux du Xin Yang parmi les Ouïgours, pour qui l'islamisme est aussi un moyen d'affirmer leur identité et de réclamer leur autonomie par rapport au pouvoir central chinois, ceux du Sud-Est asiatique (Indonésie ou Malaisie) ou ceux qui sont apparus ces dernières années sur le continent noir, s'inspirent tous du plus ancien et sans doute du plus important courant d'idées, qu'on appelle communément les Frères musulmans.

Mais qu'est-ce qui fait que, partout dans le monde arabe, les islamistes connaissent des succès incontestés lors d'élections plus ou moins libres ? En Palestine, le Hamas a remporté la majorité absolue aux législatives de 2006 ; en Égypte, les Frères musulmans ont effectué une percée sans précédent à l'Assemblée du peuple, où ils ont conquis un cinquième des sièges. Même en Arabie saoudite, ils ont remporté les élections municipales de mai 2005, les premières qu'organisait le royaume. À Bahreïn, au Qatar et au Koweït, il en a été de même. Est-ce à dire que les populations de tous ces pays adhèrent sans réserve aux thèses de ceux qui veulent établir la loi coranique et islamiser les champs social, économique et politique ? Car c'est bien là le sens réel de l'islamisme aujourd'hui.

Et qu'est-ce qui fait que les pays occidentaux se sentent menacés ?

Balayons d'abord une idée reçue : l'islamisme n'est pas apparu comme par magie au XXᵉ siècle. En 1910, déjà, Boutros Ghali (le grand-père de l'ancien secrétaire général des Nations unies), alors Premier ministre égyptien, tombait dans les rues du Caire sous les balles d'un extrémiste musulman. Dans l'histoire mouvementée de l'islam, les assassinats au nom de Dieu et de la religion se sont succédé. Les Hashashine, ces commandos suicides, étaient envoyés en mission après avoir été drogués, et tuaient les ennemis du sultan et du grand vizir, persuadés qu'ils gagnaient par leur geste leur place au paradis. L'assassinat politique était institutionnalisé. Depuis la naissance de l'islam, des penseurs, docteurs de la loi (oulémas) ou exégètes ont offert une vision de l'homme et du monde basée sur une interprétation réductrice de l'islam. Mais c'est au début du XXe siècle, après la Grande Guerre, que ces courants intégristes, fondamentalistes, commencent à se structurer. Ils vont acquérir une méthode et se donner les moyens d'un prosélytisme dynamique, parfois violent et agressif, grâce à une organisation, une hiérarchie, et surtout une pensée politique, un projet, dans le but de prendre le pouvoir.

Confiné à l'origine dans des couches minoritaires de la société, le phénomène islamiste s'empare du monde arabe et musulman dans les années 60 et 70. La rupture s'opère au moment des indépendances : l'Occident reste un modèle, qui va être imité jusqu'à la caricature. Les États musulmans, qu'ils s'inspirent du système libéral ou de l'expérience socialiste, résistent dans un premier temps aux tensions : modernisation de la société, urbanisation accélérée et sauvage, éducation généralisée… Mais la captation des pouvoirs par les régimes en place, la stagnation économique, accompagnée d'une démographie galopante, le chômage qui touche la jeunesse, et surtout la volonté de recherche identitaire et culturelle ont détourné les populations des systèmes occidentaux importés.

Le facteur religieux demeure, dans ces pays, à la fois l'élément culturel dominant et l'un des principaux fondements de la légitimité des sociétés. Les organisations islamistes profitent alors de l'échec de la modernisation et s'insinuent dans le système politique. Ce ne sont pas des partis comme les autres. Alors que tout mouvement politique traditionnel repose sur le suffrage des citoyens, sur la base d'un programme défini et d'un discours structuré, les islamistes s'appuient sur cet environnement culturel ambiant, où la référence au religieux assure, d'emblée, une réceptivité au discours. Nul besoin de programme, le leur ne peut être que conforme aux enseignements du Coran, parole de Dieu ; nul besoin de discours, le seul acceptable étant celui du Coran ; nul besoin de tribune politique spécifique, puisque la vie quotidienne devient naturellement la leur. Face aux problèmes de la vie quotidienne, les islamistes avancent avec un slogan simple mais d'une efficacité ravageuse : « L'islam, c'est la solution ! »

Pour tous les islamistes de la planète, l'objectif est le même : réislamiser la société par l'application de la charia et imposer un retour aux sources du Coran. Mais les divergences surgissent sur les moyens d'y parvenir. Certains veulent opérer par la base, en privilégiant l'islamisation de la société à travers l'action sociale, culturelle, éducative et parfois syndicale. C'est à leurs yeux le seul moyen de rendre l'individu musulman vertueux. D'autres entendent commencer par transformer l'État lui-même, par l'action politique et donc la conquête de l'État existant. « L'islam partisan » cherche à s'intégrer dans l'appareil politique national avec pour objectif de pénétrer les institutions du régime et de former des partis politiques. Entre les deux, se situent les élites réformistes qui gravitent déjà dans les sphères gouvernementales issues des indépendances, persuadées qu'une réforme de l'ordre établi par une islamisation douce de la société permettrait à la fois de contenir l'opposition religieuse en lui coupant l'herbe sous le pied et d'enrayer l'opposition de gauche en l'empêchant de s'internationaliser.

Mais quels qu'ils soient, les initiateurs des courants islamistes sont tous des érudits, des sages ou tout au moins des moudjahidin (« combattants »), des personnes qui ont consacré leur temps à l'étude et à l'interprétation des écritures. Ils recrutent au sein de l'Université, notamment parmi les professeurs et les étudiants des disciplines scientifiques.

L'islamisme a traversé la Méditerranée et a atteint, timidement d'abord, au début des années 80, les rives occidentales de l'Europe. La raison en est simple : la répression dans les pays d'origine. En France, par exemple, les réseaux fondamentalistes ont profité tant de l'ignorance des pouvoirs publics que de la libéralisation apportée par la loi de 1982 sur les associations.

Depuis la révolution iranienne et ses excès, ce phénomène se prête à tous les amalgames, toutes les simplifications, conforte les clichés, alliant la xénophobie et la peur de l'autre. Derrière chaque musulman se cacherait un islamiste, et chaque islamiste serait un terroriste en puissance. Des préjugés demeurent vivaces, issus de la mémoire coloniale mais aussi de la certitude que nous avons affaire à un islam et à un islamisme homogènes, monolithiques. En Grande-Bretagne, les musulmans sont pakistanais et indiens dans leur grande majorité ; en Allemagne, ils sont turcs ; en France, ils sont maghrébins. « Avant même l'émergence de ce phénomène islamiste, l'identité islamique était déjà perçue dans cette vieille Europe comme un danger, une provocation, une rupture à la fois avec la modernité et avec une ancestrale tradition judéo-chrétienne », constate le recteur de la mosquée de Genève, Mohammed Abdel Sater. Cette perception vient des rapports entretenus par les musulmans de l'extérieur avec les pays d'origine et de la manière dont est vécu cet islam dans les pays d'accueil. L'islam discret des années 50 est désormais un islam visible.

En revanche, depuis la guerre du Golfe, les passerelles entre courants islamistes existent et se multiplient. Leur nouveau discours, intégrant l'Europe dans la configuration islamiste et les tentatives de créer sur le Vieux Continent une organisation qui dépasse les nationalités et traverse les courants, semble aujourd'hui plus sérieux. Cette « Internationale islamiste », hier encore rêvée, risque de devenir bientôt une réalité : les réseaux sont en place.

Chaque pays arabe a adopté une stratégie propre pour gérer ses islamistes. La Syrie, laïque et baasiste, a choisi l'éradication. Pas question de compromis. Les Frères musulmans ont été sévèrement réprimés, comme à Hama en 1982. L'appartenance à la confrérie est toujours punie de la peine de mort. Depuis l'arrivée de Bachar el-Assad, cette politique est moins claire. L'État syrien joue aussi l'instrumentalisation du sentiment religieux, qui se traduit par une forte augmentation des programmes religieux ou l'autorisation des « Koubeissiyat », un mouvement de femmes qui prône la généralisation du port du voile islamique. L'Égypte a toujours eu une politique à géométrie variable vis-à-vis des Frères musulmans. Sous Nasser, ils seront durement frappés après l'attentat d'Alexandrie en 1954 contre le leader égyptien. Des rafles envoient des milliers de militants islamistes croupir dans des camps d'internement. Son successeur, Anouar el-Sadate, les fera libérer et les réintégrera dans le jeu politique pour affaiblir les communistes, nationalistes et nassériens. Après l'assassinat de Sadate, Hosni Moubarak maniera la carotte, mais surtout le bâton. Régulièrement, des militants sont emprisonnés et souvent torturés. Suprême humiliation, ils sont travestis en femme et exhibés devant les autres prisonniers. Mais le poids des Frères musulmans sur les bords du Nil est trop fort. Les autorités égyptiennes les tolèrent en tant qu'association religieuse de bienfaisance, mais leur interdisent de se constituer en parti politique.

En Jordanie, la naissance de l'organisation des Frères musulmans est antérieure à la création de l'État. Pendant tout son règne, le roi Hussein les a associés au pouvoir. Les islamistes font partie de l'establishment politique. Le souverain a posé des lignes rouges : le respect de la monarchie, de l'unité nationale et de l'armée. Le terrain social leur a été abandonné : ils contrôlent les universités, gèrent un réseau d'hôpitaux et des associations caritatives. Depuis la signature du traité de paix entre le royaume et Israël, les relations se sont tendues entre le palais et les islamistes. Avec l'accession au trône du roi Abdallah, c'est la méfiance qui s'est instaurée. Le souverain, qui a l'ambition de moderniser le pays, ne porte pas les « barbus » dans son cœur. De leur côté, les islamistes jugent le roi pro-américain, pro-israélien, et éloigné de la morale islamique.

En Libye, le colonel Kadhafi a coupé l'herbe sous le pied des islamistes. Son régime a laissé s'exprimer les sentiments religieux du peuple : l'alcool est interdit par exemple, il n'y a pas de restriction à la construction de mosquées et dans son *Livre vert*, le numéro 1 considère que la révolution des masses n'est pas incompatible avec la religion. En revanche, il n'a pas hésité à éliminer les islamistes qui menaçaient son pouvoir. Aujourd'hui, le « péril islamiste » est sa hantise. Ses services redoutent des infiltrations *via* l'Égypte, mais surtout par le désert du Sud, où des éléments d'Al-Qaida Maghreb islamique opèrent.

Tous les dirigeants arabes sont confrontés à cette marée verte qui travaille les sociétés. Avec un dilemme. L'Occident pousse à la démocratisation de ces régimes. Or, si des élections libres étaient organisées, les islamistes pourraient dans certains cas arriver au pouvoir. En 1992, c'est l'armée algérienne qui leur a barré la route. En 2006, le Hamas a remporté les élections législatives à Gaza, infligeant une défaite historique au Fatah. Cette fois, c'est la communauté internationale qui a tout fait pour contester cette victoire acquise par les urnes. D'où un débat récurrent chez les islamistes : faut-il s'engager dans un processus politique *via* les élections ou faut-il hâter la chute des régimes arabes par l'action violente ? Un débat qui est loin d'être clos.

8

L'épouvantail Ben Laden

Le mardi 11 septembre 2001 au matin, deux avions détournés s'encastrent dans les tours jumelles du World Trade Center à New York, symbole économique de la première puissance mondiale ; un troisième s'écrase à Washington, sur le Pentagone, symbole de la puissance militaire du gendarme du monde ; un quatrième, selon toute vraisemblance destiné à s'abattre sur la Maison-Blanche, finit sa course en Pennsylvanie, les passagers ayant réagi contre les pirates de l'air.

Les premiers éléments de l'enquête désignent la piste du milliardaire saoudien Oussama Ben Laden. Ce n'est pas un inconnu. Rendu déjà responsable des attentats contre les ambassades américaines en Tanzanie et au Kenya, il est activement recherché par les États-Unis, qui l'accusent également d'être lié à une série de dix-huit attentats, dont le massacre de Louxor en 1997.

Comment un homme seul, « coincé » dans son bunker de Kandahar ou dans ses refuges au pied des montagnes de Khost en Afghanistan, a-t-il pu mettre sur pied une telle machine infernale ?

Le père d'Oussama, Mohammad Ben Laden, est arrivé de son Yémen natal au port de Djedda au début du siècle. Après avoir été changeur, puis usurier, il se lance dans les travaux publics dès la naissance du royaume saoudien. Au lendemain de la Seconde Guerre mondiale, sa fortune est faite. Il devient alors l'agent général pour toute la région de grandes entreprises américaines. Ami du roi Fayçal, il décroche l'exclusivité de la construction et de la rénovation de tous les édifices religieux dans le pays.

Mohammad Ben Laden aura beaucoup d'enfants, dont le nombre varie selon les sources. Oussama, fils unique d'une épouse syrienne, naîtra en 1957. Il est le quinzième dans la lignée des mâles.

Après des études d'économie et de gestion en Arabie saoudite, Oussama participe aux affaires de la famille. Le père décède dans un accident d'avion en 1967 ; la relève est assurée par l'aîné Bakr. Ben Laden Group (BLG) s'internationalise : d'abord dans les pays du Golfe, puis dans le monde arabe en général. Par l'intermédiaire du financier de la famille, Haïdar, BLG possède 10 % de la société libanaise de droit privé Solidere, chargée de reconstruire et de gérer le centre-ville de Beyrouth. Mais la famille est également présente en Europe et aux États-Unis. Le jeune frère Ali réside en France avec plusieurs de ses sœurs, entre Paris, où il possède avec son fils Mohammad deux appartements, la région de Grasse et Gap où est installée une usine de fabrication de tuyaux poreux pour la construction, Itep International, qui emploie une quinzaine de personnes. Une maison d'édition en sommeil depuis 1999 a été délocalisée de la rue d'Artois, dans la capitale, vers le sud de la France. Avec Ali, se trouvent au nombre des actionnaires le fils Mohammad et quelques sœurs d'Oussama : Elham, Lina, Sahar, Sima et Zubeidah. Mais c'est à Londres et en Suisse que les frères Ben Laden ont pour la plupart établi leurs quartiers généraux européens. Yaslam dirige des sociétés financières à Genève et à Lugano.

Le plus proche d'Oussama est sans aucun doute Yahia, connu également pour ses sentiments religieux. Comme Oussama, il a été éduqué dans un wahhabisme rigoureux. Et c'est naturellement dans ce contexte religieux qu'Oussama va être contacté en 1979 par le prince Turki Ben Fayçal, chef du service des renseignements extérieurs, pour recruter au sein de la Légion islamique des combattants (moudjahidin) arabes pour aller lutter contre l'invasion soviétique en Afghanistan. Les Saoudiens, avec les services pakistanais et leurs parrains américains, mettent sur pied la résistance à l'Armée rouge. Et de fait, Oussama Ben Laden, dans un monde musulman en fièvre, recrutera plusieurs centaines de combattants arabes dès 1980, *via* son association, La Maison des Ansars. Ils vont rapidement gagner leur place au sein des mouvements de la résistance afghane. Ils sont entraînés, encadrés, financés et armés par les services américains, qui leur fournissent les fameux missiles Stinger qui feront des ravages dans l'aviation soviétique.

En 1987, Ben Laden crée sa propre organisation, Al-Qaida, « la base », qui deviendra l'encadrement naturel des moudjahidin arabes. C'est également à cette date qu'il prend ses premiers contacts avec les autres mouvances islamistes du monde arabe : égyptienne, palestinienne, algérienne et yéménite. On commence à identifier ses premiers compagnons de route : Abdallah Azzam, le Palestinien chargé d'assurer la formation religieuse, qui décédera en 1989 au Pakistan dans un attentat à la voiture piégée, et l'Irakien Mohammad Saad, ingénieur de formation qui assurera la logistique.

Mais c'est au sein de la mouvance égyptienne que le milliardaire saoudien rencontrera ses camarades de combat, parmi les partisans de la Gama'a islamiyya et du Djihad. Ayman Zawahiri développa ainsi l'aile militaire du Djihad, avec les « gardiens de la conquête », Talaï'al-Fath, au lendemain de la guerre du Golfe de 1990-1991. Impliqué dans l'assassinat de Sadate, cet ancien membre de la Gama'a islamiyya, médecin de formation, fait partie du premier cercle.

C'est également à cette époque qu'Oussama Ben Laden, écœuré par les dissensions au sein de la résistance afghane, après avoir échoué dans ses tentatives de réconciliation, se recentre sur l'organisation des moudjahidin arabes et prend ses distances par rapport aux chefs de guerre afghans Rabbani, Massoud et Hekmattyar. Il en profite pour gérer ses propres affaires qu'il a développées seul en dehors de l'Arabie saoudite, au Soudan et en Afghanistan. Une société de BTP à Khartoum, Akik, a le quasi-monopole de la construction et de la réfection de 1 200 kilomètres de routes. Akik devient ainsi le premier entrepreneur du Soudan. Oussama Ben Laden y crée également une banque : Takwa, la « piété », à ne pas confondre avec

Al-Takwa, la banque des Frères musulmans égyptiens.
Il se consacre par ailleurs à un gros projet de ferme
agricole dans les environs de Khartoum.

Après la défaite des Soviétiques, suivie par la
guerre du Golfe et l'effondrement de l'URSS, Oussama Ben Laden revient en Afghanistan. Il s'allie avec
ces étudiants en religion, les talibans, qui, tel un rouleau compresseur, occupent une grande partie du territoire afghan, aidés en cela par les Pakistanais. Ils
seront accueillis au début comme des libérateurs par
une population excédée par les divisions des vainqueurs de l'Armée rouge. Les liens vont se resserrer
jusqu'à devenir des liens de sang avec l'émir Mohammed Omar, le guide des talibans : en effet, une des
filles de Ben Laden épousera l'un des fils du mollah
Omar. On dit même qu'une fille de ce dernier serait
devenue l'épouse d'Oussama.

Mais quelque chose a changé dans son comportement et ses déclarations : il rend les Américains responsables du bourbier dans lequel se trouve le pays. Il
retourne sa colère contre ses anciens protecteurs saoudiens, auxquels il reproche d'avoir permis aux « infidèles » américains de fouler le sol sacré d'Arabie
saoudite et d'y stationner leurs troupes depuis la guerre
du Golfe. Dans l'idéologie wahhabite, l'ensemble du
territoire saoudien est considéré comme un sanctuaire
religieux, pas seulement le Hedjaz qui regroupe les
lieux saints de La Mecque et de Médine. C'est à cette
époque que son attitude, jusque-là hostile à l'égard de
Saddam Hussein, devient plus conciliante. Il finance
les groupes islamistes égyptiens et yéménites et mène

sa bataille à partir de toutes les régions du globe contre le « Satan américain ».

Il est officiellement déchu de sa nationalité saoudienne en 1993, en raison de ses prises de position contre le régime de Riyad et de son alliance avec les États-Unis. Sa famille proclame haut et fort qu'elle a coupé les ponts, qu'elle n'a plus aucun contact avec lui. Mais c'est oublier ce proverbe arabe : « Moi contre mon frère, moi et mon frère contre mon cousin, moi et mon cousin contre l'étranger. »

En 1995, c'est son empreinte qu'on devine derrière les attentats de Riyad contre les ressortissants américains et derrière ceux de Khobar, l'année suivante, contre une base américaine – attentats qui ont fait vingt-quatre morts ; c'est toujours lui qu'on suspecte de la tuerie de Louxor en 1997. Oussama Ben Laden n'a même pas besoin de revendiquer : on lui attribue systématiquement toute action dirigée contre les États-Unis. Ces derniers, tout en lançant des mandats d'arrêt contre le milliardaire saoudien et en offrant une forte récompense, ont du mal à justifier l'aide qu'ils ont apportée à celui qui est devenu aux yeux de Washington l'ennemi public n° 1. En jouant les apprentis sorciers, ils se sont eux-mêmes enfermés dans la quadrature du cercle : leurs alliés dans la région, Saoudiens et Pakistanais, soutiennent le régime afghan des talibans qui à son tour protège Ben Laden, lui-même entretenu dix ans durant par les services américains. Fait ô combien révélateur : trois pays seulement au monde accueilleront officiellement une ambassade des talibans – les Émirats arabes unis, l'Arabie saoudite et le Pakistan.

En remontant dans l'histoire, cette contradiction apparente s'explique, nous l'avons vu, par le rôle joué par les puissances coloniales, lorsqu'elles imposèrent des frontières à la sphère arabo-islamique. Lors des indépendances, deux concepts s'affronteront. Celui de la Oumma arabiyya, la nation arabe, et celui de la Oumma islamiyya, la nation musulmane. La première, sous la houlette du colonel égyptien Gamal Abd al-Nasser, prenant l'Occident comme modèle, prône, sinon un État laïc, du moins un État séculier, et dresse l'étendard de l'arabisme comme communauté de langue, de culture et de destin ; la seconde, conduite par l'Arabie saoudite, ignore les frontières et prône l'islam universel, selon le rite wahhabite pratiqué dans le pays où le Coran fait fonction de Constitution.

Au lendemain de l'expédition de Suez de 1956, Français et Britanniques passent le relais aux Américains et aux Soviétiques, les deux nouveaux « grands » de ce monde. Contre toute attente, Paris et Londres vont s'aligner sur Washington et suivre la diplomatie américaine dans le soutien à l'Arabie saoudite et à la nation musulmane. Pour les États-Unis, l'enjeu est à la fois économique, avec les réserves pétrolières de Riyad, et idéologique, l'islam étant aux yeux des Américains le meilleur rempart contre le communisme. Mais ce soutien occidental va acculer les « laïcs » à se tenir sur la défensive et permettre aux islamistes de remporter des succès répétés. Ces succès vont culminer à la fois lors de l'arrivée de Khomeyni au pouvoir en Iran et lors du déclenchement de la guerre d'Afghanistan, où on retrouve Oussama Ben Laden dans ses œuvres.

Ben Laden n'a jamais nié sa prédilection pour les actions violentes. Il n'a pas de revendication, sinon la libération des lieux saints de l'islam (l'Arabie saoudite) de l'occupation étrangère (américaine), la libération de Jérusalem et enfin celle du cheikh Omar Abderrahmane, emprisonné aux États-Unis pour le premier attentat contre le World Trade Center. Ensuite, le recrutement se fait la plupart du temps dans des milieux de diplômés, notamment scientifiques, fascinés par l'islamisme et son discours jusqu'au-boutiste. Loin de puiser chez les déshérités, Oussama Ben Laden attire plutôt des ingénieurs, des médecins et des professeurs qui ont une conscience politique, certains étant passés par un engagement nationaliste qui les a déçus.

Enfin, les réseaux qu'il a mis en place depuis vingt-cinq ans, outre les quatre à cinq mille combattants sur lesquels il peut compter en Afghanistan, sont à la fois actifs et dormants. Il s'agit essentiellement d'anciens Afghans qui sont disséminés soit dans leur pays d'origine, soit en Europe et en Amérique du Nord. Ils ont une vie apparemment tranquille, travail, famille, loisirs… jusqu'à l'instant où ils sont activés. Ben Laden dispose de moyens humains, logistiques et militaires, grâce à son lieutenant, l'Égyptien Abou al-Masri, et surtout financiers. Si, au début de la guerre d'Afghanistan, il n'a pas eu besoin de puiser dans sa fortune personnelle, les services américains lui tenant lieu de bailleurs de fonds, il dispose aujourd'hui de plusieurs sources de financement. Tout d'abord, ses propres affaires, confiées à ses collaborateurs. Sa fortune personnelle, ensuite, estimée dans une large fourchette, entre 350 et 700 millions de dollars. Puis l'« impôt » de la guerre sainte, provenant essentiellement de donations importantes, effectuées par de grandes familles marchandes de la Péninsule arabique. On murmure que les Émirats arabes unis paieraient « l'impôt révolutionnaire » à Al-Qaida en échange de la tranquillité pour faire fructifier Dubaï et ses zones franches… Et enfin le commerce du pavot, dont il a hérité grâce à ses liens privilégiés avec l'émir des talibans, le mollah Omar. Et sans états d'âme : « Si les Occidentaux veulent se droguer, grand bien leur fasse ! »

Ceux qui ont eu l'occasion de rencontrer Ben Laden se souviennent d'un jeune homme assez modéré dans les années 80. C'était l'époque où le Premier ministre libanais Rafic Hariri voulait reconstruire le Liban avec des investisseurs privés, dont la famille Ben Laden. Simplement reprochait-il à ses interlocuteurs, soucieux de ne pas voir la Palestine sombrer dans l'islamisme, de réduire l'islam à la Palestine ; il leur opposait déjà, calmement, la théorie wahhabite : pas de frontière, mais une communauté. Cette théorie, certes islamiste, n'était pas violente. Ceux qui l'ont revu au début des années 90, notamment à Khartoum, au moment de la réunion des organisations hostiles aux accords d'Oslo, ont trouvé qu'il était devenu un autre homme, pétri de l'idéologie des Frères musulmans. Il ne faut pas oublier que Ben Laden a été converti à l'action par le Palestinien Abdallah Azzam. Cet homme, qui sera son mentor, est un ancien des Frères

musulmans jordaniens. Trouvant ses compagnons trop
modérés et pas assez offensifs contre le pouvoir jordanien, Abdallah Azzam décidera de s'envoler pour
le Pakistan pour pratiquer le djihad armé contre les
Soviétiques en Afghanistan.

Entre 1989 et 1992, Ayman Zawahiri prend la
relève d'Abdallah Azzam après son assassinat dans
un attentat à Peshawar. Zawahiri – qui est un vrai
cerveau – a, lui aussi, appartenu à la confrérie des
Frères musulmans puis, sans les quitter formellement,
a fondé le Djihad islamique et la Gama'a islamiyya.
Ce véritable organisateur est en quelque sorte le
Trotski de l'islamisme, du djihadisme. Il est indirectement impliqué dans l'assassinat de Sadate. À ses
côtés, Ben Laden apparaît comme une pâle copie.
Mais il n'empêche : son discours, plus violent, a
changé. En 1993, le Saoudien est déjà dans la réflexion
sur le bien et le mal. Il a oublié sa fortune, celle de
sa famille, celle de l'Arabie saoudite et est entré dans
une logique manichéenne : 90 % des richesses mon-
diales appartiennent à 10 % de la population, et ces
10 % exploitent les autres qui, majoritairement, sont
musulmans. Germe en lui la volonté de contrer les
régimes en place – wahhabites, égyptiens et autres –
en s'emparant du pouvoir au sein des communautés
musulmanes.

La rupture avec les wahhabites a une autre origine.
Fort de ses quelques milliers de combattants entraînés
en Afghanistan – et d'une certaine prétention –, Ben
Laden a proposé au roi Fahd, en 1990, de défendre le
royaume saoudien et de libérer le Koweït. Fahd a

décliné la proposition. Ben Laden n'a jamais supporté cette mise à l'écart, qu'il a vécue comme une humiliation : lui qui se présentait comme le chevalier du djihad est dédaigné par une famille royale saoudienne corrompue, et qui de plus accepte des troupes étrangères dans le royaume !

Ce parcours psychologique ne manque pas d'intérêt pour tenter de cerner les motivations de l'individu. De même que les témoignages de ceux qui, au début des années 80, travaillaient avec lui dans l'entreprise familiale, Ben Laden BTP. Il n'avait alors que vingt-cinq ans et il passait pour un excellent chef de chantier, très sérieux, préparant le programme sur place dès 6 heures du matin... Les ingénieurs l'appréciaient beaucoup. De plus, dans la famille Ben Laden – comme dans toutes les familles marchandes en Arabie saoudite –, lorsque le père meurt, la fortune n'est pas divisée. L'aîné devient le chef du clan, responsable de tous ses membres, et chargé de reprendre les rênes. À la fin de chaque année, il remet le quota des bénéfices à chacun, mais personne n'a le droit de retirer ses parts de l'affaire familiale. Oussama Ben Laden n'a donc pas accès à toute sa fortune, mais à l'usufruit. Pour autant, il n'est pas à plaindre. En outre, les attentats qu'il commet, qu'il dirige ou qu'il commandite ne coûtent pas cher. L'attentat du 11 septembre 2001 ne représente tout au plus qu'un investissement de quelques dizaines de milliers de dollars. Réaliser un attentat ne nécessite que quatre « cellules » : une de préparation, une de logistique, une opérationnelle et une post-opérationnelle. Elles peuvent ne pas communiquer entre elles et la plupart du temps, elles s'ignorent.

Ben Laden, acquis au concept du bien contre le mal, pense évidemment représenter le bien. Cette sémantique lui permet de recruter massivement. Et, contrairement à une idée largement répandue, il n'est pas le patron. Le vrai cerveau reste Zawahiri et Ben Laden est plus le porte-parole de cette nébuleuse… qui n'en est plus tout à fait une. Dans cette organisation concentrique, les cercles se recoupent parfois. Elle va rapidement se décentraliser : Al-Qaida Europe, Al-Qaida Maghreb, Al-Qaida Égypte et Proche-Orient, etc., chaque entité restant autonome.

Autour de Ben Laden et de Zawahiri est constitué un conseil consultatif, le Majlis al-Choura, à la fois idéologique, dogmatique, stratégique et opérationnel. Il peut ne pas donner d'ordres, mais dire à l'inverse, comme Zawahiri dans ses messages au Groupe salafiste pour la prédication et le combat (GSPC) : « Nous vous adoubons, mais en même temps, nous vous demandons de vous occuper de la France et des Français. » L'objectif premier est de déstabiliser les régimes arabes, les monarchies telles que l'Arabie saoudite, le Maroc et la Jordanie. Viennent ensuite les régimes républicains, puis les États-Unis et leurs alliés (Canada, Australie, Nouvelle-Zélande), et enfin l'Asie du Sud-Est, notamment l'Indonésie. Le deuxième objectif est de prendre le pouvoir dans les États arabes pour finalement – et c'est le troisième objectif – déstabiliser l'Occident.

Malgré sa politique de terreur qui a choqué l'opinion mondiale et l'immense majorité des musulmans, l'organisation d'Oussama Ben Laden semble aujourd'hui confinée dans une impasse stratégique. Malgré ses attentats sanglants, elle n'est jamais parvenue à renverser ni un régime arabe, jordanien ou saoudien par exemple, ni une démocratie occidentale. Son sanctuaire en Afghanistan n'est plus aussi sûr. Plusieurs de ses lieutenants ont été supprimés, comme Abou Laith al-Libi au début 2008. Pire : la nouvelle génération de talibans n'a pas forcément la même fascination pour lui que le mollah Omar. En Irak, Al-Qaida a connu de sérieux revers. Les tribus sunnites de l'ouest se sont mobilisées et même alliées avec les Américains pour combattre les djihadistes de Ben Laden, qui se sont repliés dans le nord-ouest, notamment à Diyala, Kirkuk et Mossoul. En Palestine, pourtant considérée comme le « Graal » du Djihad, Oussama Ben Laden n'est jamais parvenu à mettre en place des réseaux comme il a pu le faire dans d'autres pays arabes. En Cisjordanie et à Gaza, les islamistes issus des Frères musulmans, comme le Hamas et le Djihad, occupent la place depuis longtemps, mais n'intègrent pas un djihad global délocalisé et sans frontière. Pour les islamistes palestiniens, la guerre sainte, c'est d'abord un combat pour libérer la terre occupée par les Israéliens et non pas une lutte contre le grand Satan américain. C'est un djihad nationaliste. Au Maghreb, Al-Qaida a « franchisé » le GSPC qui s'est transformé en Al-Qaida Maghreb islamique. Il s'agit là d'une branche locale qui tente de déstabiliser les pouvoirs en place. Sans succès.

Est-ce à dire que l'organisation d'Oussama Ben Laden est sur le déclin ? En partie, même si elle conserve la capacité de frapper grâce à des cellules dormantes. Le plus inquiétant, c'est que d'autres organisations ou groupuscules ont prospéré à l'ombre d'Al-Qaida, qui n'a plus le monopole de la violence islamiste. Elle a servi de modèle et a fasciné bon nombre de jeunes musulmans en quête d'une cause transcendante, y compris en Occident. Par ailleurs, Al-Qaida a toujours trouvé un terreau favorable pour s'épanouir dans des conflits qui ne sont pas réglés ou qui surgissent. L'Irak, le Darfour, la Somalie, la Palestine sont autant d'abcès qui entretiennent la mobilisation idéologique du mouvement d'Oussama Ben Laden. Une confrontation entre l'Occident et l'Iran serait de ce point de vue pain bénit pour Al-Qaida.

9

Génération Al-Jazira

« C'est donc de cette boîte d'allumettes que vient tout ce vacarme ! » L'exclamation est d'Hosni Moubarak, le raïs égyptien, lors de sa visite en 2000 au siège de la chaîne Al-Jazira au Qatar. Les locaux de cette télévision qui commence à devenir le poil à gratter des régimes arabes sont alors modestes, ridicules même au regard de l'impact et de la popularité de la chaîne sur les opinions publiques arabes. Depuis, le succès est passé par là. Les studios sont aujourd'hui ultramodernes. Ils ont coûté la bagatelle de 12 millions de dollars. Sur les plateaux, l'éclairage varie en fonction de la lumière extérieure… Al-Jazira, c'est l'histoire d'une révolution médiatique fulgurante.

Lancée le 1er novembre 1996 à Doha par la volonté de l'émir du Qatar, le cheikh Hamad Ben Khalifah al-Thani, la « CNN du monde arabe » a libéré une parole longtemps cadenassée. À l'origine, le projet de chaîne d'information continue devait naître quelques années plus tôt en Arabie saoudite, en collaboration avec le service en arabe de la BBC. Mais au royaume wahhabite, le ton de la jeune télévision dérange. La liberté de la presse, surtout audiovisuelle, s'accommode mal des rigueurs des zélotes du régime. Bien vite, elle meurt dans l'indifférence. Toujours prêt à trouver une bonne occasion pour agacer son puissant voisin saoudien, cheikh Hamad récupère le concept de la chaîne et embauche les mêmes équipes... Al-Jazira est née.

Bédouin madré, cheikh Hamad a compris avant ses pairs arabes tout l'intérêt qu'il pouvait tirer d'Al-Jazira. Petite langue de sable dans le golfe Arabo-Persique, son émirat est assis sur un tas d'or : les troisièmes réserves de gaz au monde, qu'il partage avec l'Iran voisin. Comme toutes les familles régnantes du Golfe, l'émir reste traumatisé par l'invasion du Koweït par l'Irak de Saddam en 1990.

Avec une population réduite – 200 000 nationaux sur 800 000 âmes – et une armée de poche, il sait qu'il ne fait pas le poids face à ses géants voisins que sont l'Iran ou l'Arabie saoudite. Pour exister, il a besoin d'une assurance-vie. Avec Al-Jazira, elle sera médiatique. Objectif : placer le Qatar sur l'échiquier arabe et international pour obtenir la reconnaissance. Une décennie plus tard, l'objectif est largement rempli, même si les débuts d'Al-Jazira furent sulfureux. Violemment antiaméricaine et anti-israélienne, laissant déverser un flot d'injures sur les dirigeants arabes, relayant les discours des islamistes et d'Oussama Ben Laden, la chaîne a connu des erreurs de jeunesse, mais son succès ne s'est jamais démenti. Elle a su surfer sur la soif d'information de l'opinion publique arabe, écœurée par la langue de bois des chaînes publiques nationales. Le ton direct de ses journalistes, la couverture exhaustive des événements du Moyen-Orient grâce à un réseau de correspondants très dense, son militantisme pro-palestiniens sont les ingrédients de cette *success-story*.

Al-Jazira a toutefois payé au prix fort sa quête de scoops : ses bureaux de Kaboul ont été bombardés lors de l'attaque américaine contre le régime des talibans. L'un de ses journalistes vedettes, Taysir Alouni – condamné en Espagne pour ses liens présumés avec Oussama Ben Laden –, en a réchappé miraculeusement.

Lors de la campagne d'Irak de 2003, l'aviation américaine tire un missile sur le bâtiment où les journalistes sont en direct, tuant Tarek Ayoub. Les coordonnées GPS ont été communiquées à l'état-major américain, qui a installé son *central command* à Doha… Une bavure qui ne doit rien au hasard : Al-Jazira agace tant l'administration Bush qu'il aurait proposé à Tony Blair de détruire la chaîne !

Régulièrement, les bureaux d'Al-Jazira sont fermés en Jordanie, en Arabie saoudite, en Égypte, en Irak… Accusée d'attiser la violence – son bureau couvrant l'Irak a été baptisé le « Falloujah Desk » en référence à cette ville au cœur de l'insurrection sunnite –, elle voit ses revenus publicitaires limités par un boycott venant des cercles gouvernementaux saoudiens. Qu'importe ! L'opinion publique arabe vit en direct les événements du Moyen-Orient sur Al-Jazira : l'Intifada palestinienne, la guerre en Irak, la crise libanaise… Systématiquement, le dispositif des envoyés spéciaux et des correspondants d'Al-Jazira surclasse celui de la concurrence. Elle fut la seule télévision internationale à disposer d'un correspondant en Afghanistan sous les talibans. Lors de la guerre de l'été 2006 entre le Hezbollah et Israël, les téléspectateurs arabes ont pu assister à des scènes étonnantes : le correspondant à Beyrouth recevant un communiqué du Hezbollah qui annonce des tirs de missiles sur Israël, et un envoyé spécial dans l'État hébreu décrivant en direct leur chute alors que les sirènes hurlent derrière lui !

Depuis quelques années, Al-Jazira s'est assagie. Elle se veut moins politique et plus commerciale. Rentabilité oblige. De même, sa cible s'est élargie à la jeunesse, qui représente plus de la moitié de la population arabe. Avec une chaîne pour les enfants, une pour le sport, une pour les documentaires et une en anglais, Al-Jazira est devenue un groupe audiovisuel mondialement reconnu, fort de ses 40 millions de téléspectateurs. Et toujours le même slogan : « L'opinion et celle des autres ! » Al-Jazira, voix des islamistes ? « Ce n'est pas nous qui les avons créés, explique son directeur[1]. Nous n'exagérons pas leur importance, mais ils font partie de la réalité politique du monde arabe. Nous travaillons professionnellement, je ne vois pas de quel droit nous ne devrions pas leur donner la parole. »

Al-Jazira, porte-parole d'Oussama Ben Laden ? « Au contraire, répond le directeur de la chaîne, lui donner la parole permet de le démystifier et montrer

1. Entretien avec Christian Chesnot au siège d'Al-Jazira, septembre 2005.

aux téléspectateurs qu'il fait fausse route. Nous ne pouvons pas dire qu'il n'existe pas et quand nous recevons une cassette, c'est un scoop. Nous ne la diffusons jamais dans son intégralité, mais seulement les passages que nous jugeons intéressants. Et puis c'est un mauvais procès qu'on nous fait, CNN a aussi dans le passé interviewé Ben Laden. »

Comme le monde arabe, la rédaction d'Al-Jazira est divisée entre laïcs et islamistes, ces derniers prenant de plus en plus le dessus, selon une source interne. Mais, fidèle à sa ligne de conduite, la chaîne donne la parole à tous les camps. Responsables israéliens et américains sont régulièrement interrogés en direct de Washington ou de Tel-Aviv. Entre Al-Jazira et l'État hébreu, les relations sont d'ailleurs complexes. La chaîne soutient l'Intifada palestinienne tout en entretenant d'excellentes relations avec les Israéliens. À Doha, le bureau israélien de représentation commerciale – en réalité une ambassade officieuse – délivre régulièrement des visas aux équipes d'Al-Jazira qui veulent se rendre en Israël ou en Palestine.

L'anecdote date du retrait israélien de Gaza en août 2005. Une équipe de reporters se présente en pleine nuit au point de passage d'Erez. Le poste est bien évidemment fermé. Quelques coups de téléphone… et les barrières se lèvent comme par enchantement pour les reporters venus du Qatar ! Cette anecdote résume bien la politique pour le moins tortueuse de l'émirat : ne pas avoir d'ennemis afin de pouvoir jouer sur tous les tableaux.

Qatar, qui a accueilli le siège du commandement de l'armée américaine pendant la guerre en Irak de 2003, et dispose toujours de la base aérienne d'Al-Oudeid, offre l'asile à d'anciens proches de Saddam Hussein – comme Sajjida, l'épouse du dictateur, ou Naji Sabri, ex-ministre irakien des Affaires étrangères – et à des personnages tels Abassi Madani, le leader algérien du Front islamique du salut (FIS), et le président mauritanien déchu Ould Taya, renversé en 2006. Al-Jazira suit la même ligne.

Le succès prodigieux d'Al-Jazira est inversement proportionnel à l'indigence de l'information sur les chaînes publiques arabes. Toujours sous contrôle gouvernemental, les télévisions nationales peinent à évoluer. Pas question de critiquer les leaders en place ou de donner la parole à l'opposition. Les bulletins d'information traitent invariablement des faits et gestes du président ou du roi. Le soir des élections législatives marocaines de septembre 2007, la télévision publique a ouvert son grand journal du soir non pas sur les résultats du scrutin, que les autorités voulaient historique, mais avec dix minutes consacrées au roi Mohammed VI recevant Omar Bongo. Visite officielle majeure pour les relations bilatérales ? Non, le président gabonais était de passage dans le royaume… en visite privée !

Face au succès d'Al-Jazira, d'autres ont voulu l'imiter, en vain. Les Saoudiens ont lancé Al-Arabiyya (« l'Arabe ») et les Américains, Al-Hora (« la libre »). Cette dernière fut un échec retentissant. Inaugurée en grande pompe en février 2004, elle était censée concurrencer les chaînes satellitaires arabes et « propager un message de liberté et de démocratie dans le monde arabe », credo de l'administration Bush. Ses messages, très pro-américains et pro-occidentaux, ont été boycottés par les téléspectateurs. Son audience ne dépasse pas les 5 %. Les Américains l'ont conçu sur le modèle de Radio Free Europe qui émettait à destination des pays du bloc communiste au temps de la guerre froide. Très politisée et désormais habituée au pluralisme médiatique, l'opinion publique arabe n'est plus prête à croire ce type de propagande.

Au-delà de la « révolution Al-Jazira » qui reste la propriété du cheikh Hamad Ben Khalifah al-Thani, le paysage audiovisuel arabe demeure largement sous domination étatique. Sur un total de 120 chaînes satellites dans le monde arabe, plus des deux tiers sont officiellement soumis à la supervision des gouvernements.

Au fil des ans, l'Arabie saoudite est devenue l'acteur national le plus important sur la scène médiatique arabe, surclassant le Liban et l'Égypte. Le royaume wahhabite, outre sa participation dans les chaînes satellitaires comme Al-Arabiyya et MBC, contrôle les deux principaux quotidiens panarabes *Al-Hayat* et *Al-Chark Al-Awsat*, tous deux édités à Londres. La stratégie saoudienne dans les médias remonte au début des années 70. Croulant sous les pétrodollars, Riyad investit dans la presse pour contrer la propagande nassérienne diffusée par la radio La Voix des Arabes au Caire. Le journal *Al-Chark Al-Awsat* voit le jour en 1978, fondé par deux frères saoudiens, Hicham et Mohamed Ali Hafez, avec la participation de Kamal Adham et de Turki al-Fayçal, longtemps responsable des services de renseignements saoudiens[1]. À l'origine, *Al-Hayat* est un journal libanais fondé en 1946 par Kamel Mroué, qui sera assassiné en 1966. Le titre survit à la mort de son fondateur, mais doit fermer pendant la guerre civile libanaise. Le fils de Kamel, Jamil Mroué, reprend le flambeau et republie *Al-Hayat* à la fin des années 80, grâce aux subsides du prince saoudien Khaled Ben Sultan, le fils du ministre de la Défense qui en deviendra par la suite propriétaire. Ces deux journaux de référence sont surtout lus par les élites arabes, économiques ou financières. Vu l'analphabétisme (plus de 50 % au Maroc), l'accès des populations arabes à la presse écrite reste limité. Selon le PNUD, 53 journaux sont publiés quotidiennement pour 1 000 habitants dans le monde arabe, contre 258 dans les pays développés.

La presse privée et indépendante n'a pas la vie facile. Les législations et la censure mettent à mal sa liberté. Être journaliste dans les pays arabes n'est pas une sinécure : le droit d'accéder à l'information et de la publier n'est prévu expressément dans la loi que dans cinq États sur vingt-deux (Égypte, Algérie, Jordanie, Soudan, Yémen). Pourtant, les pays arabes ont une longue tradition de débats dans la presse. En Égypte, la première loi réglementant l'édition remonte à 1881, au moment même où la France de la IIIe République se dote d'une législation libérale. Le plus grand tirage du monde arabe, *Al-Ahram*, est d'ailleurs né à

---

1. Mohammed El-Oifi, « Voyage au cœur des quotidiens panarabes », *Le Monde diplomatique*, décembre 2006.

cette époque, et imprime aujourd'hui à plus de un million d'exemplaires quotidiens.

Avant la révolution des Officiers libres de 1952, la presse était virulente et plurielle. Sous Nasser, elle va peu à peu s'éteindre, notamment après la nationalisation des journaux. Un organe de contrôle sécuritaire dans les rédactions sera même institué, avant d'être supprimé sous Sadate. Aujourd'hui, la presse privée est autorisée, mais le gouvernement conserve le monopole de l'impression et de la distribution. Dans la réalité, l'état d'exception en vigueur depuis 1981, après l'assassinat du président Sadate, et reconduit périodiquement, est une épée de Damoclès suspendue au-dessus des rédactions, privées ou publiques. La nouvelle loi sur la presse et les publications, amendée en 1996, interdit la critique du président et des personnalités officielles. La « guerre contre le terrorisme » de George Bush, dont l'Égypte s'est faite le relais, favorise une dérive sécuritaire contre la presse, très visible ces dernières années. Évoquer la santé du président Moubarak est un tabou. En 2007 et 2008, plusieurs journalistes ont été déférés devant les tribunaux pour avoir osé aborder le sujet. Pour museler la presse, le pouvoir égyptien utilise l'article 188 du Code pénal, qui prévoit une peine de un an d'emprisonnement maximum et une amende pour quiconque « publie dans une intention malveillante de fausses nouvelles, déclarations ou rumeurs susceptibles de troubler l'ordre public ».

Au Maroc, où la presse est aussi très critique vis-à-vis du pouvoir, pas question pour autant de toucher à la personne du roi Mohammed VI. Le directeur des magazines *Tel Quel* et *Nichane*, Ahmed Benchemsi, en a fait l'expérience. Un éditorial ironique lui a valu d'être déféré devant la justice. Dans le royaume, les journalistes sont soumis à des condamnations disproportionnées dès qu'il s'agit d'atteinte à la personne du roi, à la patrie, à l'intégrité territoriale ou encore à Dieu et à l'islam.

Malgré une presse sous pression, les opinions arabes très politisées s'abreuvent d'informations venant d'Al-Jazira, mais aussi d'Internet. Une façon de rester connecté au monde. De Gaza à Bagdad, les cybercafés ont fleuri. En Irak, sous l'ère Saddam Hussein, seuls les universitaires, les officiels et quelques milliers de privilégiés avaient accès au Net. Au palais, Saman Abdul Majid, l'un des traducteurs du raïs, faisait sa revue de presse en se connectant sur la toile. Après la chute du régime, des cybercafés ont été ouverts par dizaine dans Bagdad, comblant le retard accumulé sous la dictature.

Même phénomène en Syrie. Le régime essaie de contrôler la toile, des sites sont surveillés et parfois fermés, comme celui d'Ayman Abdel Nour, un opposant modéré, mais les internautes, très imaginatifs, déjouent les pièges de la censure.

En Palestine, les couvre-feux, les restrictions de circulation et la violence constituent le quotidien de la population. Internet est un dérivatif qui lui permet de rester connectée au monde extérieur, de s'instruire (un système d'enseignement à distance a été mis en place entre des universités palestiniennes et des institutions européennes) et de militer pour sa cause en informant l'extérieur de la situation sur place, bref, de contourner l'occupation israélienne.

En Arabie saoudite, les femmes ont été les premières bénéficiaires de la révolution informatique. Souvent confinées à la maison, certaines d'entre elles utilisent le net pour jouer en Bourse ou monter des sociétés ! Grâce à l'Internet, « les femmes, note le PNUD, occupent des espaces publics qu'elles ne pourraient pas atteindre au moyen de la seule lecture des matériaux imprimés sur des livres et des journaux ».

Le phénomène « blogs » a de même fait son apparition dans le Golfe. C'est, pour les jeunes, une façon de réclamer des droits politiques et des libertés civiles, mais aussi d'afficher des frustrations consécutives aux restrictions sociales et religieuses. La région compterait plus de un millier de blogueurs, dont 300 en Arabie saoudite. La guerre est pour eux source d'inspiration. Lors du conflit de l'été 2006 entre le Hezbollah et Israël, de nombreux Libanais ont donné libre cours à leur colère et ont exprimé leur déchirement face aux atrocités et à la destruction. Pendant le mois qu'a duré la guerre, la blogosphère a servi d'exutoire.

Le cas de « Salam Pax », cet Irakien qui avait tenu son journal de la guerre en Irak en 2003, symbolise cette prise de parole des jeunes Arabes qui veulent participer à la vie de la planète et ne plus rester à l'écart. Mais le bâton des autorités n'est jamais bien loin. Bloguer dans le monde arabe peut coûter cher. Un étudiant d'Alexandrie, Abdel Karim Souleimane, a été arrêté, jugé et condamné à quatre ans de prison[1].

---

1. « Un blogueur égyptien condamné à la prison pour atteinte à la religion », AFP, 22 février 2007.

Une première en Égypte. Son crime ? « Circulation de rumeurs troublant l'ordre public ; diffamation à l'encontre du président égyptien ; incitation au renversement du régime ; incitation à la haine envers l'islam ; circulation d'idées nuisant à la réputation de l'Égypte. » Son journal électronique s'interrogeait sur le statut des femmes dans l'islam, les attaques contre les Coptes et réclamait plus de libertés...

Pourtant, malgré les progrès accomplis, la fracture numérique est une réalité dans le monde arabe. L'accès à Internet est l'un des plus faibles au monde : seulement 1,6 % de la population globale. De la même façon, il n'y a que 18 ordinateurs pour 1 000 habitants, contre une moyenne globale de 78.

Autre indice dramatique du sous-développement arabe en matière culturelle : la production de livres. Les Arabes représentent 5 % de la population mondiale, mais ne produisent que 1 % des livres, dont une grande partie d'ouvrages religieux, comme tout visiteur peut le constater lors de la Foire internationale du livre du Caire, la plus grande du monde arabe.

Ce retard culturel s'observe également dans les traductions. D'une importance capitale dans le transfert des connaissances et du savoir, elles sont beaucoup plus rares dans le monde arabe que dans d'autres régions du monde comparables en termes de niveau d'analphabétisme. Selon le PNUD, quelque 10 000 ouvrages ont été traduits vers l'arabe au cours du dernier millénaire, ce qui correspond au nombre de livres traduits vers l'espagnol... chaque année !

Pour les jeunes, qui représentent souvent plus de la moitié de la population des pays arabes, les choix de vie sont limités. Se marier est un casse-tête si on n'a pas de moyens financiers. L'âge des noces ne cesse d'être retardé. Les islamistes l'ont bien compris, qui organisent des mariages collectifs, comme en Jordanie ou à Gaza, pour permettre aux jeunes couples de fonder une famille. Trouver un emploi est tout aussi complexe. Le *wasta* ou « piston » est un sport national dans les pays arabes. Ceux qui n'en ont pas resteront sur le carreau, à se morfondre au bas de l'échelle sociale, sans possibilité d'ascension. La mobilité sociale n'existe pas, ou très peu. Conséquence : beaucoup de jeunes choisiront l'exil, soit dans le golfe Arabo-Persique en plein boom économique, soit en Occident.

De fait, l'écart entre riches et pauvres n'est plus une fracture, mais devient un gouffre. Dans les grandes villes arabes, de Rabat au Caire en passant par Amman et Beyrouth, la richesse la plus insolente côtoie une misère des plus inextricables. La ségrégation sociale est une bombe à retardement. Entre les villas opulentes d'Amman-Ouest et la pauvreté d'Amman-Est, deux mondes se font face sans jamais se rencontrer. Au Caire, le phénomène prend la forme d'oasis pour riches, sur le modèle américain des *compounds*, avec des barrières, des postes de sécurité et des vigiles qui gardent des villas de plusieurs millions de dollars. Tout a été conçu pour protéger les riches des classes populaires. Au Caire, les pauvres squattent depuis longtemps les cimetières, ou s'installent sur une montagne d'ordures qu'ils recyclent sur la colline du Moqattam. « Une fracture sociale qui a toujours existé, mais qui s'approfondit chaque jour un peu plus et qui tend les rapports dans la société égyptienne », constate l'écrivain égypto-américaine Samia Serageldin[1].

À Casablanca, près de 500 000 personnes, sur une population de 5 millions d'habitants, vivent dans 450 bidonvilles. Malgré une croissance économique rapide, ces immenses réservoirs de pauvreté restent des plaies béantes. Plusieurs kamikazes des attentats de 2003 et 2007 sont originaires du bidonville de Sidi Moumen. Dans cet environnement sordide où les égouts s'écoulent à ciel ouvert, les chances de sortir du cloaque sont quasi nulles. « Dès qu'un employeur découvre que nous venons de Sidi Moumen, il nous écarte », se lamente un jeune de ce quartier déshérité. Une exclusion que l'on retrouve dans l'ensemble du monde arabe. « Pour les jeunes, commente la responsable d'une ONG de défense des droits de l'homme au Caire, le choix se résume souvent à la drogue ou à l'islam ! J'entends souvent le même refrain : "Pourquoi étudier à l'école ou à l'université pour finir au chômage, nous n'avons aucun avenir." »

Dans beaucoup de pays arabes, la consommation de drogue gagne du terrain. L'Égypte, carrefour géographique entre l'Afrique, l'Asie et l'Europe, est devenue au fil du temps une plaque tournante, pour la consommation intérieure et le trafic international. Les saisies, notamment de haschisch, sont en constante

1. Samia Serageldin, *La Maison du Caire*, Paris, Payot et Rivages, 2006.

augmentation dans la péninsule du Sinaï, zone traditionnelle de contrebande. En Irak, sous Saddam Hussein, le trafic était marginal et les trafiquants
sévèrement punis, le dictateur redoutant que l'argent
de la drogue ne finisse par alimenter les caisses de ses
opposants pour acheter des armes. Les trafiquants
arrêtés, notamment dans la zone frontalière avec
l'Iran, étaient purement et simplement exécutés sur-
le-champ. Depuis la chute du régime, le trafic de drogue a explosé en Irak. Les stupéfiants sont importés
d'Iran, une partie de l'exportation passe par des
réseaux criminels et mafieux, une autre par les pèlerins
iraniens qui affluent par centaine de milliers au
moment des grands pèlerinages de Karbala et de
Nadjaf.

Les sociétés arabes ont subi de profonds changements, dont le plus radical fut l'apparition d'Al-Jazira,
véritable rupture dans le paysage médiatique. Elles
sont aujourd'hui tiraillées entre la fascination pour
l'Occident et l'attrait pour les islamistes. Ces derniers
jouent la carte du retour à un islam souvent idéalisé,
mais aussi à un mode de gouvernance qui donne la
priorité à la lutte contre la corruption.

Dans un rapport sur le développement humain dans
le monde arabe datant de 2002, le PNUD prévoit trois
scénarios de changements possibles dans le monde
arabe : le maintien du statu quo, le scénario vertueux
de l'*izdihar* (« épanouissement ») et un scénario se
situant à mi-chemin.

Maintien du statu quo ? C'est le scénario catastro-
phe. Ne rien faire ne pourrait qu'aggraver la situation.

« L'histoire contemporaine, note le rapport, montre que le maintien du statu quo pourrait conduire à des soulèvements destructeurs susceptibles de forcer le transfert de pouvoir dans les pays arabes », mais au prix de la violence armée et de pertes humaines. Ce scénario pourrait favoriser les forces islamistes et sceller une fracture durable avec le reste du monde en général, et l'Occident en particulier.

L'alternative du *izdihar* ? C'est l'option optimiste. « Un processus de négociation pacifique de la redistribution du pouvoir dans les pays arabes constitue la meilleure approche possible pour une phase de transition vers une bonne gouvernance », peut-on lire dans le rapport du PNUD, qui conclut que « seul un tel système pourra remédier aux injustices et garantir stabilité politique et cohésion sociale ».

Le scénario « médian » ? Il pourrait favoriser une réforme progressive et modérée, mais avec le risque de s'enliser et d'être débordé par les évolutions sur le terrain. Confrontées elles aussi au terrorisme islamiste, les autorités restreignent les libertés, un processus entériné par les ministres arabes de l'Intérieur en 2003. La stabilité et la sécurité sont prioritaires. Appuyés par les États-Unis et l'Europe, ils n'ont plus aucune réticence à verrouiller l'espace public au nom de la « guerre » contre le terrorisme.

Cette pression s'exprime, en Jordanie notamment, par des nominations dans les universités et dans l'administration où il faut pouvoir compter sur des éléments « sûrs ». Le puissant General Intelligence Department (GID), les services de renseignements, est omniprésent dans la société jordanienne : toutes les nominations passent par lui et ses agents ont largement infiltré la presse locale.

Certains régimes arabes, comme la Syrie, essaient de renforcer leur légitimité en se présentant comme le moindre des deux maux, ou comme l'ultime ligne de défense contre le péril fondamentaliste. Les baasistes au pouvoir à Damas le crient haut et fort : « C'est nous ou le chaos. » « C'est une carte que le régime syrien joue aujourd'hui, analyse Omar Amiralay, cinéaste dissident. Le message aux Américains est le suivant : si vous menacez notre régime, il faut vous préparer à un autre fléau beaucoup plus grand, celui des islamistes ! » Vu la situation de violence intercommunautaire en Irak, l'argument porte dans la population. « La situation régionale n'est pas du tout propice aux changements, ajoute Hassan Abbas, chercheur syrien. Avec ce qui se passe en Palestine, en Irak ou au Liban, le mouvement démocratique et libéral en Syrie s'affaiblit. » Situation analogue en Égypte, où le pouvoir réprime ouvertement les Frères musulmans, mais aussi les démocrates et les défenseurs des droits de l'homme, avec la bénédiction des Occidentaux.

Que fera l'Occident dans les prochaines années ? Plus abruptement, la question se pose dans les termes suivants : les États-Unis et les pays de l'Union européenne sont-ils prêts à voir accéder les islamistes, modérés ou non, au pouvoir ? L'Algérie a payé d'une décennie sanglante sa politique d'éradication des islamistes.

Depuis les attentats du 11 septembre 2001, les isla-mistes font peur. Mais ce type d'amalgame ne crée-t-il pas les conditions de l'affrontement ? Jusqu'à présent, les Occidentaux ont préféré soutenir des régimes cor-rompus et répressifs au Maghreb ou au Machrek. Continueront-ils sur cette ligne ? Le pari est risqué.

Ostraciser des mouvements aussi enracinés que le Hamas en Palestine, les Frères musulmans en Égypte ou encore le Hezbollah au Liban est une erreur et ne peut conduire qu'à plus de tensions. Certes, il ne s'agit pas là de faire preuve d'angélisme ou de compromis-sion vis-à-vis de ces organisations, mais plutôt de réa-lisme et d'efficacité. Qu'on le veuille ou non, elles font désormais partie du paysage et sont représentati-ves de larges secteurs des sociétés moyen-orientales. Aujourd'hui acteurs puissants des mutations dans le monde arabe, il convient de traiter avec les islamistes, en particulier la frange qui n'a pas versé dans la vio-lence. En étant vigilant et ferme sur les principes uni-versels démocratiques, mais sans complexe et sans a priori.

10

Sous les chiites… l'Iran

Le signal d'alarme a été déclenché de Jordanie. Le roi Abdallah II a été le premier à lancer la formule en décembre 2004, qui depuis a fait florès : le Moyen-Orient serait désormais menacé par l'émergence d'un « croissant chiite », un arc de cercle manipulé depuis Téhéran qui s'étendrait du Golfe à l'Irak jusqu'en Syrie et au Liban. Une formule-choc reprise et amplifiée par le président égyptien Hosni Moubarak en 2006. « Les chiites (arabes) sont en général toujours loyaux à l'Iran et non aux pays dans lesquels ils vivent », déclara le raïs égyptien à la télévision Al-Arabiyya. En somme, une « cinquième colonne » à la solde de l'Iran pour affaiblir les pays arabes sunnites. Réalité ? Fantasme ? Intoxication ?

À tort ou à raison, les chiites sont perçus par les États arabes majoritairement sunnites comme une menace, prêts à contester l'ordre existant. Les critiques venues de Riyad, du Caire et d'Amman contre le Hezbollah au début de la guerre avec Israël durant l'été 2006 sont révélatrices d'une crispation face au réveil du monde chiite et à sa vitalité. Ce réveil ne date pourtant pas d'aujourd'hui.

Depuis la révolution islamique iranienne, en 1979, sunnites et chiites se livrent à une lutte d'influence larvée ou ouverte au Moyen-Orient. La guerre Iran-Irak (1980-1988) figea dans le sang le paroxysme de cette rivalité. À l'époque, l'Irak de Saddam Hussein soutenu par l'Occident et les pays du Golfe joue le rôle de bouclier contre l'activisme chiite iranien, qui ambitionne d'exporter la révolution victorieuse à Téhéran. Un projet qui a fait long feu. Aujourd'hui, la nouvelle configuration régionale née de l'invasion américano-britannique en Irak, en mars 2003, a ravivé des plaies ancestrales et réactualisé la « question chiite ». D'autant que l'Iran cherche à se doter de l'arme nucléaire.

Sunnites et chiites sont les frères ennemis de l'islam, deux branches irréconciliables. À l'origine, il y a certes un conflit de succession, mais pas seulement. Lorsque Mahomet meurt en 632, les premiers musulmans se déchirent pour déterminer qui lui succédera. Les premiers califes sont désignés parmi les compagnons du Prophète, on les appelle les « bien guidés », ceux qui « orientent bien ». La majorité des croyants pense que le flambeau doit être repris par l'un de ses fidèles, selon la tradition de la région : le plus digne, le plus courageux, le plus apte à diriger la tribu, et aujourd'hui la communauté. Une minorité est contre, préférant soutenir la cause d'Ali, gendre et cousin de Mahomet, qui fait partie de la « maison du prophète » (Ahl al-Beit). Or, Ali meurt assassiné en 661 et c'est

Moawiya qui, à l'issue d'un véritable coup d'État, prend la direction de la communauté des croyants et fonde à Damas la dynastie des Omeyyades. Outre la succession, c'est la nature du gouvernement de l'islam qui est en cause : Ali le révolutionnaire contre Moawiya l'homme d'État qui, contrairement aux règles établies jusque-là, institue le califat dynastique.

Cette divergence originelle donne naissance aux chiites ou *chi'at Ali*, littéralement « les partisans d'Ali », ceux qui n'ont jamais accepté la succession que veut imposer Moawiya. Le fils cadet d'Ali, Hussein, essaiera même de reconquérir le pouvoir perdu de son père. En vain. En 680, il est encerclé avec soixante-douze de ses compagnons par le calife omeyyade Yazid. Assoiffé et épuisé, Hussein luttera jusqu'à ses dernières forces, mais sera finalement vaincu. Dans la conscience collective chiite, son martyre représente le symbole suprême de la résistance et du sacrifice. Un exemple à suivre pour tout croyant.

Ce conflit de succession se double de divergences religieuses. À la différence des sunnites, le culte chiite n'admet ni les hadith ni la sunna (ni les paroles du prophète, ni la tradition orale). Dès lors, l'islam sunnite considère le chiisme comme une déviance et une hérésie. Dans le contexte d'affrontements intercommunautaires en Irak, les prêcheurs sunnites n'hésitent d'ailleurs pas à qualifier les chiites de *rawafidh*, d'« apostats », reprenant la terminologie d'Al-Qaida.

Autre différence : il n'y a pas de clergé dans l'islam sunnite, alors qu'il en existe un très puissant dans le chiisme. L'imam dans le sunnisme conduit seulement la prière. Dans le chiisme, il est le guide de la communauté et incarne une autorité hautement respectée par les fidèles.

Mais la différence sans doute la plus importante demeure l'*ijtihad*, littéralement « l'effort d'interprétation », c'est-à-dire ce processus de réflexion entamé par « ceux qui possèdent le savoir », les docteurs de la loi, ou oulémas, qui par leur interprétation du Coran guident la communauté. Suspendu depuis la fin du XIe siècle dans le sunnisme, il n'a jamais cessé dans le chiisme.

Aujourd'hui, les chiites sont majoritaires en Iran, en Irak et à Bahreïn, ils forment la plus importante communauté religieuse au Liban et ont essaimé dans les pays du Golfe (Koweït, Arabie saoudite, Émirats arabes unis, Yémen). On les retrouve jusqu'en Afghanistan, en Inde et au Pakistan, où ils représentent 10 % de la population. Il faut ajouter à cela des subdivisions hétérodoxes comprenant les alaouites en Syrie, les alevis en Turquie ou encore les Druzes éparpillés au Proche-Orient. Au total, la « planète chiite » compte près de 200 millions d'âmes, soit environ 15 % des musulmans. Le chiisme est donc une réalité polycentrique couvrant plusieurs aires culturelles : arabe, turque, persane et indienne.

Au long de l'histoire, les chiites ont toujours été marginalisés et rejetés par la majorité sunnite. Contestant la légitimité des pouvoirs musulmans depuis l'éviction d'Ali, leurs chefs religieux prônèrent pendant des siècles la non-immixtion du religieux dans le politique. C'est la voie « quiétiste » incarnée par l'ayatollah Ali Sistani, la plus haute référence religieuse en Irak pour les chiites.

Mais en 1979, l'ayatollah Khomeyni rompt cette tradition. Le guide suprême de la révolution islamique iranienne fusionne autorité religieuse et pouvoir politique dans le concept de *velayet e-feqih* ou « gouvernement du docte ». En attendant le retour de « l'imam caché » qui viendra instaurer le règne de la justice, c'est aux théologiens qu'il revient de guider et d'organiser la vie des croyants. C'est un tournant historique. Victorieux en Iran, les religieux chiites veulent le pouvoir, et veulent l'exercer, ici et maintenant, le politique et le religieux devant s'entremêler pour asseoir la « République islamique ».

En Irak, les chiites sont les grands bénéficiaires du renversement du régime de Saddam Hussein par les Américains. Majoritaires dans le pays, ils avaient été violemment réprimés par le régime de Saddam Hussein, notamment après la guerre du Golfe de 1991 ; leurs dignitaires religieux ont été assassinés par les sbires du dictateur ou forcés à l'exil. Pour se maintenir, le régime baasiste s'était peu à peu recroquevillé sur les sunnites et sur le clan des Tikriti, dont était originaire le dictateur irakien.

Depuis mars 2003, les chiites prennent leur revanche. Grâce aux urnes, ils contrôlent le Parlement et dirigent le gouvernement, où ils disposent de nombreux ministères-clés comme l'Intérieur ou la Santé, qu'ils ont complètement purgés. De Nadjaf, ville sainte qui abrite le tombeau d'Ali, la communauté chiite prend ses directives. C'est le siège de la *marja'iyya*, la direction religieuse suprême. Nadjaf, la « Sorbonne » de l'islam chiite, abrite une vingtaine d'écoles religieuses qui accueillent au total plusieurs milliers d'étudiants en théologie. Dans cet après-Saddam chaotique, les oulémas demeurent la seule autorité reconnue et respectée par les chiites. Leurs avis et directives sont suivis à la lettre par les fidèles.

À la chute de Bagdad, c'est la *marja'iyya* de Nadjaf qui a ordonné que le quartier de Saddam City soit rebaptisé Sadr City, en mémoire de la célèbre lignée d'ayatollahs, dont certains furent physiquement liquidés par le régime baasiste. Dans cette banlieue miséreuse, plus de un million d'habitants s'entassent dans des conditions d'hygiène déplorables. Les services municipaux – eau, électricité, entretien de la voirie, collecte des ordures – laissent à désirer. Le réseau d'égouts n'existe pas : des rigoles ont été creusées à même la chaussée pour recueillir les eaux usées des habitations. L'été, quand la température approche les 50 degrés à l'ombre, l'odeur devient pestilentielle.

Après avoir fêté l'arrivée des premiers blindés américains dans Bagdad, Sadr City est en rébellion. La fin du régime de Saddam n'a rien changé ou presque au quotidien sordide de ses habitants. Le quartier est devenu l'un des bastions des fidèles de Moqtada al-Sadr, petit-neveu du grand ayatollah Mohammed Bakr al-Sadr, probablement une des plus grandes références du XXe siècle dans le monde chiite, exilé puis assassiné par les services de Saddam Hussein en 1980. Les Américains n'ont pas réussi à gagner les cœurs et les esprits. Pire : ils se sont mis à dos une partie des chiites, à qui ils ont pourtant remis le pouvoir.

Dans les affrontements communautaires qui ravagent l'Irak, les chiites sont divisés. C'est leur talon d'Achille. Loin de former un bloc homogène, la communauté est traversée par de nombreuses lignes de clivage ethnique, politique, social et tribal. Collaborer ou pas avec les Américains suscite aussi le débat. Même s'ils sont de plus en plus minoritaires, on oublie souvent aussi qu'une partie des chiites est laïque.

Sur le plan politique, Moqtada al-Sadr, lui, incarne la ligne « arabe » du chiisme irakien et se veut un chantre du nationalisme. Il recrute parmi les déshérités – les *shrougs*, la populace – et les jeunes. De tempérament fougueux, il a réussi à contester l'autorité de l'ayatollah Sistani, véritable référence *(marja'iyya)* pour la communauté, lors du siège de Nadjaf en août 2004. Le jeune tribun serait aussi impliqué dans l'assassinat de l'ayatollah Abdel Majid al-Khoie, alors que ce dernier revenait de son exil à Londres. Aligné sur l'Iran d'un point de vue théologique, Moqtada al-Sadr a pour mentor en religion le grand ayatollah Kazem al-Husseini al-Haïri, basé dans la ville sainte iranienne de Qom, mais en politique, son modèle est le cheikh Hassan Nasrallah, le leader du Hezbollah libanais, avec qui il a noué des liens étroits. Le parti libanais lui a d'ailleurs envoyé matériel et techniciens pour créer sa radio à Nassiriyah, ainsi que des conseillers militaires, experts en guérilla, pour former ses miliciens de l'Armée du Mahdi.

Représentant les conservateurs, les classes moyennes et commerçantes, les autres leaders chiites sont, eux, très proches de l'Iran, comme Abdelaziz al-Hakim, chef de l'Assemblée suprême pour la révolution islamique en Irak (ASRII) qui resta de longues années en exil à Téhéran, ou encore Ibrahim al-Jaafari, du parti Al-Dawa, l'un des plus anciens partis politiques irakiens avec le Parti communiste. La famille de l'ayatollah Sistani elle-même est originaire d'Iran.

Dans cette mosaïque chiite, chacun travaille pour son compte. « L'un des enjeux pour le contrôle de la communauté des croyants, c'est la bataille de l'argent », confie un observateur proche du Hezbollah. Chaque leader spirituel a son école de pensée et ses partisans, mais surtout récolte le *khoms* : cette obligation religieuse pour chaque fidèle de verser un cinquième de ses revenus annuels aux imams. Un véritable trésor qui suscite bien des convoitises et qui explique souvent les frictions entre chiites.

Profitant de ce contexte de rivalités et d'insécurité généralisée, l'Iran avance ses pions. Téhéran finance ainsi la construction de l'aéroport de l'imam Ali à Nadjaf, une localisation stratégique, car il aurait pour vocation de desservir le cœur d'un futur « pays chiite » relié au monde extérieur et à l'Iran sans passer par Bagdad. « En Irak, résume un expert iranien, les Américains occupent, les Iraniens influencent. » En effet, plus au sud, l'influence de Téhéran est désormais très nette. Placardés sur les lampadaires de la rue de l'Indépendance, dans le centre de Bassora, les portraits de l'ayatollah Khomeyni ont fleuri comme autant de pieds de nez à l'histoire. La proximité de la frontière, distante d'une vingtaine de kilomètres, facilite la pénétration iranienne, qui s'appuie en outre sur l'homogénéité d'une population presque totalement chiite. La sympathie avec le régime de Téhéran est réelle, bien que les sentiments de la rue soient plus complexes.

Bassora est la ville irakienne qui a le plus souffert des bombardements iraniens pendant les huit ans de la guerre Iran-Irak. Les chiites irakiens étaient d'ailleurs restés loyaux à Bagdad, faisant passer leur arabité et leur patriotisme avant leur confession. Certes, les Irakiens chiites ont pu trouver refuge en Iran, notamment après la répression de Saddam contre l'Intifada chiite de 1991, mais ils n'oublient pas non plus les mauvais traitements endurés dans les geôles iraniennes. L'ancestrale rivalité entre Perses et Arabes reste encore bien vivace.

Sous l'égide de l'ASRII et du parti Al-Dawa, les deux alliés politiques de l'Iran, l'islamisation à Bassora est désormais bien entamée. « Cité du vice » dans les années 70 et 80 pour les ressortissants du Golfe qui venaient s'encanailler dans les boîtes de nuit et les casinos, la ville est aujourd'hui au « régime sec ». La consommation en public et la vente d'alcool sont interdites. Les vendeurs d'alcool ont été assassinés ou ont dû quitter la ville, notamment les chrétiens, qui se sont réfugiés dans les villages du Kurdistan. Après toutes ces années de guerre et d'oppression, la religion est devenue le refuge pour beaucoup d'Irakiens. Aujourd'hui, la ville est livrée à la loi des milices islamiques et des mafias locales. L'enjeu, c'est la contrebande d'essence à destination de l'Iran, qui paradoxalement manque de carburant, faute de capacité de raffinage suffisante à cause de l'embargo américain. Le fuel détourné d'Irak est ensuite écoulé de l'autre côté de la frontière, générant un énorme flux financier qui alimente les chefs de guerre locaux. Cette juteuse contrebande, estimée à plusieurs milliards de dollars, donne lieu à de féroces combats, quand la police ou les forces britanniques essaient de s'y opposer. C'est surtout une cause de conflit entre chiites sous l'œil du voisin perse. L'Iran interfère dans tous des dossiers du Moyen-Orient, à commencer par l'épineuse question libanaise.

Le Hezbollah libanais se réduit-il à une simple courroie de transmission de Téhéran ? La réalité est plus complexe. Certes, le parti de Dieu est un parti islamiste, dont l'apport iranien – celui des Gardiens de la révolution, les Pasdarans – est consubstantiel à sa formation. Son apparition sur la scène libanaise dans les années 80 est due à deux événements catalyseurs : la révolution islamique iranienne de 1979 et l'invasion israélienne de 1982.

Les Iraniens vont financer, former et armer le Hezbollah pour combattre Israël, considéré comme l'avant-poste de l'Occident au Moyen-Orient. Parallèlement, le mouvement va s'enraciner dans la communauté chiite, traditionnellement marginalisée par rapport aux autres communautés libanaises : chrétiens, sunnites et Druzes. Les chiites ont été rejetés à la périphérie de l'État, mais sont aussi cantonnés à la périphérie du pays : dans le sud à la frontière avec Israël, dans la vallée de la Bekaa à l'est et dans la banlieue sud de Beyrouth.

Au Liban, politiquement, les chiites ont toujours été rejetés. Sous l'Empire ottoman, leurs droits n'étaient pas reconnus et il faudra attendre 1926, date de la première Constitution libanaise, pour obtenir cette reconnaissance en tant que communauté. Dans les années 60, des oulémas qui venaient d'achever leur formation religieuse à Nadjaf en Irak ou à Qom en Iran vont commencer à mobiliser le petit peuple chiite paupérisé dans un Liban en pleine expansion.

Le plus charismatique d'entre eux est l'imam Moussa Sadr, qui fonde le Mouvement des déshérités pour sortir les chiites de leur sous-développement économique et social chronique. C'est leur première structure sociopolitique mobilisatrice depuis la chute de l'Empire ottoman. Elle est le premier jalon qui mènera à la création du Hezbollah. Aujourd'hui, « le Hezbollah est d'abord un parti communautaire, analyse Abbas Beydoun, écrivain et journaliste au quotidien *Al-Safir*. Il représente la communauté chiite qui a longtemps été abandonnée. Elle s'est amassée autour du Hezbollah qui lui a donné force et identité. Maintenant, c'est l'heure de la revanche[1] ».

Après le retrait israélien du Sud-Liban en mai 2000, l'État libanais avait multiplié les promesses d'investissements, sans passer aux actes, accroissant la frustration de la population de cette région. « Que fait l'État ? » est alors un leitmotiv chez les villageois dans la zone frontalière avec Israël. Après la guerre de l'été 2006, le Hezbollah a donné de l'argent à chaque

---

1. Entretien avec Christian Chesnot à Beyrouth, en février 2006.

propriétaire de maison détruite par l'armée israélienne
– environ 10 000 dollars.

Dans cet espace laissé en jachère par l'État libanais,
le Hezbollah a su bâtir un réseau d'entraide sociale,
constitué d'associations et de fondations. Il vient en
aide aux familles des « martyrs » tombés au combat.
Dans les municipalités, il gère des hôpitaux, des écoles, des mosquées. Au moment du pèlerinage à
La Mecque, le parti de Dieu prend en charge les frais
de transport des pèlerins. Il fournit des coupons d'essence et des bourses aux étudiants.

Sur le plan militaire, il a construit toute une infrastructure de confrontation dans le sud avec l'aide de
l'Iran, en s'inspirant du modèle guévariste du « foyer
révolutionnaire » (le *foco guerillero*) et du Viêt-minh :
des petits groupes de combattants complètement
immergés dans la population attaquent l'ennemi et
disparaissent aussi vite qu'ils sont apparus.

La guerre de l'été 2006 a été étudiée à la loupe par
les états-majors occidentaux. Un officier de l'armée
française avoue avoir été frappé par l'organisation des
combattants chiites : « Le Hezbollah avait planifié ses
opérations en prévoyant tous les cas de figure, notamment celui de la rupture de la chaîne de commandement. Les commandos sur le terrain, même décon-
nectés de leurs chefs, avaient leur feuille de route et
savaient ce qu'ils devaient faire. Les Iraniens leur ont
fourni, non pas des Pasdarans, mais des conseillers. »
Pour financer ses activités, le Hezbollah reçoit une
aide de l'Iran que certains observateurs estiment à
50 millions de dollars par mois. « Beaucoup plus
depuis la dernière guerre de juillet 2006 », confie un

ministre libanais. Ses revenus proviennent aussi du *khoms* et de fonds issus de l'importante communauté d'expatriés chiites en Afrique.

Le fonctionnement de la direction du Hezbollah est opaque et mystérieux. Au sommet de la pyramide trône la figure emblématique de son secrétaire général, cheikh Hassan Nasrallah, véritable héros de la rue arabe. C'est lui qui depuis 1992 a « libanisé » le parti, lui donnant une ligne « islamo-nationaliste », réussissant la synthèse entre chiisme arabe et iranien, islamisme et nationalisme arabe. Il est un opposant farouche d'Al-Qaida, dont les thèses lui semblent hérétiques et archaïques. Lors de réunions avec d'autres leaders libanais, confie un ministre libanais, il a coutume de dire : « Vous savez, les autres derrière moi sont pires que moi ! » Né en 1960 dans le quartier de Bourj El-Hammoud à Beyrouth, Hassan Nasrallah est le fils d'un vendeur de fruits et légumes qui aura neuf enfants. Lorsque la guerre civile éclate en 1975, le jeune Hassan se réfugie avec sa famille près de Tyr, dans le sud du pays. Après avoir intégré le mouvement Amal, il part étudier la théologie à Nadjaf en Irak. Il a seize ans et rencontre l'homme qui va changer sa vie : le sayed Abbas Moussaoui qui deviendra, selon les mots mêmes d'Hassan Nasrallah, « un ami, un frère, un mentor et un compagnon ». En 1978, Saddam Hussein déclenche une répression brutale contre le Parti communiste irakien, les partis kurdes et les dignitaires chiites. Nasrallah doit rentrer au Liban, qui connaît sa première occupation israélienne. Il rompt alors avec le mouvement Amal et fonde, avec son mentor Abbas Moussaoui, le Hezbollah, le parti de

Dieu, porté sur fonts baptismaux iraniens, dont l'idéologie est inspirée par la doctrine de l'ayatollah Khomeyni. Les Iraniens n'ont pas confiance dans Nabi Berry, le chef d'Amal, qui entretient des contacts avec le leader chrétien Bachir Gemayel, allié des Israéliens. Surtout, à Téhéran, on veut téléguider la création d'un parti chiite dont la direction serait aux mains des religieux, un mouvement plus radical dans la lutte anti-israélienne.

C'est tout naturellement à Qom, la ville iranienne rivale de Nadjaf, qu'Hassan Nasrallah parachève ses études de théologie. La mort d'Abbas Moussaoui, tué par un tir de missile israélien en 1992, le propulse à la tête du Hezbollah. Son charisme fait merveille, mais surtout sa vision stratégique. C'est lui qui réorganise la lutte contre l'occupation israélienne du Sud-Liban. Plutôt que de mener des attaques frontales, coûteuses en hommes, il lance des opérations ciblées, précises et filmées dans des buts de propagande. Au cours de l'un de ces raids, en 1997, son fils aîné Hadi est tué. Un fils martyr qui lui confère un regain de légitimité et de respect dans la classe politique libanaise.

Grâce à l'aide des Iraniens, les commandos du Hezbollah deviennent experts dans la technique des *road side bombs*, engins explosifs télécommandés dissimulés sur le bord des routes, qui provoqueront de lourdes pertes au sein de l'Armée du Sud-Liban, milice libanaise supplétive des Israéliens, et dans l'armée israélienne elle-même. D'ailleurs, après la chute de Saddam Hussein en 2003, le Hezbollah enverra en Irak ses experts « ès explosifs » pour former des miliciens chiites.

Bien évidemment, Hassan Nasrallah vit entouré de mesures de sécurité draconiennes. Comme au temps où Yasser Arafat était pisté par le Mossad, il sait qu'il figure à la première place des personnalités à abattre par les Israéliens. Mais il n'est pas le seul.

Dans le Hezbollah, la prise de décision s'effectue au sein du Majlis al-Choura, son conseil consultatif. Il y a également une direction militaire clandestine. Jusqu'au 12 février 2008, elle était dirigée par Imad Moughnieh, assassiné ce jour-là à Damas. Plusieurs tendances cohabitent, entre pro-iraniens, pro-syriens et partisans d'une ligne libanaise. C'est ce mélange qui rend difficile la lecture des orientations du Hezbollah. Il doit gérer plusieurs agendas parfois contradictoires. Au Liban, son objectif n'est pas de construire un État islamique, mais de prendre sa place dans le pouvoir pluriconfessionnel libanais. Cet « appétit » exacerbe les tensions sur le terrain avec les Druzes et les sunnites. « Les chiites libanais achètent des terres et des routes pour relier les zones chiites entre elles, avoue un journaliste proche du Hezbollah. Il s'agit notamment de connecter le sud à la plaine de la Bekaa en encerclant les régions druzes. L'objectif est aussi de créer un passage entre la région du Hermel au nord et la capitale Beyrouth. Le pays chiite se trouve désormais à trois quarts d'heure par la route de Tripoli, une place forte sunnite du nord. » « Ses armes sont là pour défendre les intérêts des chiites qui ont peur d'être éternellement exclus du système, analyse Anicée el-Amine Merhi, psychiatre. Les armes, c'est pour dire aux autres Libanais : nous existons, nous faisons partie de cette nation. Ce qui se joue au Liban, c'est la place de la communauté chiite aux côtés des autres. C'est pourquoi le mot "résistance" est un mot-clé pour le Hezbollah. Ce n'est pas seulement la résistance à Israël, mais c'est la résistance contre toute sorte d'aliénation et d'exclusion. C'est le refus du rabaissement des chiites. »

En tout état de cause, le conflit de l'été 2006 et les événements d'avril-mai 2008 ont démontré toute la puissance militaire et organisationnelle du Hezbollah. Que va-t-il faire de sa gloire militaire ? Va-t-il choisir de se transformer en parti comme les autres et de se désarmer, comme l'ont fait toutes les anciennes milices ? Va-t-il camper sur ses positions ? Le Hezbollah a des intérêts libanais qu'il n'entend pas brader, mais ses orientations stratégiques futures dépendront aussi en partie de son parrain iranien, qui ambitionne d'entrer dans le club des puissances nucléaires. Un parrain perse qui ne cache pas son jeu au Liban, comme le rapporte Jean-Claude Cousseran, l'un des diplomates français les plus fins connaisseurs de la région. « Quand je rencontre des officiels iraniens à Téhéran, ceux-ci me lancent parfois dans la conversation : "Vous les Français, vous êtes les protecteurs des chrétiens maronites, il faut comprendre que nous, nous sommes les protecteurs des chiites, c'est pourquoi nous pouvons nous entendre." »

Les Iraniens peuvent remercier George Bush. Grâce à lui, leurs ennemis les plus féroces ont été éliminés par l'US Army : à l'est, en Afghanistan, le régime des talibans ; à l'ouest, en Irak, le régime de Saddam Hussein, Les déboires des Américains et de leurs alliés

occidentaux dans ces deux pays ont depuis fourni à
l'Iran une occasion historique de s'imposer comme la
puissance dominante au Moyen-Orient, aucun pays
arabe ne pouvant actuellement lui contester ce leadership.

Pour imposer sa suprématie, l'Iran a besoin d'une
ultime consécration : l'arme nucléaire, ou en tout cas
la capacité de la produire. Le premier objectif vise à
sanctuariser le territoire iranien et à protéger le régime.
« Vu de Téhéran, analyse Mohammad-Reza Djalili,
professeur à l'Institut universitaire des hautes études
internationales à Genève, les États-Unis ont envahi
l'Irak non pas parce que Bagdad avait la bombe
nucléaire, mais justement parce qu'il ne l'avait pas !
S'il l'avait eue, les Américains n'auraient pas risqué
une attaque. » Pour les Iraniens, le cas nord-coréen
confirme cette logique.

La position géostratégique complexe de l'Iran a
évolué dans le temps : le pays avait une frontière commune avec cinq voisins en 1919, quinze depuis 1991
et dix-sept aujourd'hui « si l'on compte les Américains et les Britanniques présents en Irak », note iro-
niquement un diplomate iranien. La géopolitique
iranienne a été conçue à Téhéran comme une série de
cercles concentriques : le cercle iranien, le cercle
chiite et le cercle arabo-musulman. Autant de centres
d'influence qui dictent la politique extérieure de l'Iran.

Actuellement, l'armée iranienne n'a pas un niveau
technologique élevé comparé à celui de l'Arabie saoudite ou d'Israël. Le nucléaire permettrait à Téhéran
d'accomplir un saut qualitatif prodigieux. L'idée n'est

pas nouvelle. Les ambitions nucléaires iraniennes remontent à la période du shah, avec la signature en 1969 du traité de non-prolifération (TNP) et le démarrage au début des années 70 d'une coopération avec les États-Unis pour la construction d'un laboratoire de recherche. Il s'agissait à l'époque de nucléaire civil. La révolution islamique de 1979 et le renversement du shah interrompent brutalement ce programme. Les chercheurs associés au régime déchu quittent le pays, à l'instar du docteur Akbar Etemad, père du programme nucléaire iranien, qui trouve refuge en France. Le nouveau pouvoir abhorre la modernité et la technologie, invasion satanique occidentale. Le nucléaire est rangé dans cette catégorie. Mais les ayatollahs vont bientôt changer leur fusil d'épaule, à cause de la guerre contre l'Irak. Saddam Hussein reçoit armes et technologies de l'Occident, notamment françaises, comme des Super Étendard et des missiles Exocet, qui causent d'énormes pertes dans les rangs de l'armée iranienne. L'idée du nucléaire refait surface. On connaît la suite.

Même si le régime s'en défend, c'est bien l'arme nucléaire qu'il recherche, ou en tout cas la capacité de pouvoir la produire. Il ne s'agit pas comme le déclare régulièrement Mahmoud Ahmadinejad de « rayer Israël de la carte ». Cette rhétorique vise plutôt à rallier les musulmans du monde entier autour des thèses iraniennes : les cercles dirigeants à Téhéran savent bien que la moindre tentative de mise à feu contre Israël serait immédiatement suivie d'une réaction écrasante de la part des États-Unis, comme l'avait imprudemment résumé l'ancien président Jacques

Chirac[1] : « Le danger, ce n'est pas la bombe qu'il va avoir, et qui ne lui servira à rien… Il va l'envoyer où, cette bombe ? Sur Israël ? Elle n'aura pas fait 200 mètres dans l'atmosphère que Téhéran sera rasée. » En revanche, la bombe est pour les Iraniens la garantie d'être respectés.

Francophile, l'ancien ambassadeur d'Iran à Paris, Seyed Sadegh Kharazi, fait partie de l'aile réformatrice du régime qui rêve de normalisation avec Washington. Et pourtant, les rodomontades de l'administration Bush ne l'impressionnent pas. « Si les Américains nous attaquent, le peuple iranien se mobilisera et nous riposterons. Croyez-moi, nous avons les moyens de déstabiliser toute la région, le Liban, la Palestine, l'Irak. Les Américains sont-ils prêts à perdre 1 000 soldats par jour en Irak et à avoir un baril de pétrole à 200 dollars ? Nous n'avons pas peur d'un embargo économique, notre dette extérieure est faible et nous avons des ressources naturelles importantes. L'Iran n'est pas l'Irak. » Mieux, l'Iran est devenu une clé essentielle pour la stabilité de la région… ou son instabilité ! La question n'est plus de savoir si Téhéran aura la bombe dans trois, cinq ou quinze ans. « On ne peut pas bombarder le savoir et la connaissance », avoue, fataliste, Mohamed al-Baradei, directeur général de l'Agence internationale de l'énergie atomique (AIEA). L'Iran aura-t-il la bombe contre ou avec l'assentiment de la communauté internationale ? C'est

---

1. Entretien à l'Élysée le 29 janvier 2007 entre Jacques Chirac et des journalistes du *Nouvel Observateur*, du *New York Times* et de l'*International Herald Tribune*.

tout l'enjeu de la partie de poker menteur engagée entre le régime iranien et les grandes puissances.

Le dossier du nucléaire iranien pèse lourd dans les calculs géostratégiques des pétromonarchies du Golfe. « Elles sentent bien que la bombe atomique iranienne est inéluctable », note un observateur occidental en poste à Doha. « Nous ne voulons pas voir notre région succomber à la course aux armements nucléaires, d'autant que la centrale nucléaire iranienne est à quelques kilomètres de nos côtes », déclarait Abderrahmane al-Attiya, secrétaire général du Conseil de coopération du Golfe (CCG) à l'occasion du sommet de l'organisation en décembre 2006, qui demandait dans sa déclaration finale une dénucléarisation de la région.

Les monarchies du Golfe redoutent un « Tchernobyl iranien » dont elles seraient les premières victimes. Elles savent aussi qu'elles se retrouveront en première ligne de la confrontation entre Téhéran et la communauté internationale et subiront bien des dommages collatéraux si la situation venait à dégénérer. « Un pays comme le Qatar serait une cible idéale pour une attaque iranienne si Téhéran voulait montrer ses muscles, analyse un militaire occidental en poste dans le Golfe. Les risques ne sont pas très grands. La population n'est pas nombreuse, il y a une base américaine qui pourrait être visée et ça, les Qataris en sont bien conscients. » Dans une perspective d'escalade, les pays du Golfe se sentent menacés sans pouvoir répondre et riposter. Leurs forces armées ne font pas le poids face à la puissance militaire iranienne.

Autre scénario : les Iraniens pourraient perturber le flot du pétrole coulant vers les économies occidentales en sabotant des installations ou en s'attaquant à des tankers, au risque de provoquer une immense pollution marine. Ce scénario, les responsables qataris l'ont bien en tête. Plus insidieusement, les Iraniens pourraient instrumentaliser les communautés chiites du Golfe. À Bahreïn, les partisans d'Ali représentent 70 % de la population et l'émirat était considéré jusqu'en 1971 comme une province iranienne. Les liens familiaux et commerciaux entre les deux rives du Golfe sont très anciens. Beaucoup d'étudiants partent étudier à Qom, principal centre d'éducation religieuse en Iran.

Le roi, cheikh Hamad Ben Issa al-Khalifah, arrivé sur le trône de Bahreïn en 1999, a commencé à démocratiser son royaume avant le 11 Septembre. Il a promulgué une nouvelle charte nationale, amnistié des prisonniers politiques et permis le retour des exilés. Une chambre est désormais élue par le peuple, une autre nommée par lui. Mais le roi pensait que le processus devait s'arrêter là, or les chiites veulent plus de pouvoir : « La démocratie, c'est la loi de la majorité », proclament-ils.

Jusqu'à présent, l'appareil sécuritaire est totalement aux mains des sunnites. En signe d'ouverture, les autorités ont proposé l'intégration de « policiers de proximité » non armés chiites. Un petit pas qui traduit les craintes de voir peu à peu son pouvoir s'amenuiser. D'autant que la communauté chiite est turbulente. « Qu'on le veuille ou non, il y a un problème chiite à Bahreïn, constate un diplomate occidental. Il suffit de voir dans quel état de pauvreté ils vivent. » En effet, relégués dans les faubourgs déshérités de Manama et des villages misérables, les chiites descendent régulièrement dans la rue pour brûler des voitures et faire entendre leur voix, même si la majorité s'inscrit dans l'option « quiétiste » de l'ayatollah Sistani. En février 2006, lors de l'explosion de la mosquée de Samarra en Irak, que l'on considère comme l'un des éléments déclencheurs de la quasi-guerre civile, les chiites de Bahreïn sont descendus dans les rues par milliers pour crier leur colère.

Sur ce terreau, l'Iran pourrait très aisément provoquer des troubles. Pour l'Arabie saoudite et les autres pays du Golfe, Bahreïn est perçu comme un laboratoire politique et social vis-à-vis des chiites. Ces derniers sont très présents dans l'est du royaume saoudien, là où sont situés les principaux gisements de pétrole. Un environnement que les monarchies pétrolières estiment doublement dangereux : d'un côté les possibles répercussions des troubles en Irak, de l'autre l'influence grandissante de leur voisin iranien, bien décidé à devenir la puissance dominante de la région aux côtés de la Turquie et d'Israël.

11

Le piège irakien

Le rituel est ancestral. Dans le *moudhif* (« la maison des hôtes »), une cinquantaine de chefs tribaux ont pris place sur des bancs en rangs serrés. Revêtus de la djellaba traditionnelle et coiffés du keffieh à damier blanc et rouge, ils discutent de la situation politique et échangent les dernières nouvelles autour d'une tasse de café amer. Certains arborent un téléphone portable satellitaire, d'autres des kalachnikovs et des cartouchières. Tous appartiennent à la puissante tribu des Douleimis, forte de plus de 750 000 âmes. La scène se passe à Ramadi, au cœur du pays sunnite, à une centaine de kilomètres au nord-ouest de Bagdad, une dizaine de jours après la chute du régime de Saddam Hussein, en avril 2003. Le ventre rebondi et la moustache noir de jais, Majid Abou Rizzak Ali Soliman est le chef du clan. C'est lui qui a négocié avec les Américains la reddition de la ville pour éviter un bain de sang. Il s'est porté personnellement garant de cet arrangement, dans la plus pure tradition bédouine, où la parole donnée est sacrée. « Les Américains sont les bienvenus, nous lançait-il à l'époque. Nous n'avons aucun problème avec eux. Il faut même qu'ils restent en Irak jusqu'à la formation d'un gouvernement stable et que l'ordre revienne dans le pays. » Et le Bédouin d'ajouter, le sourire au coin des lèvres : « Vous savez, mes grands-parents ont travaillé pour les Anglais dans les années 20 ! »

Contrairement aux autres villes irakiennes et à Bagdad, Ramadi n'a pas connu de pillages généralisés. Ici les valeurs traditionnelles et morales sont très fortes. Même pendant la guerre, les policiers ont continué leur travail sans rien changer à leurs habitudes. Il n'y a pas eu de vacance du pouvoir. La machine administrative ne s'est pas arrêtée et les fonctionnaires sont tous restés à leur poste. L'électricité et le téléphone fonctionnent. Mieux, les tribus ont participé au maintien de l'ordre en patrouillant avec les policiers. Sous le régime de Saddam Hussein, les Douleimis ont fourni des dizaines de milliers de policiers et de cadres de l'armée. En contrepartie de leur loyauté, ils ont été chouchoutés par le pouvoir baasiste, qui leur fournissait armes, pick-up et privilèges. Pourtant, même s'ils ont profité des largesses du régime, les chefs tribaux douleimis ont vite tourné casaque, dès l'entrée des chars américains dans Bagdad. Sans état d'âme. Depuis la nuit des temps, l'allégeance tribale est une notion relative qui se négocie contre espèces sonnantes et trébuchantes. Ici, on loue ses services au plus offrant et les Bédouins sont passés maîtres dans l'art d'évaluer les rapports de forces.

Pendant quatre ans, les Américains ont voulu se passer des services de ces Bédouins, préférant les punir d'avoir servi le régime de Saddam Hussein.

D'où une insurrection généralisée dans les régions sunnites de l'Ouest. Falloujah et Ramadi se sont embrasés et sont devenus des bastions de l'insurrection. Depuis 2007, les Américains ont changé leur fusil d'épaule : ils ont enrôlé à leurs côtés ces tribus sunnites contre armes et argent pour les débarrasser d'Al-Qaida. Mais avant d'en arriver là, que d'erreurs, que de temps perdu !

Les Américains se sont crus en terrain conquis. Ils pensaient être accueillis en libérateurs dans un tourbillon de grains de riz et de pétales de rose. Les images du déboulonnage de la statue de Saddam Hussein, place Ferdaous dans le centre de Bagdad, ont donné l'illusion d'une immense liesse populaire, grâce à quelques gros plans serrés. Moment « historique » ô combien trompeur : il y avait plus de journalistes et de soldats américains que d'Irakiens ! Or, ce jour-là, lorsque sont entrés dans Bagdad les blindés américains, la foule n'était pas au rendez-vous. Les habitants sont restés chez eux, sans doute par peur, mais aussi pour attendre la suite des événements.

En Irak, les Américains avaient une carte à jouer. Leur échec n'était pas gravé dans le marbre. Habitués aux envahisseurs depuis la nuit des temps, les Irakiens attendaient d'eux qu'ils relèvent le pays, qu'ils reconstruisent plus qu'ils n'occupent.

C'est le contraire qui s'est produit.

L'Irak post-Saddam de 2003 n'était ni l'Allemagne ni le Japon de 1945. Pour les Américains, il suffisait de « débaasifier » l'Irak comme ils avaient

« dénazifié » l'Allemagne. Il fallait faire table rase du passé pour tout reconstruire grâce à une pluie de dollars et à une cohorte d'ingénieurs de Bechtel et d'Halliburton. L'histoire a vite déraillé. Influencé par des exilés au passé douteux comme Ahmed Chalabi, aujourd'hui discrédité, Paul Bremer, l'administrateur civil américain, a pris une décision que l'US Army paie aujourd'hui encore : par le décret du 23 mai 2003, il a dissous l'armée irakienne et tous les services de sécurité. Décision lourde de conséquences : des centaines de milliers d'hommes ont été ainsi renvoyés dans leurs foyers avec armes et bagages, comme s'ils étaient tous des criminels de guerre. Beaucoup de ces démobilisés ont alors repris du service… mais dans les rangs des groupes armés ! Ces soldats et officiers auraient pu être recyclés, comme ce fut le cas dans les ex-pays de l'Est après la chute du mur de Berlin. Il aurait fallu leur donner de nouveaux uniformes, une bonne solde et un commandement honnête, rompant avec celui de Saddam Hussein qui se méfiait de son armée, qu'il avait plusieurs fois brutalement purgée de ses officiers. Au contraire, la dissolution de l'armée a créé un million et demi d'opposants. Il est vrai qu'administrer un peuple est plus difficile que de gagner la guerre. La plupart de ces officiers, mis à la retraite sans un sou de pension, ne regrettaient pas Saddam Hussein, mais l'État irakien. Au-delà du dictateur, il y avait des ministères, un drapeau, du pétrole, de la sécurité et surtout une dignité nationale. « On s'est débarrassé de Saddam Hussein mais nous avons perdu l'Irak », revient comme un leitmotiv dans la bouche des Irakiens. La « débaasification », non seulement des services de sécurité, mais aussi des structures étatiques, a complètement désorganisé le pays. « Nous assistons à une véritable chasse aux sorcières, constatait à l'époque un diplomate basé à Bagdad. Les Américains ont tranché pour la méthode radicale. Ils ont pris cette décision pour faire plaisir à la population, qui voulait voir tomber les têtes. » En pratique, la plupart des membres du Baas adhéraient non pas par sympathie idéologique ou politique, mais pour décrocher un emploi, obtenir un appartement ou permettre à un fils d'accéder à l'Université.

Dans les hôpitaux, beaucoup de membres du personnel médical, notamment les médecins, les chirurgiens et les spécialistes, appartenaient au Baas mais étaient avant tout des professionnels. Dans les écoles et les universités, les trois quarts des enseignants et des professeurs avaient leur carte du parti. Difficile de se passer de ce personnel qualifié pour reconstruire le pays. C'est pourtant ce qui va se passer.

Une fois le régime de Saddam Hussein renversé – ou plutôt évanoui dans la nature –, les Américains ont installé leur QG et leur ambassade dans les anciens palais de Saddam Hussein, au centre de Bagdad. Une forteresse vite baptisée « Zone verte », en raison de ses nombreux parcs. Dans cette cité interdite, les Américains vivent en complète autarcie. Ils n'ont aucun contact avec l'extérieur, qu'ils perçoivent à raison comme un monde hostile et dangereux. Ils vivent, mangent et dorment dans ces palais, entourés d'ordinateurs. Ils ne cherchent pas à comprendre, ils ont leurs certitudes. Derrière de hauts murs de béton, ils prétendent « administrer » le pays. Dans un des palais, ils ont installé un lieu de culte avec un coin église, un coin synagogue, un coin temple et un coin mosquée, alors qu'au plafond des fresques datant de l'ancien régime représentent des missiles SCUD traversant les nuages. Surréaliste ! Paul Bremer, le pro-consul américain qui dirigea les débuts de l'administration d'occupation, était tranchant et autoritaire. Les témoignages convergent : quand il rencontrait des interlocuteurs irakiens, il leur demandait leur avis, mais ne prenait pas le temps de les écouter vraiment. Il avait une vision très économique de la situation, gérant la reconstruction comme le maire d'une ville moyenne.

Les Américains commettront l'erreur d'envoyer en Irak du personnel peu expérimenté, peu familier avec les réalités de l'Orient arabe, et qui restait moins de trois mois sur place. Difficile dans ces conditions de nouer des contacts durables et d'inspirer confiance aux interlocuteurs irakiens. Or, c'est à eux qu'incombait la tâche de restructurer les ministères et l'administration.

Ces anecdotes seraient risibles s'il ne s'agissait d'un pays traumatisé par des années de dictature. Pour tous ceux – diplomates, journalistes, membres d'ONG, hommes d'affaires, etc. – qui ont vécu les premiers pas américains en Irak, il ne fait aucun doute que les États-Unis ont raté le coche dans les cent premiers jours de leur présence, là où il fallait gagner la bataille des cœurs, là où l'histoire pouvait leur donner raison. L'administration Bush n'avait pas de plan de reconstruction politique et économique pour le « jour d'après ». Idéologiques, bureaucratiques et arrogants, les Américains ont été complètement dépassés par l'ampleur de la tâche à accomplir.

Loin d'avoir réconcilié les Irakiens, ils ont au contraire semé les graines de la division, dont on constate le résultat. Tout cela est en germe dès juillet 2003. Pour donner un début de légitimité au pouvoir irakien, l'administration d'occupation américaine crée le Conseil intérimaire de gouvernement (CIG), un organe de vingt-cinq membres qui doit gérer le pays en attendant un système politique et constitutionnel définitif. Ce CIG est alors constitué sur une base ethnique et religieuse : les chiites, majoritaires dans le pays, se voient accorder treize sièges, cinq pour les Kurdes, cinq pour les sunnites, un pour les chrétiens et un pour les Turkmènes. Cette institutionnalisation du confessionnalisme est une première en Irak : sous Saddam, le pouvoir était dominé par les sunnites, et plus particulièrement ceux de Tikrit, mais jamais la répartition confessionnelle n'avait été ainsi formalisée. L'idéologie du Baas, même si elle ne signifiait plus rien à la fin du règne de Saddam, interdisait un tel mode de fonctionnement.

Dans la mosaïque irakienne, le confessionnalisme est une véritable bombe à retardement : selon cette logique, le citoyen se définit d'abord comme kurde, chiite ou arabe avant d'être irakien. Si l'on voulait fragmenter l'Irak, on ne s'y serait pas pris autrement ! Les Libanais en savent quelque chose. Désormais, les nominations dans les ministères et l'administration se fondent sur des critères ethniques, tribaux et religieux, la compétence devenant un souci tout à fait secondaire. Ainsi, le ministère des Affaires étrangères est désormais aux mains des Kurdes, celui de l'Intérieur est contrôlé par les chiites. De passage à Paris pour la réunion des Églises d'Orient en mai 2006, Mgr Athanase Matoka, archevêque syro-catholique de Bagdad, confiait, dépité : « Les Américains nous ont fait beaucoup de mal. Quand mes fidèles de Bagdad me disent qu'ils veulent émigrer, que puis-je leur dire, alors que l'Irak est plongé dans le chaos ? » Car *last but not least*, la politique américaine aura réussi le tour de force de vider l'Irak de ses communautés chrétiennes.

Qui comprend encore les causes de la déferlante de violence qui ensanglante l'Irak ? Pour décrypter les ressorts et les acteurs de cette violence, il convient de revenir aux premiers pas américains en Irak.

La guerre commence le 20 mars 2003 et s'achève le 28 avril par la chute de Bagdad. Alors que tout le monde prévoyait un baroud d'honneur de Saddam Hussein, qui avait concentré ses troupes d'élite autour et dans Bagdad, la capitale irakienne tombe très vite. En fait, l'appareil sécuritaire du régime et ses dignitaires se sont évanouis dans la nature sans vraiment combattre, anticipant la guérilla. Les Américains remportent une victoire militaire en trompe-l'œil. Certes, ils sont maîtres de l'Irak, mais tout en étant assis sur un baril de poudre qui n'attend qu'une étincelle pour exploser. Là encore, ils commettent des erreurs qui vont se révéler dramatiques par la suite. Ils laissent pendant plusieurs mois les frontières quasi ouvertes, sans véritable contrôle. Dans le flot des Irakiens qui reviennent d'exil se cachent aussi des combattants arabes venant d'Arabie saoudite, de Syrie et du Yémen. La sécurisation des frontières interviendra trop tardivement. Autre erreur, et de taille : l'armée américaine laisse les pillages se développer sans intervenir, même si dans Bagdad un couvre-feu a été décrété entre 23 heures et 6 heures du matin. Les GI montent la garde autour des sites sensibles comme les banques ou les ministères. Celui du Pétrole, un gigantesque bâtiment ocre, a été protégé par des sentinelles et des blindés dès l'entrée des troupes américaines dans la capitale, donnant aux Irakiens le sentiment que les Américains sont venus pour faire main basse sur l'or noir. Durant plusieurs semaines, des nuées de pilleurs s'abattront sur les bâtiments publics – hôpitaux, universités, entreprises, entrepôts, etc. –, sous le regard souvent bienveillant des soldats américains. Tout est volé, jusqu'aux prises électriques. Tout est revendu sur des marchés aux voleurs. Seulement, dans cette razzia très bédouine, les pilleurs s'attaquent aussi aux entrepôts de l'armée. Ils repartiront avec des caisses de munitions, des explosifs, de l'armement léger, etc. Autant d'armes qui iront alimenter les rebelles.

Marginalisés politiquement, car assimilés à l'ancien pouvoir, les sunnites vont vite se révolter. Ils formaient l'ossature sécuritaire du régime de Saddam. Les premiers signes de la rébellion s'annonceront à Falloujah, une ville située à 70 kilomètres à l'ouest de Bagdad, où résident plus de 15 000 officiers de l'ancienne armée baasiste. C'est au cœur de ce fief pro-Saddam que la 82e Airborne choisit de s'installer. Sa présence est mal vécue par la population locale. À l'occasion d'une manifestation, les GI tirent sur la foule. Ce premier bain de sang va précipiter la ville puis le pays sunnite dans la résistance.

En Irak, les Américains découvrent la guérilla urbaine, où il faut progresser rue par rue, maison par maison. Les Anglais ont l'expérience de l'Irlande du Nord, les Israéliens celle de l'Intifada palestinienne, pas les Américains. Ils croient avoir sécurisé une zone, et les insurgés réapparaissent un peu plus tard dans le même secteur. Les rebelles sont chez eux, connaissent parfaitement le terrain et sont prêts à se sacrifier. La guérilla utilise toutes les armes à sa disposition : bombes de fabrication artisanale sur le bord des routes, qui occasionneront plus de 50 % des pertes américaines, tirs de mortiers, embuscades, attentats suicides, francs-tireurs… Depuis février 2007, les insurgés ont même recours à des camions piégés qui contiennent des bonbonnes de chlore. Les opérations impliquant le maniement de missiles sol-air sont exécutées par d'anciens militaires. Sur le terrain, les groupes sont autonomes, mais mettent parfois en commun leur logistique pour mener de grosses opérations. Il n'existe pas de commandement général, mais une organisation en « toile d'araignée » constituée de petits commandos de quatre à cinq hommes.

Avec l'arrestation de Saddam Hussein le 13 décembre 2003, les Américains pensaient avoir porté un coup fatal aux insurgés. Or, ces derniers avaient déjà tourné la « page Saddam ». Une partie des anciens du régime se sont vite alliés aux islamistes pour former un courant islamo-nationaliste, incarné par des groupes comme l'Armée islamique en Irak ou les Brigades de la révolution de 1920. Les baasistes ont créé une nouvelle structure, Al-Awda (« le retour »), et disposent de cellules armées dans la plupart des grandes villes, y compris dans le Sud.

Dans le même temps, les Américains ont réussi le tour de force d'implanter Al-Qaida en Irak – qui a pris le nom d'« Organisation Al-Qaida dans le pays des deux fleuves » avant de se proclamer l'« Émirat islamique d'Irak ». Malgré la propagande de l'administration Bush, Saddam Hussein n'a jamais pactisé ou abrité les djihadistes de Ben Laden.

Les extrémistes d'Al-Qaida épaulés par d'autres groupuscules encore plus sanguinaires comme Ansar al-Sunna (« les partisans de la sunna ») ou encore les Brigades des Moughtaribin (« les Arabes étrangers ») ont un autre agenda : celui de faire de l'Irak un tremplin pour le djihad international et de provoquer une guerre civile entre sunnites et chiites. Le courant islamo-nationaliste, lui, se bat d'abord pour le départ des Américains d'Irak. Aujourd'hui, les priorités ont changé. Quatre-vingt mille Bédouins sunnites font la chasse aux hommes d'Al-Qaida, qu'ils ont repoussés vers le nord-ouest. Pour eux, la priorité est de bouter les djihadistes étrangers hors d'Irak, il sera ensuite temps de se retourner contre les Américains qui les ont armés et financés… « Le pays est devenu, avec l'Afghanistan, le centre de gravité du djihad, analyse un responsable d'un service de renseignements occidental. L'Irak joue le rôle de pompe aspirante et refoulante des djihadistes. Aussi longtemps que les soldats

américains demeureront sur place, la pompe fonction-
nera. » Après la « génération Afghanistan », celle du
« 11 Septembre », est née la « génération Irak ». Et
cet homme de l'ombre de conclure : « La guerre en
Irak aura été le pire des remèdes dans la guerre contre
le terrorisme. »

Le dynamitage de la mosquée d'or de Samarra en
février 2006 restera pour l'histoire comme l'incident
qui a fait basculer l'Irak dans la guerre civile. Avant
cette date, les chiites se retenaient pour ne pas répondre aux attentats suicides perpétrés contre eux. Après,
ils décidèrent à leur tour de lâcher ouvertement leurs
troupes contre les sunnites. Face aux extrémistes sunnites, les milices chiites se sont organisées en esca-
drons de la mort. La Brigade Badr, une milice chiite
qui sous Saddam était stationnée en Iran, fait régner
la terreur, en utilisant parfois des uniformes d'officiers
de police ou de l'armée.

Dès la chute du régime de Saddam Hussein, les
partis islamiques chiites comme l'Assemblée suprême
de la révolution islamique en Irak (ASRII) ont créé
des structures internes baptisées « comités des liqui-
dations » (Lajnah Al-Tasfiyat), destinées à éliminer
physiquement les anciens du régime baasiste, principalement les éléments de l'ex-système sécuritaire. Un
bon nombre des pilotes de chasse qui ont participé à
la guerre Iran-Irak seront ainsi décimés par les esca-
drons de la mort.

Les hommes de la Brigade Badr, milice de l'ASRII,
qui avaient combattu à partir de l'Iran contre le régime
de Saddam Hussein, sont désormais implantés au cœur

du nouvel appareil sécuritaire irakien dominé par les chiites. Des miliciens qui avaient été formés par les Gardiens de la révolution iraniens sont aux commandes. Pour la population sunnite, la police et l'armée n'ont aucune crédibilité tant elles sont perçues comme un instrument de répression entre les mains d'une communauté. Le problème avec les forces de sécurité irakiennes, ce n'est ni leur nombre – en constante progression – ni leur degré de formation, mais la dissimulation de leur loyauté et de leur allégeance.

De nombreux analystes craignent que l'instabilité déborde du territoire irakien et se régionalise. Au sud, l'Arabie saoudite a fait savoir qu'elle ne resterait pas les bras croisés devant une domination des chiites sur le pays. Les Saoudiens interviendront « pour arrêter les milices chiites, soutenues par l'Iran, dans les massacres qu'elles perpétuent contre les sunnites irakiens », écrivait Nawaf Obeid, un conseiller du gouvernement saoudien, dans le *New York Times* du 29 novembre 2006. Riyad pourrait armer et financer les milices sunnites, et même recourir à l'arme du pétrole contre l'Iran en faisant chuter les cours du brut.

À l'ouest, la Jordanie et la Syrie s'inquiètent de l'afflux de réfugiés irakiens. Ils sont près de un million dans chacun des deux pays. Ces communautés, les plus importantes depuis l'exode des Palestiniens en 1948 et en 1967, pèsent économiquement et socialement sur ces deux pays. Sur le plan sécuritaire, le rôle de plaque tournante que joue désormais l'Irak pour les djihadistes et les combattants antiaméricains est une source d'inquiétude pour le régime hachémite. En privé, le prince Ali, demi-frère du roi Abdallah et chargé de la sécurité personnelle du monarque, ne cache pas qu'il est préoccupé : « Nous redoutons que les Irakiens ne transportent en Jordanie leur guerre civile. »

L'ambassade jordanienne à Bagdad fut d'ailleurs touchée par la première attaque terroriste d'envergure, le 7 mai 2003. Puis Amman fut frappée par trois attentats suicides commandités par Abou Moussab al-Zarqaoui, représentant de Ben Laden en Irak. La frontière jordano-irakienne est désormais verrouillée. Seuls sont autorisés à pénétrer dans le royaume hachémite les hommes d'affaires et ceux qui sont munis de permis de séjour. Les autres sont refoulés. De nouveaux systèmes de fouille à rayons X filtrent les passagers, dont les véhicules sont aussi inspectés par une brigade canine. Résultat : le flot d'Irakiens s'est orienté vers la Syrie voisine.

Les Syriens sont, eux, sous pression américaine pour tenir leur frontière avec l'Irak, longue de 620 kilomètres. Washington accuse le pouvoir syrien de fermer les yeux sur le passage des djihadistes et des combattants antiaméricains. Vraie après la chute du régime de Saddam, l'accusation est aujourd'hui moins évidente à étayer. Dans sa portion sud, Damas a construit des remblais de sable de 4 mètres de haut et installé des postes d'observation. Mais il est impossible de contrôler à 100 % cette partie de frontière. Avec les revers d'Al-Qaida, certains ont commencé à faire mouvement vers le Liban, et plus particulièrement vers la ville de Tripoli, où la tension intercommunautaire est explosive.

Pour la Turquie, les enjeux se concentrent dans le Kurdistan irakien. La région est désormais virtuellement indépendante. Drapeau, postes frontières, force armée des Peshmergas, aéroports, Parlement et gouvernement, il ne manque plus guère d'attributs pour annoncer la création d'un État kurde. Cette indépendance progressive inquiète Ankara, qui redoute que les Kurdes proclament Kirkuk capitale de leur État. L'agenda turc est double : protéger les intérêts de la minorité turkmène de Kirkuk et empêcher les Kurdes de Turquie de bénéficier du soutien de leurs frères irakiens. Les gisements de pétrole à Kirkuk attisent aussi les convoitises : si les Kurdes mettent la main sur l'or noir de cette région, ils auront alors les moyens économiques et financiers de leur indépendance.

Tout au long de son histoire, la ville de Kirkuk a connu une succession de majorités ethniques : si les Turkmènes étaient majoritaires à la fin du XIXe siècle, ce n'est plus le cas après la Seconde Guerre mondiale, où les Kurdes prennent le dessus. Turkmènes, Arabes et chrétiens deviennent minoritaires. Puis, sous le régime Baas, Saddam Hussein applique une politique d'arabisation forcée. Pour inciter les Arabes à s'installer dans la ville, Bagdad leur fournit pécule et appartement gratuit. Depuis la chute du régime, les Kurdes expulsés sont revenus à Kirkuk et le sort de la ville catalyse les tensions ethniques. De son côté, Al-Qaida tente de profiter des fractures locales pour faire exploser la situation.

En renversant le régime de Saddam Hussein en 2003, l'un des objectifs affichés de l'administration

Bush était de construire « un Irak prospère, démocratique, en paix avec lui-même et avec ses voisins », comme l'écrit dans ses Mémoires l'ex-administrateur civil Paul Bremer[1], ajoutant : « Nous devons laisser derrière nous une police professionnelle, non corrompue, soucieuse des droits de l'homme ; nous ne devons avoir ni une armée impliquée dans les affaires intérieures, ni des milices. »

Tout au long des siècles, l'histoire de l'Irak fut tourmentée, violente et chaotique. Les invasions mongoles, perses, ottomanes, bédouines, anglaises et aujourd'hui américaines n'ont jamais permis de stabiliser la Mésopotamie, une région traditionnellement rebelle. Les États-Unis l'apprennent à leurs dépens.

Au moment de quitter son poste d'ambassadeur en Irak, Bernard Bajollet était reçu au ministère irakien des Affaires étrangères, où un déjeuner était offert en son honneur. On avait placé le Français entre Hochyar Zebari, le chef de la diplomatie irakienne, et Zalmay Khalilzad, l'ambassadeur américain. Dans la conversation, Bernard Bajollet glissa au ministre irakien : « Il faudrait parvenir à desserrer un peu la mainmise américaine sur le pays… » Zebari lui répond en chuchotant : « Oui, oui, c'est ce que nous essayons de faire. » L'Américain Khalilzad, qui a tendu l'oreille, lui lance alors en plaisantant : « Voilà les Français qui incitent les Irakiens à la rébellion contre nous ! »

Les Américains n'ont jamais réussi à installer des

---

1. Paul Bremer, Malcolm McConnell, *My Year in Iraq*, New York, Simon & Schuster, 2006.

rapports de confiance avec les Irakiens ; ils ont prétendu vouloir leur indépendance, tout en tirant les ficelles en coulisses. « La seule solution pour une sortie de crise en Irak, c'est que les Américains ne gèrent plus seuls le dossier irakien, mais qu'ils en partagent la responsabilité, analyse Bernard Bajollet. Il faut aussi une perspective de retrait, même s'il faut éviter un départ brutal, précipité et non préparé des troupes américaines, qui pourrait aggraver le chaos. Tant que les Américains seront là, l'armée irakienne ne sera pas crédible. L'administration américaine ne lui fait pas confiance de peur de créer les conditions d'un coup d'État militaire. »

Dès lors, vers quoi peut évoluer l'Irak ? Une démocratie à l'occidentale ? C'est peu probable. Une république islamique ? Ce sont les religieux qui monopolisent désormais la scène politique. Un retour à la laïcité, même édulcorée façon Saddam, n'est plus à l'ordre du jour. Un éclatement ? Ce n'est l'intérêt de personne, surtout pas des voisins de l'Irak. Pourtant, les milieux décisionnaires américains évoquent ouvertement l'option de la partition en trois régions confessionnelles : chiite dans le sud, sunnite au centre, et kurde au nord. Le Sénat américain a d'ailleurs adopté le 26 septembre 2007 une résolution non contraignante sur un plan de partage. Un plan très difficile à appliquer, d'autant que les Irakiens n'en veulent pas, mais sur le terrain, il pourrait s'enraciner de facto, tant la confrontation intercommunautaire creuse les divisions.

Fait troublant, l'idée d'une partition de l'Irak cir-
culait juste après l'invasion du printemps 2003. Leslie
H. Gelb, un néoconservateur du Council on Foreign
Relations, un *think-tank* américain, l'écrivait sans
fard : « La seule stratégie viable […] est d'avancer par
étapes vers une solution de trois États[1]. » Il citait
d'ailleurs l'exemple de l'éclatement de la Yougoslavie
de Tito. Ce scénario permettrait à l'administration
américaine d'investir massivement au Kurdistan et
dans le « pays chiite », et d'alléger sa présence
militaire dans le « triangle sunnite », ce qui diminue-
rait d'autant ses pertes. Abandonnés à leur triste sort
et faute de ressources pétrolières, les sunnites n'auraient d'autre choix que de rentrer dans le rang tôt ou
tard.

Un nouvel homme fort pour l'Irak ? C'est une
hypothèse qui n'est pas à exclure à moyen terme. Un
général pourrait sortir des rangs de l'armée pour
mettre fin au chaos après des années d'anarchie.
Bien évidemment, cette option ne se réalisera pas sans
violence. Elle ne pourra être appliquée qu'après le
départ des troupes américaines.

Plusieurs certitudes, cependant. L'invasion américano-britannique de 2003 a déclenché une dynamique
de guerre civile qui mettra des années avant de s'apaiser. Le retrait américain est désormais à l'ordre du
jour. Un accord de sécurité signé entre l'Irak et les
États-Unis prévoit le retrait des forces américaines

---

1. Leslie H. Gelb, « The Three-State Solution », *New York
Times*, 25 novembre 2003.

d'ici 2011. Même si George Bush aura été jusqu'au bout de son aveuglement idéologique : « Un échec serait désastreux pour les États-Unis. [...] Pour la sécurité de notre peuple, l'Amérique doit réussir en Irak. [...] Nous pouvons et nous allons l'emporter[1]. » Les Américains se préparent à quitter l'Irak, mais laisseront derrière eux de solides bases militaires ainsi qu'une « superambassade » dans la Zone verte. C'est l'option envisagée par l'ancien secrétaire d'État du président Nixon, Henry Kissinger : « Dans le cadre d'une évolution de la stratégie globale, un repositionnement des forces américaines des villes vers des enclaves devrait être mis en œuvre, afin qu'elles se dissocient de la guerre civile[2]. »

L'épuration ethnique va se poursuivre. Elle est déjà à l'œuvre dans Bagdad. Les quartiers mixtes sunnites-chiites se réduisent comme peau de chagrin. Comme jadis au Liban, où une « ligne verte » séparait Beyrouth-Ouest (musulman) de Beyrouth-Est (chrétien), il faut parler de Bagdad-Ouest (sunnite) et de Bagdad-Est (chiite), le Tigre faisant office de ligne de démarcation.

Dans cette spirale de violence, les tribus irakiennes, fondements de la société, vont jouer un rôle accru, faute d'un État respecté et de forces de sécurité neutres. Les forces vives du pays – médecins, avocats, ingénieurs,

---

1. Allocution à la télévision, 10 janvier 2007.
2. Henry Kissinger, « Withdrawal is not an option », *International Herald Tribune*, 19 janvier 2007.

professeurs, intellectuels, etc. – continueront à prendre la route de l'exil, vidant l'Irak de son potentiel humain.

Les Américains ont abattu un régime dictatorial sans penser à la suite. Ils ont surtout mis le feu aux poudres du confessionnalisme qui menace désormais toute la région.

12

Quelle responsabilité de l'Occident ?

L'Occident en général, et les États-Unis en particulier, portent une large part de responsabilité dans la marche à reculons du monde arabe.

En 1916, avant même que l'Empire ottoman ne soit démantelé, les grandes puissances de l'époque, à savoir la France et la Grande-Bretagne, concluent les fameux accords Sykes-Picot et installent des frontières sur ce territoire qui n'en avait jamais eu depuis l'époque des pharaons, puisqu'il avait toujours appartenu à de vastes empires. Londres et Paris, pour différentes raisons, veulent créer des États-nations. C'est un succès. Cette période est faste pour tous les pays de la région, à la fois sur le plan économique et sur le plan politique. Un véritable bouillonnement intellectuel, culturel se produit alors.

Lorsque survient le temps des indépendances, deux concepts totalement antinomiques émergent : d'une part, le nationalisme arabe, basé sur la notion d'Oumma arabiyya et porté par l'Égyptien Nasser, qui cherche à construire un État moderne sur le modèle occidental – il commencera d'ailleurs par mettre les Frères musulmans en prison – et, d'autre part, la Oumma islamiyya, la communauté islamique sans frontière, portée par l'Arabie saoudite et qui soutient le programme des Frères.

Ne voulant pas se tourner vers les puissances coloniales comme la France et la Grande-Bretagne, Nasser demande l'aide des États-Unis, qui lui apparaissent comme un pays nouveau dont l'histoire n'est pas entachée par le colonialisme. Mais l'Égypte n'intéresse pas les Américains, tant ils sont occupés avec le plan Marshall en Europe. Au Moyen-Orient, ils se sont néanmoins approchés de l'Iran, dont le Premier ministre Mossadegh a osé nationaliser le pétrole – ne pouvant laisser échapper l'or noir, les Américains inspirent d'ailleurs en 1953 un coup d'État contre Mossadegh. La fin de non-recevoir opposée à l'Égypte s'explique par le fait que ce pays n'avait pas encore de pétrole. Nasser se retrouve ainsi dans le camp des non-alignés – cette virtualité de l'esprit, hélas ! – et dans celui des Soviétiques, au cœur de la guerre froide.

Lorsqu'il nationalise le canal de Suez en juillet 1956, la France et la Grande-Bretagne, devenues des grandes puissances en fin de course, déclenchent une guerre purement mercantile. Elles entraînent avec elles l'État d'Israël, nouvellement créé, et provoquent un véritable tremblement de terre dans la région. Désormais, Israël est labellisé excroissance de l'Occident dans le monde arabe. Formidable victoire militaire, pitoyable défaite politique : aussitôt débarqués, les trois alliés rembarquent sous la pression du nouveau champion du monde libre, les États-Unis d'Amérique, qui entraînent rapidement Paris et Londres dans une alliance renouvelée avec l'Arabie saoudite, au détriment de l'Égypte.

Ce pacte avec le pays de la lecture littéraliste, archaïque et radicale de l'islam va sonner le glas du processus de sécularisation des sociétés du monde arabe et lancer leur réislamisation rigoureuse.

Il va en outre coïncider avec l'installation des dictatures – que le Quai d'Orsay appelle les « ruptures de représentativité » – dans cette région. Verrouillant les libertés publiques et individuelles, elles ne laisseront qu'un espace d'expression libre, les mosquées, déjà tenues par les wahhabites saoudiens qui avaient fait de leur islam un vecteur de pénétration des sociétés arabes à travers les lieux de culte. Dans le même temps, les nouveaux régimes « forts » vont instrumentaliser le fondamentalisme musulman pour contenir la gauche dite « nassérienne » qui tenait essentiellement les syndicats et les universités.

Avec ce conflit, la politique française change. À cette date, les États-Unis ne sont pas encore dans la région – ils y viendront en 1967, lors de la guerre des Six-Jours. De Gaulle, qui avait dit des Israéliens qu'ils formaient « un peuple sûr de lui et dominateur », opte pour une politique arabe et les États-Unis opèrent leur premier ancrage stratégique aux côtés d'Israël et de l'Arabie saoudite.

De la part des États-Unis, cette politique de pacte était de bonne guerre. Alors que les autres puissances étaient présentes depuis longtemps dans cette région du monde, Washington s'était timidement intéressé au

Moyen-Orient en envoyant au début des années 30 quelques géologues, notamment ceux de la Standard Oil of California, en Arabie saoudite – créée en 1932. En 1945 fut signé le pacte de Quincy, entre le président Roosevelt et le roi saoudien, attribuant son pétrole aux Américains en contrepartie de leur « parapluie » stratégique. Il était donc normal et naturel qu'ils cherchent à renforcer sur un plan strictement stratégique leurs amis saoudiens et à les lier définitivement au monde occidental. D'ailleurs, l'alliance indéfectible des États-Unis et de l'Arabie saoudite ne s'est jamais démentie, puisque, en avril 2005, le roi Abdallah, qui passe pour être prudent dans ses relations avec Washington, a renouvelé avec le président George W. Bush ce pacte de Quincy pour soixante ans.

Forts de cette alliance avec l'Arabie saoudite, les États-Unis ont participé à l'expansion de l'islamisme.

En Afghanistan, le soutien américain aux « combattants de la liberté » face à la menace soviétique a été particulièrement actif. Il s'agissait pour Washington de lutter contre l'ennemi communiste qui menaçait d'étendre sa zone d'influence, tandis que pour Riyad, l'envoi de combattants visait à lutter contre la menace athéiste tout en se déchargeant, un temps, d'individus en mal d'engagement et, de fait, encombrants pour le pouvoir saoudien. C'est dans ce contexte qu'Oussama Ben Laden a bénéficié du soutien de la CIA et des finances du royaume d'Arabie.

Cette même politique a valu dans toute la région. Le plus souvent, il s'agissait de renforcer les mouvements d'opposition aux pouvoirs en place quand ces derniers étaient proches de l'URSS ou prenaient trop de libertés. Il importait peu, à cette époque, que ces courants prônent les valeurs les plus rétrogrades, quand ils n'utilisaient pas les moyens les plus violents.

La situation ne manquait pas d'être paradoxale : les islamistes, dont l'idéologie prônait le rejet de la culture dominante occidentale, se trouvaient aidés par l'Occident lui-même, dès lors que cela permettait d'affaiblir un pouvoir dérangeant. Pour tous, il s'agissait d'alliances de circonstance au nom d'intérêts bien compris. Les résultats de cette stratégie sont visibles aujourd'hui encore.

En Iran, la situation était cependant différente. Après le renversement de Mossadegh en 1953, un régime allié a été mis au pouvoir par l'entremise de la CIA. L'islamisme iranien s'est alors construit contre ce pouvoir pro-occidental autoritaire. L'Iran était le « gendarme » des États-Unis dans le Golfe et bénéficiait d'un traitement de faveur, peu regardant des exactions commises par le régime et sa police politique omnipotente – la Savak – à l'encontre des droits de l'homme. Cette situation constitua le terreau de la révolution islamique.

Pour comprendre cette politique américaine qui pèse tellement sur le Moyen-Orient, arrêtons-nous sur une autre alliance qui a façonné la diplomatie des administrations successives tout au long du XXe siècle : Israël. Les racines des relations israélo-américaines sont anciennes. Pour l'État hébreu, le lien remonte aux pères fondateurs des États-Unis.

Au XIXe, le mouvement sioniste est considéré avec sympathie parmi l'establishment politique, « un noble rêve partagé par beaucoup d'Américains », dira le président Abraham Lincoln. Avant lui, le président John Adams avait souhaité « une nation indépendante pour les Juifs en Judée ». Pour les dirigeants américains, la question des Juifs et de leur retour en Terre sainte est envisagée *via* la Bible.

La déclaration de Balfour de 1917 qui promet l'établissement d'un « foyer national juif » en Palestine est saluée avec enthousiasme par le président Wilson et ses successeurs immédiats. En 1922, la commission des affaires étrangères du Congrès proclame : « Les Juifs d'Amérique sont profondément intéressés dans l'établissement d'un foyer national sur l'ancienne terre de leur race. C'est l'idéal du peuple juif, partout, et ce, malgré leur dispersion. La Palestine est l'objet de leur vénération depuis qu'ils ont été expulsés par les Romains. »

Lorsque David Ben Gourion déclare la création de l'État d'Israël le 14 mai 1948, les États-Unis sont le premier pays de la communauté des nations à reconnaître le nouveau-né... onze minutes seulement après sa proclamation ! Depuis cette date, aucun autre État n'a eu de relations aussi privilégiées et intenses avec l'Amérique qu'Israël. En cinquante ans, seuls deux présidents américains agiteront le bâton contre Israël. Lors de la crise de Suez en 1956-1957, Eisenhower exercera des pressions pour que l'État hébreu se retire du Sinaï et de Gaza. « Ike » menace de supprimer une

exemption d'impôt sur les millions de dollars trans-
férés par les citoyens américains vers Israël. L'État
hébreu obtempère et évacue les deux territoires arabes
le 14 mars 1957. L'autre grande crise américano-israé-
lienne se produira en février 1992, lorsque Bush père,
via son secrétaire d'État James Baker, menace de ne
pas octroyer un prêt de 10 milliards de dollars destiné
à faciliter l'intégration des Juifs de l'ex-URSS – à
l'époque, le Premier ministre israélien Yitzhak Shamir
donne un coup d'accélérateur à la colonisation juive
dans les territoires occupés, hypothéquant par là même
le processus de paix naissant.

Mais, au-delà de ces deux brouilles passagères qui
ne modifieront pas la profondeur et la permanence de
l'alliance entre les États-Unis et Israël, l'Amérique
agira comme un véritable parrain de l'État hébreu.
« Alors que sur la période 1948-1967, l'implication
américaine est peu importante, analyse Bruce Jentle-
son, ancien conseiller diplomatique d'Al Gore, candidat à la présidence en 2002 contre George Bush, elle
prend une tout autre dimension après la guerre de
1967. Dans le contexte de la guerre froide, les relations
israélo-américaines acquièrent une valeur stratégique
et elles deviennent extrêmement poussées[1]. »

À tel point que depuis 1982, Washington a opposé
trente-deux fois son veto à des résolutions du Conseil
de sécurité de l'ONU hostiles à Israël ou critiques.
Qui dit mieux ? Comment expliquer un tel acharne-
ment à défendre systématiquement Israël ?

D'un point de vue américain, plusieurs raisons

---

1. Entretien avec Christian Chesnot aux États-Unis, avril 2006.

expliquent cette attitude. Les deux pays disent partager des valeurs communes, celles de la démocratie. Vu de Washington, Israël est la seule démocratie du Moyen-Orient au milieu d'un océan arabe de dictatures ou de régimes autoritaires. Bref, Israël est la tête de pont naturelle de l'Amérique qui aspire à propager les valeurs de la démocratie dans cette région.

Dans la « guerre contre le terrorisme » décrétée par George Bush après les attentats du 11 Septembre, Israël a vu son rôle renouvelé et amplifié, devenant un poste avancé d'un conflit sans ligne de front, mais où les Israéliens ont de l'expérience. En Irak, l'état-major américain fera d'ailleurs appel au savoir-faire de l'armée israélienne en matière de tactique antiguérilla (imposition de couvre-feu, infiltrations, interrogatoires « musclés », ratissages de zones urbaines) pour lutter contre l'insurrection irakienne.

Cette relation privilégiée ne saurait toutefois s'expliquer sans la présence d'un puissant lobby pro-israélien aux États-Unis. Constitué d'une myriade d'associations et d'organisations, comme l'American Israel Public Affairs Committee (AIPAC) ou la Conference of Presidents of Major Jewish Organizations (CPMJO), il pèse lourdement sur le personnel politique, les journalistes, les universitaires et tous les *decision makers* ou *opinion leaders* qui font la politique américaine, l'objectif étant d'empêcher toute critique vis-à-vis d'Israël en Amérique et surtout de contrer toute mesure ou position du gouvernement américain qui pourrait nuire aux intérêts de l'État hébreu. Ces organisations financent les élections ou lancent des campagnes contre tous ceux qui critiquent un tant soit peu la politique israélienne.

Au printemps 2006, un rapport de deux universitaires a fait l'effet d'une bombe aux États-Unis[1]. S'attaquant à un tabou de l'establishment politique, ils décrivent dans le détail la puissance du lobby pro-israélien, mais arrivent surtout à une conclusion iconoclaste : le soutien inconditionnel à Israël est devenu un poids stratégique pour la politique extérieure des États-Unis. Ce soutien coûte cher financièrement aux contribuables américains – 3 milliards de dollars par an, soit 500 dollars par Israélien –, mais surtout peut conduire à des choix contestables pour la nation. « Les pressions d'Israël et de son lobby ne sont pas le seul facteur ayant entraîné la décision d'attaquer l'Irak en mars 2003, mais elles sont assurément un élément essentiel. [...] La guerre fut motivée en bonne partie par le désir d'apporter plus de sécurité à Israël. » Et les deux universitaires de rappeler que ce sont des informations provenant des services de renseignements israéliens qui ont étayé la thèse des armes de destruction massive de Saddam Hussein. Des armes que l'on cherche toujours...

Soutien inconditionnel à Israël, alliance stratégique avec l'Arabie saoudite pour lutter contre le communisme et/ou affaiblir les pouvoirs en place,

---

1. John J. Mearsheimer (professeur à l'université de Chicago) et Stephen M. Walt (professeur à Harvard), *The Israel Lobby and US Foreign Policy*, mars 2006. L'intégralité de ce rapport est disponible sur Internet.

Washington est à son tour devenu victime de l'activisme de ces pays et fait figure d'arroseur arrosé !

Tout commence par deux attentats, imputés aux islamistes, qui frappèrent les intérêts américains sur le sol saoudien. Le premier, en novembre 1995, fait sept morts dans un centre d'instructeurs de la Garde nationale de Riyad, et le second, en juin 1996, dix-neuf morts et soixante-quatre blessés sur la base d'Al-Khobar. Ce ne sont que deux exemples parmi un ensemble d'attaques visant les États-Unis à divers endroits du globe.

Ce retour de manivelle s'explique principalement par le fait que les États-Unis et l'Arabie saoudite, après l'effondrement de l'URSS, ont considéré que le soutien aux Afghans n'avait plus de raison d'être. Ils les ont abandonnés à leur sort, sans véritablement s'intéresser à leur devenir. Les « combattants de la liberté » n'ont pas tardé à le faire savoir. Rentrés dans leur pays d'origine, ils ont pu organiser des réseaux locaux en Occident comme dans le monde arabo-musulman. C'est dans ce contexte qu'intervient la guerre du Golfe, rappelant combien le pacte de Quincy liait Saoudiens et Américains. Les impies s'installent en terre d'islam, dans la mère patrie des lieux saints de la *oumma*, pour combattre un pays musulman (Saddam Hussein n'a pas manqué de le rappeler alors). L'affront était trop grand. En 1997, Oussama Ben Laden déclare à un journaliste britannique, Robert Fisk : « Nous croyons que Dieu s'est servi de notre guerre sainte en Afghanistan pour détruire l'armée russe et l'Union soviétique. […] Et maintenant nous demandons à Dieu de se servir de nous une fois de plus pour faire la même chose à l'Amérique, pour en faire l'ombre d'elle-même. Nous croyons aussi que notre combat contre l'Amérique est beaucoup plus simple que la guerre contre l'Union soviétique, parce que certains de nos moudjahidin qui ont combattu ici en Afghanistan ont aussi participé à des opérations contre les Américains en Somalie – et ils ont été étonnés par l'effondrement du moral américain. Cela nous a convaincus que l'Amérique est un tigre de papier[1]. »

Nous connaissons le résultat : il ne se passe pas un jour sans que les attentats du 11 septembre 2001 ne soient rappelés à notre souvenir, ici pour justifier la « guerre contre le terrorisme », là pour promettre des suites tout aussi effroyables. Force est de constater qu'avec un minimum de moyens, Ben Laden et ses acolytes ont réussi à marquer les esprits comme jamais. Pour cela, les cibles n'ont pas été choisies au hasard : symboles de la puissance financière, militaire et politique, empreints d'une culture imposante, les gratte-ciel et bâtiments publics attaqués ont offert les images « choc » dont les médias sont si friands.

Ce fut vraisemblablement le retour de bâton le plus spectaculaire de l'histoire. Mais pas le dernier.

En effet, aujourd'hui, c'est en Afghanistan et en Irak que les actions des terroristes islamistes menacent les Américains, voire les Occidentaux, en plus des populations locales qui restent les premières victimes. En Irak, le phénomène est particulièrement marquant,

---

1. *Le Monde*, 19 septembre 2001.

car, contrairement aux affirmations de l'administration Bush avant l'intervention, le pays ne connaissait pas la violence islamiste. La main de fer du dictateur Saddam n'avait pas laissé plus de place aux islamistes qu'à l'opposition démocrate. C'est donc bien avec l'arrivée des soldats américains aidés de quelques autres que les extrémistes comme Al-Qaida se sont invités sur le sol irakien pour en faire une nouvelle terre de djihad. Et, depuis mars 2003, il ne se passe pas un jour sans que des attaques de groupes islamistes ne touchent des soldats étrangers, américains en priorité.

Enfin, aux États-Unis mêmes, la menace est permanente. Si elle est instrumentalisée en vue de légitimer la politique de fermeté et les dérogations aux libertés, l'Oncle Sam reste bien la cible n° 1. L'Europe est également visée, la Grande-Bretagne figurant au tout premier plan.

Autre puissance occidentale présente au Moyen-Orient jusqu'au temps des indépendances, qui s'est ensuite alignée sur la politique états-unienne, la Grande-Bretagne a vu elle aussi l'histoire se retourner contre elle, ainsi que le montrent les attentats qui ont frappé Londres le 7 juillet 2005. En plus du soutien apporté aux islamistes au Moyen-Orient dans le contexte que nous venons de décrire, le territoire britannique a longtemps constitué une sorte de sanctuaire pour les islamistes de tous horizons, à tel point que leur quartier de rassemblement au sein de la capitale anglaise était surnommé « Londonistan ». Autour de la mosquée de Finsbury Park se retrouvaient ainsi les islamistes djihadistes se livrant librement à des prêches radicaux ou imprimant des revues diffusant leurs idées. Londres considérait en effet qu'il était plus efficace de laisser ces ennemis de l'Occident s'exprimer au grand jour afin de mieux les surveiller. Mais les attentats ont poussé le gouvernement de Tony Blair à changer de stratégie et à opter pour un contrôle et une répression finalement assez proches des méthodes adoptées par la France, autre cible sur le Vieux Continent.

Reste la question prégnante de l'intervention occidentale en Irak. Et, depuis qu'elle se pose, aucune réponse claire n'a été apportée.

Tout part d'un constat, mais aucune des explications existantes n'est satisfaisante. L'Irak de Saddam Hussein détenait des armes de destruction massive ? On les cherche encore. Les États-Unis ont besoin du pétrole irakien ? Ils l'avaient déjà. Washington voulait se défaire de l'Arabie saoudite ? Les relations n'ont jamais été aussi bonnes entre les deux États. Il s'agissait de surveiller l'Iran ? Vu les objectifs et intérêts stratégiques partagés, il y a fort à parier que ce pays pourrait devenir d'ici quelques années l'allié privilégié des États-Unis dans la région. En somme, la question demeure… L'histoire, sans doute, nous fournira quelques indices.

Les États-Unis, nous l'avons dit, ont joué la carte saoudienne au détriment de l'Égypte de Nasser. Leur présence dans la région est purement commerciale. Arrive la guerre d'octobre 1973. Immédiatement après, en 1974, paraît dans la revue américaine *Middle*

East Journal un article d'un certain Henry Kissinger,
secrétaire d'État, qui définit les intérêts américains
dans le monde : les hydrocarbures (pétrole et gaz),
l'aéronautique et les télécommunications. Un concept
apparaît : *the information highways*, « les autoroutes
de l'information ». La première fois qu'on entendra
parler d'Internet dans la grande presse, c'est en 1979.
Il développe également une stratégie pour atteindre
ses objectifs. Elle tient en quatre voies. Tout d'abord
l'éclatement du monde arabe. Les États-Unis n'aiment
pas les blocs et préfèrent les relations bilatérales.
Ensuite, la déstabilisation des régimes qui peuvent
paraître hostiles. Le terme est intéressant. Or, rapidement, le monde arabe comprendra vingt-deux pouvoirs autoritaires (le Yémen du Sud, l'Algérie, la
Syrie, l'Irak, etc.). Ces régimes sont séculiers. Faire
également des États-Unis un interlocuteur sinon unique, tout au moins incontournable dans tous les
conflits de la région. S'assurer, enfin, que les États-
Unis pourront désormais avoir leur mot à dire dans le
choix des systèmes de gouvernement de cette région.

En 1977, l'homologue démocrate et successeur de
Henry Kissinger au Conseil national de sécurité, Zbi-
gniew Brzezinski, développe exactement les mêmes
thèmes dans la même revue. Il existe donc une continuité dans la politique étrangère américaine quelle que
soit l'administration qui occupe la Maison-Blanche.
Parallèlement, le Moyen-Orient connaît la stabilité,
par-delà les éruptions volcaniques comme la guerre
du Liban – guerre qui a été très rapidement qualifiée
de « civile » alors qu'il a fallu attendre huit ans pour

qu'elle le devienne, un élément extérieur ayant toujours été présent entre 1975 et 1983.

Arrive la guerre d'invasion de l'Afghanistan qui, même si ce n'est pas directement sur le territoire arabe, touche, au nom de la *oumma*, l'espace arabe. Puis vient la guerre Iran-Irak, juste après la révolution iranienne.

Ce conflit est instrumentalisé par les États-Unis. Il dure huit ans, fait un million de morts de chaque côté et aboutit au retour des belligérants sur les frontières antérieures à la guerre, au centimètre près. Cela rassure les juristes et les Nations unies. Là encore, cette guerre illustre la continuité de la politique américaine. En 1983, l'émissaire du président Reagan revient de Bagdad, tient une conférence de presse à Washington et déclare : « Nous avons enfin trouvé un ami fiable au Moyen-Orient. » Cet émissaire s'appelle Donald Rumsfeld, secrétaire à la Défense sous George Bush et grand chantre de la guerre contre l'Irak. En 1985, ce même homme fut, selon l'expression consacrée outre-Atlantique, *the Facilitator* de la livraison de la première usine d'armement chimique par l'entreprise Allied Segments au régime de Bagdad.

Puis survient la première guerre du Golfe, aux effets infiniment désastreux. Le premier est l'éclatement du monde arabe. Une caricature parue dans un journal marocain montre les vingt-deux souverains et chefs d'État arabes qui se tiennent par la taille en souriant au photographe. Au verso, chacun tient un poignard dans le dos de l'autre. C'est toujours d'actualité. La deuxième conséquence est la division des Arabes face à Israël, qui bénéficie d'une domination stratégique, militaire, technologique et surtout économique. Dans les années 60, le PNB israélien est égal au PNB libanais. En 1992, le PNB israélien est le double des PNB cumulés du Liban, de la Syrie, de la Jordanie et de la Palestine. La troisième conséquence de la guerre du Golfe est l'émergence de trois puissances dans la région dont aucune n'est arabe : Israël, la Turquie et l'Iran. La quatrième conséquence est l'installation de relais de puissance dans cette région morcelée : Israël pour le Proche-Orient, l'Arabie saoudite pour la Péninsule arabique et l'Égypte pour la vallée du Nil. Entre-temps, il y avait eu Camp David et le traité égypto-israélien de 1979. Les journalistes titraient alors que « l'Égypte est désormais au ban du monde arabe », mais en réalité, c'est l'Égypte qui avait mis le monde arabe au ban de la communauté internationale. Il fallait quelqu'un pour l'Afrique du Nord. Les Marocains auraient bien voulu, mais ils ne pouvaient offrir qu'un bon système économique bancaire et d'assurances, ainsi que quelques mines de phosphate à Boukra et à Al-Ayoun, aux confins du Sahara. C'était également le premier pays à signer l'accord de coopération avec l'Europe. C'est pourquoi les États-Unis veulent l'Algérie, un grand pays qui a du pétrole, du gaz et dont l'armée a battu, durant la guerre d'Algérie, une grande puissance. Les États-Unis tentent donc de déstabiliser le régime algérien. La première subvention collectée par le Front islamique du salut, créé en 1988, vint de l'United States Information Services, actuel USAID, au titre du rattrapage scolaire. Les contrats de concession accordés ces dernières années par le gouvernement algérien l'ont été à des compagnies essentiellement américaines. Dernière conséquence, enfin : les ruptures de représentativité tellement chères au Quai d'Orsay deviennent désormais de solides dictatures installées dans tous les pays de la région. Il n'y a plus un seul peuple arabe qui puisse se reconnaître dans son gouvernement.

Tout s'accélère le 11 septembre 2001. L'unique superpuissance mondiale entre en guerre contre le terrorisme en Afghanistan. Mais l'Amérique a changé. Les néoconservateurs, déjà présents sous le mandat du président Reagan en 1980, et ne représentant en 2001 que 25 à 30 % de l'opinion américaine, prennent le pouvoir avec comme simple programme le fait de montrer au monde la puissance de l'Oncle Sam. Arrivent également les « Born again », issus de l'extrême droite chrétienne, dont le jeune président Bush se réclame, après une vie un peu dissolue, explique-t-il. L'attorney general – c'est-à-dire le ministre de la Justice – d'alors, John Ashcroft, ne craint pas d'affirmer que Dieu aurait envoyé au peuple américain la souffrance et la puissance[1]. La souffrance, c'est celle du 11 septembre 2001, parce que « nous [le peuple américain] nous sommes détournés du chemin de Dieu comme le peuple hébreu a festoyé autour du veau d'or, pendant que Moïse recevait le Décalogue. Et il nous a envoyé la puissance parce que nous sommes le nouveau peuple élu ». Dès lors, le « peuple élu » doit dire le bien et le mal et a l'obligation morale de faire triompher le bien sur le mal. La similitude des discours est

---

1. Entretien avec Antoine Sfeir en février 2002, à l'ambassade des États-Unis de Paris.

frappante. Oussama Ben Laden utilise exactement la même sémantique. Les deux se proclament porte-parole de la divinité et censeurs : ils prescrivent la manière dont le bien doit triompher sur le mal. Et John Ashcroft de poursuivre : « Mais vous, les Européens, vous allez comprendre que nous avons raison. Si vous ne venez pas avec nous en Irak, vous allez y venir, car nous sommes dans la vérité. » Ils sont allés en Irak.

L'histoire est éclairante. Aujourd'hui, comme en 1916 avec les accords Sykes-Picot, semble se jouer l'éclatement du monde arabe par la puissance occidentale du moment. Israël a été créé en 1948 pour accueillir les Juifs persécutés dans le monde. Or, il se trouve que c'est le seul État où ceux-ci sont encore victimes des attentats suicides. Israël a été créé en 1948 pour constituer un État hébreu. Or, 20 % des Israéliens ne sont pas juifs : c'est le million d'Arabes israéliens, chrétiens ou musulmans. En outre, la judéité de 20 % des Israéliens n'est pas reconnue par le Grand Rabbinat, et ils sont un million à refuser de parler hébreu. Ehoud Barak, en campagne électorale à Ashdod, dut avoir recours à un interprète, ses auditeurs refusant de parler hébreu. Une télévision et deux quotidiens sont diffusés en russe. Enfin, Israël compte 10 % de travailleurs immigrés, venus essentiellement du Sud-Est asiatique. Au total, environ la moitié de la société israélienne ne coïncide plus avec l'identité voulue de l'État. Voici comment un État peut être menacé de l'intérieur.

Les Américains ne sont pas plus philanthropes que les autres nations. Alors pourquoi avoir envahi l'Irak ?

La carte de la région fournit peut-être une explication. Alors qu'en 1967, les bases américaines n'étaient présentes que dans le désert saoudien, aujourd'hui, elles se retrouvent en Ouzbékistan, en Géorgie, en Afghanistan, au Pakistan, à Okinawa (Japon), dans toute la Péninsule arabique, en Europe, à Naples, à Mons et à Francfort. La doctrine Monroe[1] et son isolationnisme sont de toute évidence enterrés. En y regardant de plus près, la présence physique et militaire des États-Unis dessine un arc de cercle qui semble contenir l'Inde d'aujourd'hui – dont on ne parle jamais d'un point de vue stratégique – et la Chine de demain. Et, dans cette configuration, l'Irak est central, stratégique, fondamental. Tout s'expliquerait donc…

L'arrivée à la Maison-Blanche de Barack Obama va-t-elle fondamentalement changer la stratégie américaine au Moyen-Orient ? Le retrait des GI d'Irak d'ici 2011 semble bel et bien programmé, mais les États-Unis auront toujours leur mot à dire et entendent garder une présence militaire, plus ou moins légère, en Mésopotamie. Globalement, la fin de l'ère Bush

---

1. Du nom du président américain républicain James Monroe, sur la base d'un discours prononcé en 1823 à l'intention des Européens et qui allait fixer l'orientation de la diplomatie des États-Unis durant le XIXᵉ et le début du XXᵉ siècle. Trois principes sont définis : le continent américain doit être considéré comme fermé à toute tentative ultérieure de colonisation de la part de puissances européennes, toute intervention d'une puissance européenne sur le continent américain serait considérée comme une manifestation inamicale, en contrepartie, toute intervention américaine dans les affaires européennes serait exclue.

marque l'enterrement du projet de démocratisation par la force imaginé par les néoconservateurs républicains.

Le président Obama veut réengager le dialogue avec l'Iran, mais aussi avec la Syrie, qui a réussi à faire le dos rond pendant la présidence Bush. Toute la question est de savoir comment Téhéran et Damas réagiront aux signes d'ouverture du nouveau locataire de la Maison-Blanche. Sur le dossier israélo-palestinien, l'administration Obama aura-t-elle vraiment la volonté et les moyens de relancer le processus de paix ? Rien n'est moins sûr, d'autant que les priorités américaines vont aller aux dossiers afghan, irakien et iranien. C'est déjà une source d'inquiétude pour l'Union européenne, qui craint un pourrissement dangereux en Palestine.

Néanmoins, le président américain n'est pas de gauche et encore moins européen ; il aura à cœur de défendre avant tout les intérêts américains. Il est imprégné de cette culture du pragmatisme. Il ne faudra pas l'oublier !

Conclusion

Y a-t-il une fatalité pour que les Arabes ne connaissent ni le repos, ni la paix, ni la démocratie ? Y aurait-il une sorte de malédiction sur ces peuples qui ont tout pour vivre heureux ? Nous ne le croyons pas. Mais il est certain que le mal est en eux, au travers des systèmes « politiques » autoritaires ou dictatoriaux qui se maintiennent contre vents et marées, et qu'en dehors d'une démocratie adaptée à la région et à la mentalité locale, il n'y a point de solution.

Nombreux sont ceux qui rejettent la faute sur l'islam, s'empressant d'affirmer qu'il est insoluble dans la république ou dans la démocratie. Effectivement, appliqué dans sa littéralité, il érige un mur face au progrès. Mais les musulmans sont là pour démentir cette fatalité. Nous en voulons pour preuve la Turquie, malgré les coups d'État répétés : c'est le seul pays au monde où l'armée a systématiquement rendu le pouvoir à la société civile et à la classe politique.

L'existence de dictatures empêche la transmission de la connaissance et du savoir, parce que l'on ne connaît point de dictateur qui veuille nourrir en son sein le serpent qui viendra le mordre, puisque dans toute classe moyenne se recrutent les opposants les plus virulents aux régimes forts.

Mais la question se pose aujourd'hui de savoir si l'Occident en général, et la vieille Europe en particulier, peut apporter quelque chose à ces pays, notamment la démocratie. Il ne suffit pas de renverser les dictateurs : le fiasco américain en Irak en est la preuve. Même si, aux yeux des Américains, leur stratégie est en passe de réussir, cet échec démontre combien il est nécessaire d'initier les peuples à la démocratie, au pluralisme et, bien entendu, au savoir et à la connaissance. Comment faire pour que l'Arabie saoudite se démocratise si sa Constitution demeure le Coran et que sa loi reste la charia ? Comment initier la démocratie dès lors que les démocrates arabes ont fui les dictatures, les régimes forts, et que précisément, lorsqu'ils ne l'ont pas fait, ils croupissent dans les geôles de leur pays ?

Nous sommes face à un dilemme que la Syrie illustre parfaitement : dans ce pays multiconfessionnel, pluriculturel, la minorité alaouite (dissidence du chiisme) reste au pouvoir. Le discours est arabe, l'habillage est arabe, mais le fond reste alaouite. Pourquoi ? Parce que, comme dans toutes les minorités, la peur de l'autre existe, peur de ce que l'on ne connaît pas. Il s'agit surtout de la peur de soi, peur du lendemain. Il suffit d'écouter les discours des chrétiens libanais : ils sont persuadés d'être en voie d'extinction. Et pourtant, les événements leur donnent tort tous les jours. Lorsque, en 1926, les Français installent la Constitution libanaise, une des quatre grandes communautés, les sunnites, adhère avec beaucoup de réticences à l'idée d'un Liban indépendant : sortant de l'Empire ottoman, c'est en Syrie, en Jordanie, en Arabie ou en Irak qu'elle voit la continuité communautaire. Les chiites, les chrétiens et les Druzes adhèrent précisément parce qu'ils sont minoritaires dans le monde arabe. Aujourd'hui, après l'assassinat de l'ancien Premier ministre Rafic Hariri, qui brandit le drapeau libanais, réclamant des frontières internationales avec la Syrie, réclamant un échange d'ambassadeurs, réclamant l'aide de la communauté internationale en ce sens ? La communauté sunnite. Les idées chrétiennes ont donc triomphé. Le Liban est resté pendant plusieurs mois sans président, la vie politique a été paralysée : cela veut dire que le chrétien est devenu incontournable. Bien plus : dans aucun village libanais il n'y a de mixité intercommunautaire qui n'inclut pas des chrétiens, car la cohabitation, la coexistence n'existent pas entre chiites et sunnites, entre chiites et Druzes ou entre Druzes et sunnites.

Depuis la fin de la guerre civile, on pensait le Liban définitivement sorti des affres de la crise. Le coup de force du Hezbollah et de ses alliés en mai 2008 a montré que sur le fond, rien n'est réglé.

Outre deux visions totalement différentes de la société – chiite tournée vers l'Iran d'un côté, sunnite tournée vers l'Arabie de l'autre –, la gestion du pays repose sur un équilibre très subtil entre les différentes communautés. Le pacte de 1943 donnait aux chrétiens une place prééminente dans le système politique : ils se voyaient notamment réserver la présidence de la République, dotée de prérogatives élargies. La guerre civile révéla un affaiblissement de leur pouvoir, et le chant du cygne du « maronisme politique » fut consacré par les accords de Taëf de 1989. Triompha ensuite le « sunnisme politique », emmené par Rafic Hariri. Soutenu par l'Arabie saoudite, l'entrepreneur sunnite imposa sa puissance financière. On lui doit la reconstruction du centre-ville de Beyrouth. Il sut se créer une « clientèle » qui dépassa sa propre communauté. La guerre de juillet 2006 et le coup de force du Hezbollah en mai 2008 symbolisent l'avènement du « chiisme politique ». Le parti de Dieu n'entend pas prendre le pouvoir, ni le monopoliser. S'il l'avait voulu, de la même manière qu'il a contrôlé Beyrouth-Ouest en quarante-huit heures, il se serait facilement emparé du Grand Sérail, où siège le gouvernement.

Le Hezbollah, agissant comme il l'a fait, en retournant ses armes vers l'intérieur, montre clairement qu'il convient désormais de compter avec lui. Il ne désarmera pas tant qu'il n'aura pas obtenu de sérieuses garanties politiques et sécuritaires. Comme ceux du Hamas en Palestine, ses dirigeants savent qu'il n'a pas de place dans le projet américain pour le Moyen-Orient, d'autant qu'Israël n'a pas digéré son échec contre lui. Avant de désarmer, le Hezbollah veut remettre à plat l'équilibre entre les forces politiques libanaises.

De même, on a beaucoup critiqué l'alliance du général Aoun avec le parti chiite. Ce rapprochement contre nature aura au moins eu le mérite de chambouler les lignes de partage. Elles ne sont plus confessionnelles, mais politiques : pour ou contre le projet américain au Liban. C'est déjà un progrès, car cela signifie que l'affrontement entre chrétiens et musulmans n'est pas à l'ordre du jour.

La crise de 2008 aura cristallisé la question de la nature même du Liban et surtout de sa double identité : arabe et occidentale – comme en 1958, lorsque les marines américains débarquèrent à Beyrouth pour empêcher une prise de pouvoir de la gauche nationaliste libanaise.

Une autre question se pose : au regard de sa doctrine militaire, qui est l'ennemi ? Israël ou la Syrie ? Pour le Hezbollah, pas question de tolérer un pouvoir libanais hostile à Damas. Sa vision a finalement prévalu : sur le plan officiel, Beyrouth et Damas normalisent leurs relations et décident d'ouvrir des ambassades dans chacun des pays.

Si le clivage sunnites-chiites est l'une des clés pour lire la crise de 2008, elle n'explique pas tout : la question sociale, qui frappe de plein fouet les chiites, puissants militairement grâce au Hezbollah mais déclassés économiquement au regard des sunnites et des chrétiens, fait aussi partie de l'imbroglio libanais.

Tôt ou tard, et plutôt tôt que tard, les Libanais se retourneront contre le Hezbollah. C'était déjà flagrant une semaine après l'offensive du parti de Dieu au sein de la communauté chiite elle-même, qui n'était pas partisane de ce coup de force – preuve s'il en est de ce phénomène nouveau d'éclatement et de fragmentation des communautés. Reste que la présence de concentrations chiites dans la Péninsule arabique est une source d'incertitude. Si demain l'Iran se comportait réellement en État voyou, il pourrait fédérer ces communautés, qui représentent 10 % des musulmans en Arabie saoudite, mais sont concentrées dans la région pétrolière où elles pèsent 30 % de la population de la région, 30 % au Koweït, 27 % dans les Émirats arabes unis et 70 % dans le royaume de Bahreïn. Et cela pourrait occasionner de sérieux troubles. Le prix du pétrole ne serait plus de 120, mais de 500 dollars le baril !

Nous l'avons évoqué : l'attitude de l'Occident vis-à-vis de l'Iran n'est pas totalement innocente. L'Iran est diabolisé comme Nasser l'a été dans les années 50, ce qui a d'ailleurs abouti, faut-il le rappeler, à l'alliance de l'Occident avec l'Arabie saoudite, et à la lecture la plus radicale, littéraliste, archaïque et rétrograde de l'islam.

Néanmoins, la paix dans cette région, que ce soit en Palestine, en Irak ou au Liban, ne se fera pas contre l'Iran, et encore moins contre la Syrie. Il est indispensable de ne pas « bouder », comme le font les Occidentaux et notamment la France depuis l'assassinat de Rafic Hariri en 2005, le régime et le peuple syriens. Il est indispensable que la France reprenne son rôle essentiel et en quelque sorte traditionnel : le dialogue avec toutes les parties. Parler ne veut pas dire donner raison à son interlocuteur : ce peut être une occasion d'indiquer les limites à ne pas dépasser. C'est ce qu'a commencé à faire le président Sarkozy lors de sa visite à Damas en septembre 2008.

Quelle conclusion peut-on tirer de cette interminable descente aux enfers, sinon le fait qu'il est indispensable de recréer une citoyenneté nationale au détriment de la citoyenneté communautaire ? Un siècle après 1905 en France, il est indispensable de séparer les Églises des États dans cette région du monde. Il est indispensable de faire en sorte que la citoyenneté redevienne, ou devienne, transcendantale par rapport à l'appartenance identitaire, communautaire ou régionale.

Pour des raisons évidentes et objectives que nous connaissons tous, la création de l'État d'Israël est venue ajouter à cette citoyenneté communautaire, au détriment d'une citoyenneté nationale. Le dernier attentat de mars 2008 prouve à quel point les Arabes de nationalité israélienne eux-mêmes rejettent cette citoyenneté nationale pour embrasser une citoyenneté communautaire.

Cette citoyenneté issue d'une redistribution du savoir et de la connaissance peut créer une solidarité. On en a vu quelques balbutiements au lendemain de la guerre au Liban au cours de l'été 2006 entre l'armée israélienne et le Hezbollah. Mais, hélas ! par rejet de l'autre, de l'ennemi, de l'adversaire.

Une telle citoyenneté doit aboutir à la laïcité, mot banni par les régimes actuels. Une laïcité aussi indispensable que la citoyenneté. Car la laïcité, comme la citoyenneté, est englobante. Plus encore que l'islam.

La Syrie par exemple n'est pas un pays laïc, mais séculier : le chef de l'État a obligation d'appartenir à une religion, quelle qu'elle soit d'ailleurs. La Turquie, en revanche, est un pays laïc bien que majoritairement musulman. Preuve que ce n'est pas une utopie. L'exemple turc est une réalité de laïcité et de démocratie. En Égypte, l'islam est religion d'État, et c'est en ce sens que les musulmans démentent le caractère utopique d'une telle chose. Les musulmans de France en sont un exemple parfait : 90 % d'entre eux ont adopté la République et s'y sont intégrés. Ils ont donc renoncé à l'amalgame entre l'aspect spirituel et l'aspect temporel de l'islam.

Si l'on ne parvient pas à une telle configuration, il risque d'y avoir, dans le meilleur des cas, continuité de cette coexistence au détriment du « vouloir vivre ensemble » et, dans le pire des cas, un renfermement communautaire dans des entités régionales totalement uniformes et monolithiques ; ce qui est d'ailleurs en train de se dessiner sans que la communauté internationale parvienne malheureusement à lutter. Pour preuve : le Kosovo. La communauté internationale a brandi le fameux droit et devoir d'ingérence, soi-disant pour éviter le communautarisme. Or, le Kosovo est aujourd'hui une entité indépendante totalement communautaire. Et cet échec ne nous a pas servi de leçon.

Entre le pire, cet éclatement communautaire accompagné d'un renfermement, et le meilleur, le vouloir vivre ensemble, il y a toute une palette de coexistences possibles, avec des soubresauts sécuritaires, des cohabitations froides, réchauffées de temps en temps, selon les circonstances… Mais cela n'a jamais fait un pays. Et comme disait l'éditorialiste libanais des années 40 Georges Naccache, il ne s'agit pas de demander aux uns de renoncer aux valeurs occidentales, républicaines ou modernistes et de demander aux autres de renoncer à ce rêve d'un empire arabe et islamique qui a pu voir le jour à certains moments de l'histoire contemporaine de l'islam, car deux négations ne font jamais une nation. En revanche, pour obtenir des uns et des autres une adhésion volontariste pour constituer une nation dont émergera l'État, il faut initier à la citoyenneté, à la laïcité et probablement à la solidarité.

Vaste programme…

GLOSSAIRE

Accords Sykes-Picot : signés en 1916 entre la France, la Grande-Bretagne et la Russie, ils prévoient le partage du Moyen-Orient à la fin de la Première Guerre mondiale.

Alaouite : membre d'une branche du chiisme. Les alaouites sont principalement présents en Syrie et au Liban. Il existe également, en Turquie, des Alevis, qui sont issus de la même branche. Ils constituent 15 % de la population turque.

ASRII : Assemblée suprême pour la révolution islamique en Irak, mouvement chiite lié à l'Iran.

Ayatollah : titre le plus élevé du clergé chiite.

Baasiste : membre du parti Baas, prônant l'unification des États arabes en une grande et unique nation.

Bédouin : nomade du Moyen-Orient vivant historiquement de l'élevage.

Berbère : membre d'une ethnie d'Afrique du Nord.

Calife : littéralement « successeur » de Mahomet, dirigeant la communauté musulmane et représentant les pouvoirs temporel et spirituel.

Centcom *(central command)* : unité américaine de commandement interarmées de combat.

Charia : loi islamique regroupant les règles de conduite applicables aux musulmans.

Cheikh : chef de tribu arabe.

Chérif : titre dévolu aux descendants du Prophète par la famille Hachem (d'où le nom de « souverain hachémite » donné aux rois de Jordanie aujourd'hui), qui équivaut plus à une autorité morale qu'à une véritable fonction au sein de l'islam.

Chiite : membre d'une des trois principales branches de l'islam. Les chiites, qui représentent environ 15 % des musulmans, reconnaissent Ali comme premier successeur de Mahomet.

Conférence de Bandoeng : première conférence à réunir, en 1955, les représentants de vingt-neuf pays africains et asiatiques.

Conférence islamique : organisation intergouvernementale destinée à sauvegarder les lieux saints de l'islam et regroupant cinquante-sept États membres.

Copte : membre de la plus importante communauté chrétienne (orthodoxe, catholique ou évangélique) d'Égypte.

Djihad : le djihad majeur est l'effort que doit faire chaque musulman pour lutter contre lui-même. Le djihad mineur correspond quant à lui à la lutte contre les infidèles.

Druze : membre d'un groupe religieux d'origine islamique vivant principalement en Syrie et au Liban.

Fatah : organisation politique et militaire palestinienne dont l'acronyme signifie « Mouvement national palestinien de libération ».

FDLP : Front démocratique de libération de la Palestine.

Fedayin : membre d'un commando palestinien ne reconnaissant pas la légitimité d'Israël.

FIS : Front islamique du salut, formation politique algérienne luttant pour la création d'un État islamique.

FLN : Front de libération nationale, parti politique algérien.

FPLP : Front populaire de libération de la Palestine.

Frères musulmans : organisation panislamiste prônant l'instauration d'un État unique fondé sur la charia et la sunna.

Hachémite : membre d'une dynastie historiquement gardienne de La Mecque et régnant désormais sur la Jordanie.

Hadith : parole du prophète. Les recueils de hadith considérés comme les plus fiables par l'islam sunnite sont appelés *sahîh*.

Hamas : parti islamiste palestinien le plus important à ce jour, dont l'acronyme signifie « Mouvement de la résistance islamique ».

Hezbollah : mouvement politique et armé chiite implanté au Liban, soutenu par l'Iran et la Syrie.

Ijtihad : réflexion visant à interpréter les textes fondateurs de l'islam.

Imam : celui qui dirige la prière.

Infitah : ouverture économique.

Intifada : soulèvement, révolte face à un oppresseur ou un ennemi. En Palestine, la première Intifada a débuté en décembre 1987, et la seconde, baptisée « Intifada Al-Aqsa », en septembre 2000.

Kabyle : Berbère issu de Kabylie, région algérienne.

Kharidjite : membre d'une des trois principales branches de l'islam. Les kharidjites, qui représentent une part largement minoritaire des musulmans, font preuve d'une morale rigoriste.

Khédival : qui dépend du khédive, titre porté par Ismaïl Pacha, roi d'Égypte.

Knesset : Parlement israélien.

Ligne bleue : ligne tracée par l'ONU en juin 2000 mettant fin à l'occupation israélienne du Sud-Liban et fixant la frontière entre Israël et le Liban.

Ligue islamique mondiale : ONG musulmane promouvant le panislamisme.

Machrek : partie de l'Orient qui s'étend de l'Égypte à l'Irak et à la Péninsule arabique.

Maghreb : région d'Afrique du Nord. Le « Grand Maghreb » regroupe le Sahara, la Mauritanie, le Maroc, l'Algérie, la Tunisie et la Libye.

Maronite : membre de l'une des principales Églises catholiques orientales. Surtout installée au Liban et en Syrie.

Mollah : membre du clergé chiite.

Mossad : agence de renseignements israélienne.

Moudawana : droit de la famille en vigueur au Maroc.

Moudjahid : celui qui pratique un combat au nom de sa religion. Ce terme est le plus souvent repris en Afghanistan et en Iran.

Moukhabarat : service de renseignements arabes.

Mouvement des Jeunes-Turcs : parti politique nationaliste et révolutionnaire ottoman.

OLP : Organisation de libération de la Palestine.

Omeyyade : membre d'une dynastie de califes sunnites.

Ouléma : « savant » de la tradition musulmane.

Oumma arabiyya : concept de la communauté internationale arabe.

Oumma islamiyya : concept de la communauté internationale musulmane.

Pacha : haut dignitaire de l'Empire ottoman.

Pachtoune : nomade indo-européen. Les Pachtounes vivent majoritairement au Pakistan et en Afghanistan.

Perse : nom donné à l'Iran antique.

Raïs : chef politique du monde arabe.

Salafisme : courant sunnite prônant le retour à l'islam des origines.

Sandjak : division administrative. Le sandjak d'Alexandrette correspond à l'ancienne principauté d'Antioche, appartenant à la Syrie et que la France a rétrocédée à la Turquie en 1939.

Shah : monarque iranien.

Socom : commandement des Forces spéciales armées américaines.

Sublime Porte : terme utilisé pour désigner l'Empire ottoman, en référence à la porte d'honneur du grand vizirat à Istanbul.

Sunna : tradition prophétique.

Sunnite : membre d'une des trois principales branches de l'islam. Les sunnites, qui représentent plus de 80 % des musulmans, voient en Ali le quatrième calife.

Taliban : membre d'un mouvement fondamentaliste sunnite essentiellement présent en Afghanistan et au Pakistan.

Tsahal : armée israélienne.

UMA : Union du Maghreb arabe, organisation poli-
tico-économique regroupant la Mauritanie, le
Maroc, l'Algérie, la Tunisie et la Libye.

Wahhabite : membre d'un mouvement sunnite prônant le retour à l'islam des origines, tel qu'enseigné
par Muhammad Ibn al-Wahhab.

Zakât : impôt obligatoire redistribué aux plus néces-
siteux, troisième pilier de l'islam.

1914

Février. Le chérif de La Mecque demande au consul britannique d'Égypte une plus grande autonomie du Hedjaz, province occidentale de l'Arabie.

Juin. Accord entre l'Allemagne et la Grande-Bretagne sur la question du chemin de fer de Bagdad.

Août. Signature d'un traité secret d'alliance entre l'Empire ottoman et l'Allemagne contre la Russie.

Novembre. Le Koweït est placé sous protectorat britannique pour éviter toute violation de son territoire.

Prise de contrôle de Bassora (Mésopotamie) par les Britanniques pour assurer la protection du Golfe et le ravitaillement en pétrole persan.

Décembre. Chaim Weizmann, vice-président de la Fédération sioniste de Grande-Bretagne, rencontre le ministre britannique Herbert Samuel et Lord Arthur Balfour, intéressés par l'idée d'une « nation juive » en Palestine.

Officialisation du protectorat britannique sur l'Égypte.

Hussein Kamal prend le titre de sultan d'Égypte.

1915

Janvier. Offensive de l'armée ottomane sur Suez.

Février. Mise en échec des Ottomans par l'armée égyptienne, secondée par les Britanniques.

Opération des Alliés aux Dardanelles.

Mars. La flotte alliée ne parvient pas à franchir le détroit.

À Petrograd, les Alliés se mettent d'accord sur le démantèlement de l'Empire ottoman en cas de victoire. Préconisation d'un régime international pour les lieux saints.

Avril. Début du génocide arménien. Arrestation de 600 Arméniens à Constantinople.

Le chérif Hussein sollicite un soutien britannique, nécessaire au déclenchement d'une insurrection arabe plus tard baptisée « Grande Révolte arabe ».

Juillet. Le Britannique Mac Mahon propose de créer un mouvement d'insurrection dans la Péninsule arabique en échange de l'indépendance des pays arabes.

Août. Mac Mahon approuve « l'indépendance de l'Arabie » tout en repoussant la fixation des frontières à la fin de la guerre.

Décembre. Retrait des troupes anglo-françaises des Dardanelles.

Ibn Saoud obtient de la Grande-Bretagne la reconnaissance de ses possessions et une aide militaro-financière en échange du respect des territoires sous protection britannique.

1916

16 mai. Accords secrets Sykes-Picot signés par la Grande-Bretagne, la Russie et la France. En cas de victoire des Alliés, l'Empire ottoman sera démantelé : Constantinople, les Dardanelles et le Bosphore iront aux Russes, la Mésopotamie et le golfe Persique aux Anglais, la Syrie, le Liban et la province d'Adana (Cilicie) aux Français. Concernant les lieux saints, un régime international est toujours envisagé.

Juin. Proclamation de l'indépendance du Hedjaz. Révolte arabe du chérif de La Mecque contre les Turcs, avec l'aide des Britanniques. Contrairement aux accords Sykes-Picot, signés par eux, les Anglais promettent au chérif la création d'un « royaume arabe de La Mecque à Damas ».

Novembre. Officialisation du protectorat britannique sur le Qatar.

1917

Février. Début des négociations entre le gouvernement britannique et une délégation sioniste britannique pour la création d'un foyer juif en Palestine.

Mars. Les Britanniques occupent Bagdad. Première bataille de Gaza : les Turcs arrêtent les troupes britanniques venues d'Égypte.

Avril. Deuxième bataille de Gaza.

Juin. Création à Paris du Comité central syrien,

revendiquant la création d'une Syrie autonome au sein de l'Empire ottoman.

Juillet. Prise d'Aqaba : premier succès de la révolte arabe.

Août. Le traité de Saint-Jean-de-Maurienne, signé par la France, le Royaume-Uni et l'Italie, offre des provinces turques aux Italiens.

Octobre. Début du règne du sultan d'Égypte Ahmed Fouad.

Début de la troisième bataille de Gaza.

Novembre. Déclaration Balfour évoquant la création d'un foyer national juif en Palestine.

Prise de Gaza et de Jaffa par les forces britanniques.

Décembre. Entrée des Britanniques dans Jérusalem.

Armistice entre l'Empire ottoman et la Russie soviétique.

1918

Mai. Les Arméniens proclament leur indépendance et fondent la république autonome d'Arménie.

Juillet. Début du sultanat ottoman de Mehmed VI.

Septembre. La Palestine passe sous contrôle britannique.

Signature d'un accord entre Français et Britanniques reconnaissant l'existence d'une zone d'influence française en Syrie (unité du commandement sous contrôle britannique).

Octobre. Entrée des Britanniques dans Damas. Le chérif Hussein est proclamé « roi des Arabes ».

La France, qui occupe le littoral libanais, prend position à Beyrouth puis à Tripoli.

Chute d'Alep.

Convention de Moudros qui démobilise l'armée ottomane. Déclaration d'indépendance du Yémen.

Novembre. Fuite en Allemagne des dirigeants de l'Empire ottoman.

Les Alliés prennent Constantinople, puis débarquent à Alexandrette.

1919

Janvier-juin. Conférence de Versailles confirmant le partage d'influences franco-britanniques au Proche-Orient. Revendication des Syriens pour la constitution d'une Grande Syrie englobant la Palestine et le Liban. Demande des sionistes d'une émigration libre vers la Palestine.

Mars. Début de la révolte nationaliste en Égypte contre les Britanniques.

Mai. Ibn Saoud occupe l'intérieur de l'Asir, entre le Yémen et le Hedjaz.

Les forces grecques arrivent à Smyrne.

Juillet. Les dirigeants des Jeunes-Turcs, Talaat Pacha, Enver Pacha, Djemal Pacha et le docteur Nazim, sont condamnés à mort par contumace à Constantinople pour leur responsabilité dans le massacre des Arméniens.

Août. Commission d'enquête britannique pour trouver une solution à l'agitation révolutionnaire égyptienne.

1920

Janvier. Les députés turcs adoptent le Pacte national proclamant l'indivisibilité des territoires non occupés.

Mars. Damas : le Congrès national arabe proclame Fayçal roi de la grande Syrie, incluant la Palestine et le Liban, et Abdallah Ier de Jordanie roi d'Irak. Troubles en Palestine contre la politique britannique de création d'un foyer national juif. Création de l'Agence juive, chargée de racheter des terres aux Arabes.

Avril. La SDN confie le mandat sur la Palestine et la Transjordanie au Royaume-Uni.

Début du mandat français en Syrie.

Juin. Début d'une révolte chiite en Irak contre le gouvernement militaire britannique.

Offensive grecque en Turquie.

Juillet. L'armée française menée par le général Gouraud remporte la bataille de Maysaloun en Syrie.

Août. Traité de Sèvres : démembrement de l'Empire ottoman. L'Irak, la Palestine et la Transjordanie reviennent à la Grande-Bretagne ; la Syrie, le Liban et la Cilicie à la France.

Septembre. Le général Gouraud proclame à Beyrouth la création du Grand Liban.

22 septembre-2 décembre. Guerre turco-arménienne.

Décembre. Le troisième Congrès islamo-chrétien, à Haïfa, réclame l'arrêt du sionisme et l'indépendance d'un État arabe de Palestine sous l'influence britannique.

1921

Février. Soulèvement des paysans arméniens contre les troupes russes.

Mars. Traité de Moscou : la Russie reconnaît la pleine souveraineté turque sur les détroits.

Victoire turque sur les Grecs à Inönü.

Conférence du Caire : Churchill confie l'autorité politique sur le mandat irakien à Fayçal, chassé de Damas par les Français.

Juillet. Nouvelle attaque grecque contre la Turquie.

Août. Ibn Saoud érige son émirat du Nedjd au rang de sultanat.

Début du règne de Fayçal, roi hachémite d'Irak sous mandat britannique.

Premier congrès du comité syro-palestinien.

Le colonel Reza Khan s'empare du pouvoir à Téhéran après un coup d'État militaire. Premier ministre jusqu'en 1925.

1922

Février. Fin du protectorat britannique : l'Égypte devient indépendante.

Mars. Le sultan Fouad Ier se proclame roi d'Égypte.

Juin. Mise en place de l'organisation administrative de la Syrie par le général Gouraud.

Londres publie un livre blanc évoquant le développement d'une communauté juive, avec ses propres institutions, en Palestine.

Juillet. La charte du mandat en Palestine, reprenant les termes de la déclaration Balfour, est adoptée par la Chambre des communes britannique sur la base du livre blanc, puis ratifiée par la SDN.

Septembre. La région située à l'est du Jourdain est exclue de la Palestine et du mandat britannique. Les Anglais créent la Transjordanie, qu'ils confient à l'émir Abdallah, un des fils du chérif Hussein.

Octobre. Mustafa Kemal fait voter l'abolition du sultanat ottoman en Turquie et proclame la République.

Signature d'un traité entre l'Irak et le Royaume-Uni conférant aux Britanniques le contrôle de l'administration irakienne et la maîtrise du pétrole.

Armistice entre la Grèce et la Turquie, qui retrouve la souveraineté sur Constantinople.

Création de l'État du Djebel druze.

Décembre. La charte du mandat français en Syrie est ratifiée par la SDN.

1923

Janvier. Signature d'un accord gréco-turc prévoyant un échange de populations entre les deux pays.

Avril. Adoption de la Constitution égyptienne. L'islam demeure la religion d'État.

Mai. La Constitution palestinienne est suspendue par les Anglais.

Juillet. Fin de la guerre gréco-turque. La Turquie reprend l'Arménie et une partie de la Thrace.

Octobre. Ankara devient la capitale de la Turquie.

L'Assemblée nationale turque proclame la République. Mustafa Kemal est élu président.

1924

Janvier. Victoire du Wafd (parti nationaliste réclamant l'indépendance) aux premières élections législatives d'Égypte.

Mars. Abolition de l'institution califale.

Juin. Le Premier ministre égyptien déclare le Soudan partie indivisible de l'Égypte.

Octobre. Ibn Saoud entre à La Mecque, contraignant le chérif Hussein à l'exil.

1925

Juillet. Révolte dirigée par le sultan al-Atrach dans le djebel druze.

Septembre. Campagne du Levant en Syrie ; le général Gamelin évacue les soldats français encerclés dans la montagne druze.

Octobre. Révolution syrienne.

Novembre. Les al-Saoud et les Britanniques signent le traité de Hadda, destiné à délimiter les frontières entre le domaine des Saoud et la toute nouvelle Jordanie.

Décembre. Soutenu par les Britanniques, Reza Khan se fait proclamer shah de Perse.

1926

Janvier. Ibn Saoud est proclamé roi du Hedjaz et sul-
     tan du Nedjd à La Mecque : il étend sa puissance
     sur la majeure partie de la Péninsule arabique.
Avril. Les troupes rebelles druzes entrent dans Damas.
     Iran : couronnement de Reza Khan sous le nom de
     Reza Shah Pahlavi.
Mai. Congrès au Caire sur la question du califat.
     Promulgation de la Constitution libanaise.
Juin. Ibn Saoud organise à La Mecque un Congrès du
     monde musulman. Objectif : la reconnaissance du
     wahhabisme par les sunnites.

1927

Mai. Les Britanniques reconnaissent à Ibn Saoud l'in-
     dépendance complète des territoires soumis (traité
     de Djedda).

1928

Mars. Création des Frères musulmans en Égypte par
     Hassan al-Banna, dans le but d'instaurer un grand
     État islamique fondé sur la charia, elle-même basée
     sur la sunna débarrassée des influences culturelles
     locales.
Avril. Premières élections en Syrie.
Septembre. Accord Achnacarry sur la régularisation
     de la concurrence relative au marché du pétrole.

1929

Août. Chaim Weizmann crée l'Agence juive à Zurich, chargée d'organiser le développement des implantations juives en Palestine.

Massacre par des civils et des policiers palestiniens de soixante-sept Juifs de la communauté d'Hébron.

1930

Mars. Constantinople prend le nom d'Istanbul, et Angora celui d'Ankara.

La commission Shaw, chargée d'étudier les causes des affrontements entre Juifs et Arabes en Palestine, rend son rapport préconisant de limiter l'immigration.

Juin. Fin du mandat britannique sur l'Irak, qui reste lié à la Grande-Bretagne par une alliance de vingt-cinq ans.

Octobre. Reprise des conclusions de la commission Shaw dans un nouveau livre blanc.

Novembre. Égypte : nouvelle Constitution renforçant les pouvoirs du roi et du gouvernement.

Recommandations de la SDN pour préparer l'indépendance de l'Irak, notamment le respect des droits des minorités kurde et assyrienne.

1931

Décembre. Le mufti de Jérusalem organise un Congrès islamique qui condamne le sionisme et demande l'arrêt de l'immigration juive.

1932

Mai. Indépendance de l'Irak.

Septembre. Fondation du royaume d'Arabie saoudite, qui unifie les États princiers du Hedjaz, du Nedjd, de l'Asir et de l'Arabie.

Octobre. L'Irak adhère à la SDN et devient le premier membre arabe de l'organisation.

Novembre. Le shah d'Iran annonce le retrait de toutes les concessions de l'Anglo-Persian Oil Company. Les Britanniques portent l'affaire devant la SDN.

1933

Avril-mai. Accord anglo-iranien sous l'égide de la SDN.

Juin. Assassinat de Haïm Arlozoroff, chef du département politique de l'Agence juive, à Tel Aviv.

Septembre. Irak : à la mort de Fayçal, son fils Ghazi monte sur le trône.

Octobre. Une manifestation arabe contre la présence britannique en Palestine fait une trentaine de morts.

1934

Mai. Traité de Taïf : l'Arabie saoudite reconnaît l'indépendance du Yémen tandis que le Yémen reconnaît l'annexion de l'Asir.

Décembre. Le royaume de Perse est rebaptisé Iran par un décret royal.

1935

Janvier. Iran : Reza Shah interdit aux femmes le port du voile et oblige les hommes à s'habiller « à l'occidentale ».

Mars. Gouvernement de coalition en Irak.

Août. Les forces irakiennes matent une rébellion kurde.

Septembre. Proclamation à Nuremberg des lois antijuives.

Novembre. Révolte des Arabes en Palestine face à une arrivée massive de Juifs dans le pays. Les partis politiques arabes demandent l'arrêt de l'immigration juive, l'interdiction de la vente des terres aux sionistes et l'autonomie d'une administration désignée sur une base majoritaire.

Décembre. La Grande-Bretagne parvient à rétablir la Constitution de 1923 en Égypte.

1936

Janvier. Grève générale en Syrie, paralysant le pays
    pendant plus d'un mois.
Avril. Après l'assassinat de neuf Juifs, la Grande-Bre-
    tagne proclame l'état d'urgence en Palestine. Grève
    générale.
    Traité de fraternité entre l'Irak et l'Arabie saoudite.
    Égypte : mort de Fouad Ier. Son fils Farouk lui suc-
    cède sur le trône.
Mai. Début de la Grande Révolte arabe en Palestine.
Juillet. Convention de Montreux : rétablissement de
    la souveraineté de la Turquie sur les Dardanelles.
Août. Traité de Londres qui prévoit une alliance per-
    pétuelle entre le Royaume-Uni et l'Égypte.
Septembre. Accords Viénot qui prévoient l'indépen-
    dance de la Syrie dans un délai de trois ans.
Octobre. Coup d'État militaire en Irak.

1937

Avril. Entrée de l'Égypte à la SDN.
Mai. Le sandjak d'Alexandrette est séparé de la Syrie
    et devient une région sous administration de la
    SDN.
Juillet. Début de la résistance de la population du
    Djézireh, du Djebel druze et des alaouites au gou-
    vernement syrien.
    Le rapport de la commission d'enquête Peel sur les
    « violences au Proche-Orient » préconise le partage
    de la Palestine entre Juifs et Arabes.

Signature à Téhéran du pacte de Sadabad entre la Turquie, l'Iran, l'Irak et l'Afghanistan, qui s'engagent à respecter les frontières établies et à ne soutenir aucun acte d'agression contre les pays membres du pacte. Le pacte vise essentiellement les Kurdes.

Démission du Premier ministre irakien sous la pression de l'armée.

Septembre. Après l'assassinat du commissaire britannique pour la Galilée, le mufti est relevé de ses fonctions officielles et s'enfuit au Liban.

1938

Novembre. Après la Nuit de cristal, des Juifs allemands se réfugient en Palestine.

1939

Février. Ouverture en Grande-Bretagne de la conférence de Saint-James sur le statut de la Palestine.

Mai. Publication par les Britanniques d'un nouveau livre blanc, stipulant que la Palestine ne deviendra pas un État pour les Juifs, mais qu'il s'agira d'un développement communautaire. Il limite à 75 000 personnes pendant cinq ans l'immigration juive en Palestine.

Juin. Le sandjak d'Alexandrette est cédé par la France à la Turquie ; les Arméniens du sandjak sont déplacés vers le Liban.

Septembre. Début de la Seconde Guerre mondiale. La France constitue une importante armée dans le Levant. Extermination des Juifs dans l'Europe occupée par l'Allemagne nazie.

1940

Septembre. L'Italie envahit l'Égypte.

1941

Avril. Coup d'État panarabique en Irak.
   L'aviation britannique bombarde les lignes irakiennes. Une force de secours est installée en Palestine.
Mai. Les forces britanniques occupent Bagdad.
   L'armée irakienne signe un armistice : le pays restera sous le régime d'occupation militaire britannique pendant quatre ans.
Juin. Les Britanniques entrent en Syrie.
Juillet. Signature à Saint-Jean-d'Acre d'un armistice entre les Britanniques et le gouvernement de Vichy, prévoyant l'occupation de la Syrie par les Britanniques et les Forces françaises libres.
Août. Après le refus du shah de soutenir les Alliés, les forces britanniques envahissent le sud et l'ouest de l'Iran, tandis que les Soviétiques occupent le nord. Reza Shah, trop favorable à l'Allemagne, est contraint d'abdiquer en faveur de son fils, Mohammad Reza.
Septembre. Les Alliées parviennent à Téhéran.

Novembre. Le mufti de Jérusalem propose à l'Allemagne une coopération militaire et politique.

1942

Février. La Grande-Bretagne encercle le palais royal égyptien ; en réaction, les Officiers libres agissent pour le renforcement de la monarchie.

Mai. Les organisations sionistes se réunissent à l'hôtel Biltmore de New York et adoptent un programme prévoyant la création d'un État juif en Palestine. David Ben Gourion réclame la création d'un « Commonwealth juif » en Palestine mandataire.

Novembre. Après le débarquement des Alliés en Afrique du Nord, l'Allemagne déclare s'engager en faveur de l'indépendance arabe.

1943

Mars. L'Égypte invite les autres gouvernements arabes à envoyer au Caire des représentants pour discuter de la question de l'unité arabe.

Août. Élection à la présidence syrienne de Shukri al-Kuwatli, leader du Bloc national.

Les États-Unis entrent en contact avec Ibn Saoud.

Septembre. Les nationalistes remportent les élections libanaises.

Novembre. La France renverse le nouveau gouvernement libanais ; des manifestations éclatent dans tout le pays. Pacte national.

1944

Octobre. Création de la Ligue des États arabes (LEA) lors du Protocole d'Alexandrie, qui réaffirme son soutien à l'indépendance des Arabes de Palestine.

1945

Février. À bord de l'*USS Quincy*, amarré sur le canal de Suez, rencontre entre le président Roosevelt et Ibn Saoud.
La Turquie déclare la guerre à l'Allemagne et au Japon.
Mars. Création en Égypte de la Ligue arabe, comprenant l'Égypte, l'Irak, le Liban, l'Arabie saoudite, la Syrie, la Transjordanie et le Yémen du Nord.
Mai. Début de la révolte en Syrie et au Liban.
Juin. La Syrie et le Liban relèvent tous les Français de leurs services.
Octobre. Manifestations en Égypte pour le retrait des troupes britanniques.
Novembre. Nombreux attentats des Frères musulmans dans le quartier juif du Caire.
Décembre. Français et Britanniques négocient leur évacuation définitive de la Syrie et du Liban.
Le gouvernement égyptien demande officiellement la révision du traité de 1936 avec la Grande-Bretagne.
Iran : proclamation des républiques autonomes d'Azerbaïdjan et du Kurdistan, soutenues par Moscou.

1946

Janvier. La Grande-Bretagne accepte l'ouverture de négociations en vue de son retrait d'Égypte.

Février. Départ des dernières troupes britanniques d'Iran.

Mars. Annonce du retrait du Liban de la plupart des troupes françaises. La Grande-Bretagne reconnaît l'indépendance de la Transjordanie.

Avril. L'armée soviétique quitte l'Iran.

Retrait des dernières troupes françaises de Syrie.

Mai. La Transjordanie gagne son indépendance et devient le Royaume hachémite de Jordanie. L'émir Abdallah est proclamé roi.

Juillet. Le roi Abdallah propose un partage à l'amiable de la Palestine.

Le plan Morrison-Grady, préconisant la division de la Palestine en trois zones (juive, arabe et britannique) est publié.

Août. L'Agence juive rejette le plan Morrison-Grady.

Décembre. Les derniers soldats français quittent le Liban.

Retrait des troupes soviétiques d'Iran ; le gouvernement central reprend le contrôle de l'Azerbaïdjan et du Kurdistan.

1947

Avril. La Grande-Bretagne confie la question palestinienne aux Nations unies.

Juillet. Le *Président Warfield* appareille de Sète à destination de la Palestine avec 4 500 survivants de la Shoah. Le bateau affrété par l'organisation sioniste Haganah est refoulé de Palestine alors sous protectorat anglais. L'affaire durera jusqu'en septembre. La marine royale britannique s'empare finalement du navire et renvoie tous ses passagers dans la zone sous contrôle britannique en Allemagne. La dureté de la répression anglaise bouleverse l'opinion publique mondiale et a une grande influence sur la future reconnaissance de l'État d'Israël.

L'Égypte dépose une plainte à l'ONU relative à la présence de la Grande-Bretagne dans le pays.

Août. L'ONU publie un rapport préconisant le partage de la Palestine en deux États, arabe et juif, et la création d'une zone internationale englobant Jérusalem et Bethléem.

Septembre. La Grande-Bretagne décide d'évacuer la Palestine, sans transmission de pouvoir.

Novembre. La Grande-Bretagne a décidé de porter la question de la Palestine devant l'ONU. Résolution 181 de l'ONU de partage de la Palestine en deux États (un État juif, un État arabe et une zone « sous régime international et particulier » comprenant Bethléem et Jérusalem) adoptée par 33 voix pour, 13 contre et 10 abstentions.

Début de la guerre civile en Palestine.

1948

Janvier. L'Irak signe le traité de Portsmouth, par lequel les Britanniques s'engagent à évacuer leurs bases militaires.

Mars. Le Conseil juif de Palestine forme un cabinet sous la présidence de David Ben Gourion.

Avril. Massacres dans le village arabe de Deir Yassine, près de Jérusalem, par les troupes de l'Irgoun de Menahem Begin et du Lehi de Yitzhak Shamir.

L'Agence juive forme un gouvernement provisoire en Palestine.

Mai. Prise de Jaffa : les civils arabes se réfugient en Syrie et au Liban.

Ben Gourion, à Tel-Aviv, lit la Déclaration d'indépendance de l'État d'Israël. Reconnaissance de l'État hébreu par les États-Unis et l'URSS. David Ben Gourion occupe les fonctions de Premier ministre jusqu'en 1963, à l'exception d'un retrait en 1954-1955.

Fin officielle du mandat britannique. Première guerre israélo-arabe. Les armées d'Égypte, de Jordanie, de Syrie, du Liban et d'Irak envahissent le pays. Ben Gourion crée Tsahal, qui regroupe la Haganah, l'Irgoun et le Lehi.

Juin. Cessez-le-feu entre Israël et la Ligue arabe.

Juillet. Rupture de la trêve par les armées arabes.

Nouveau cessez-le-feu après le succès de l'armée israélienne.

Septembre. Assassinat par un commando du Lehi du médiateur des Nations unies, le comte suédois Folke Bernadotte.

Formation d'un gouvernement arabe à Gaza.

Octobre. Tsahal lance une offensive contre l'armée égyptienne.

Offensive irakienne dans la région de Naplouse.

Décembre. À Jéricho, les Palestiniens réunis par Abdallah votent l'union entre la Jordanie et la Cisjordanie.

Vote de la résolution 194 de l'ONU qui se prononce en faveur du droit au retour, ou de l'indemnisation, des réfugiés arabes palestiniens.

1948-1952. Immigration massive vers Israël (700 000 Juifs), en provenance des pays arabes et d'Europe. Opérations Tapis volant (nom de code d'une opération secrète qui concerne les 45 000 Juifs du Yémen et n'est révélée que plusieurs mois après) et Ezra et Néhémie (transport de 110 000 Juifs d'Irak vers l'État d'Israël).

1949

Janvier. Fin des combats sous la menace d'intervention de la Grande-Bretagne.

Élection de la première Knesset, assemblée israélienne.

Février. Égypte : arrestation du guide suprême des Frères musulmans.

L'armistice de Rhodes, sous l'égide de l'ONU, met fin aux combats. Israël a conquis 26 % de territoire supplémentaire et occupe la partie ouest de Jérusalem. La Cisjordanie est rattachée à la Jordanie et la bande de Gaza revient à l'Égypte. Huit cent mille réfugiés arabes palestiniens contraints à l'exil rejoignent des camps en Cisjordanie, dans la bande de Gaza, au Liban, en Jordanie (dont la population augmente ainsi de 50 %) et en Syrie.

Mars. Israël lance une dernière offensive sur le sud du Néguev. Rétablissement du cessez-le-feu.

Signature de l'armistice entre Israël et le Liban.

Coup d'État d'officiers en Syrie.

Avril. Abdallah est proclamé roi de Jordanie. Signature de l'armistice entre Israël et la Transjordanie.

Mai. Admission d'Israël aux Nations unies comme 59e membre (résolution 273). Les États arabes ne reconnaissent pas son existence.

Juin. Husni al-Zaim, candidat unique, est élu président de la république de Syrie.

Juillet. Signature de l'armistice entre Israël et la Syrie.

Août. Husni al-Zaim est assassiné lors d'un nouveau coup d'État ; le nouveau président de Syrie est le colonel Hinawi.

Échec de la commission de conciliation pour régler la question de Jérusalem.

Décembre. Création de l'Office de secours et de travaux des Nations unies pour les réfugiés de Palestine dans le Proche-Orient (UNRWA).

1950

Avril. Abdallah Ier annonce l'annexion de la Cisjordanie ; la Transjordanie devient la Jordanie.

Mai. Signature d'une convention entre les États-Unis, la France et la Grande-Bretagne les engageant à garantir les limites territoriales issues de la guerre israélo-arabe.

Juillet. Adoption par la Knesset de la « loi du retour » confirmant le droit de tout Juif de s'installer en Israël.

1951

Mars. Début de la crise anglo-iranienne liée à la nationalisation du pétrole iranien.

Avril. Démission du Premier ministre iranien, partisan d'un compromis avec les Britanniques sur le statut de l'Anglo-Iranian Oil Company.

Mohammad Mossadegh lui succède.

Le Parlement iranien approuve à l'unanimité la nationalisation immédiate de l'industrie pétrolière. L'Anglo-Iranian Oil Company et la Grande-Bretagne portent plainte devant la Cour internationale de Justice.

Juin. Signature d'un accord de défense mutuelle entre les États-Unis et l'Arabie saoudite.

Juillet. Abdallah Ier de Jordanie, désapprouvé pour son annexion de la Cisjordanie et les accords d'armistice, est assassiné à Jérusalem. Son fils Talal lui succède.

Août. Les États-Unis menacent l'Iran d'une suppression de l'aide américaine si le pays ne parvient pas à un accord avec la Grande-Bretagne.

Octobre. Le Premier ministre égyptien dénonce le traité de 1936 entre son pays et la Grande-Bretagne. Farouk est proclamé roi du Soudan.

La Grande-Bretagne prévient l'Égypte qu'elle maintiendra ses troupes dans la zone du canal de Suez.

En Syrie, Adib Chichakli dissout le Parlement et forme un gouvernement militaire.

1952

Janvier. Talal de Jordanie dote son pays d'une Constitution.

Des affrontements au Caire entre soldats britanniques et policiers égyptiens font une cinquantaine de victimes.

Février. La Turquie intègre l'OTAN.

Le gouvernement égyptien décrète la loi martiale.

Farouk Ier d'Égypte renvoie le gouvernement et revient à un exercice personnel du pouvoir.

Juillet. La monarchie égyptienne est renversée par les Officiers libres ; la direction du pays revient au général Mohammed Naguib. Farouk Ier abdique en faveur de son fils Fouad.

Août. Talal de Jordanie est défait de ses pouvoirs ; son fils Hussein monte sur le trône.

Les Britanniques évacuent le canal de Suez.

Septembre. Camille Chamoun devient chef de l'État libanais.

1953

Mai. Hussein de Jordanie est couronné roi.

Juin. Mohammed Naguib proclame la république en Égypte. La Grande-Bretagne accepte de hâter l'émancipation du Soudan.

Juillet. Adib Chichakli est élu président de la République syrienne.

Août. En Iran, les partisans du shah Mohammad Reza Pahlavi, appuyés par la CIA, renversent Mohammad Mossadegh.

Octobre. Démission de David Ben Gourion en Israël. Installation de la première base de l'OTAN en Turquie.

Novembre. Mort d'Ibn Saoud ; son fils aîné, Saoud, lui succède sur le trône.

1954

Janvier. Manifestations en Syrie contre le régime en place. En Égypte, Nasser décrète la dissolution des Frères musulmans.

Février. Le chef du gouvernement syrien Adib Chichakli se réfugie au Liban. En Égypte, Naguib proteste contre la dissolution des Frères musulmans puis démissionne ; Nasser devient Premier ministre. Devant l'opposition de l'armée, Nasser rappelle Naguib, qui reprend ses fonctions.

Mars. Les nassériens lancent une grève générale en Égypte.

Avril. Naguib reste chef de l'État égyptien, mais le pouvoir est transféré au Conseil, dont Nasser est le président.

Juin. Un nouveau gouvernement syrien est formé autour de Saïd al-Ghazzi.

Nouri Saïd rétablit un régime autoritaire en Irak.

Juillet. Début d'une opération des services de renseignements israéliens pour nuire aux relations entre l'Égypte et les Occidentaux. Attentat contre les bibliothèques de l'agence d'information des États-Unis à Alexandrie et au Caire.

Août. Nasser demande l'aide des États-Unis et propose un pacte de défense collective des États arabes.

Septembre. Israël envoie un de ses navires commerciaux vers le canal de Suez ; le navire est confisqué par l'Égypte et son équipage arrêté.

Octobre. En Égypte, les Frères musulmans manquent leur attentat contre Nasser.

La confrérie des Frères musulmans est dissoute par le pouvoir égyptien.

Novembre. Farès al-Khoury devient Premier ministre de Syrie.

Naguib est renversé par Nasser, qui devient Premier ministre.

Décembre. Égypte : douze membres des Frères musulmans sont exécutés ; le mouvement s'exile en Arabie saoudite.

1955

Février. Pacte de Bagdad entre l'Irak et la Turquie.

Mars. Accord de coopération militaire entre la Syrie et l'Égypte contre l'Irak.

La Grande-Bretagne rejoint le pacte de Bagdad.

Avril. Accord de coopération entre la Turquie et le Pakistan.

Juillet. Le Pakistan rejoint le pacte de Bagdad.

Octobre. L'Iran rejoint le pacte de Bagdad.

Novembre. Tsahal assure à Israël le contrôle d'une des principales voies d'accès vers le Sinaï.

1956

Janvier. Nasser demande l'aide des puissances occidentales pour financer la construction du barrage d'Assouan.

Juillet. Les États-Unis et la Grande-Bretagne annoncent qu'ils ne financeront pas le barrage d'Assouan. Nasser nationalise le canal et met sous séquestre les biens de la compagnie universelle du canal de Suez.

Les États-Unis gèlent les avoirs financiers égyptiens et suspendent l'aide alimentaire.

Août. L'Union soviétique reconnaît la nationalisation du canal de Suez.

Lors d'une conférence en Grande-Bretagne, les États-Unis proposent la création d'une organisation internationale chargée du contrôle et de la gestion du canal de Suez.

Septembre. Des militaires français débarquent à Chypre pour assurer la protection des ressortissants français en Égypte.

Nasser rejette le plan des États-Unis.

Octobre. Signature de l'accord secret de Sèvres entre la France, la Grande-Bretagne et Israël, dans le but de renverser Nasser et de récupérer le canal.

Début de la guerre de Suez.

Novembre. Israël envahit la bande de Gaza et le Sinaï. La Syrie et la Jordanie rompent les relations diplomatiques avec la France.

Débarquement franco-anglo-israélien à Port-Saïd. Prise de contrôle du canal et marche des commandos vers Le Caire. Mais, sous la pression des États-Unis et de l'URSS, ils doivent se replier. Cet échec marque la chute de l'influence des anciennes puissances coloniales dans la région.

L'ONU adopte une résolution demandant au Royaume-Uni, à la France et à Israël de retirer leurs troupes d'Égypte.

Décembre. Les troupes des Nations unies occupent le canal de Suez.

1957

Janvier. L'Égypte dénonce le traité d'alliance avec la Grande-Bretagne. Sous la pression des États-Unis, Israël accepte l'évacuation du Sinaï et la restitution de Gaza.

Juillet. Le prince Karim devient l'Aga Khan.

Août. Mise en place d'un accord de coopération entre la Syrie et l'URSS.

Octobre. Des troupes égyptiennes débarquent en Syrie.

1958

Février. Nasser annonce la création d'une République arabe unie regroupant l'Égypte et la Syrie.

L'Irak et la Jordanie s'unissent en une Union arabe de Jordanie et d'Irak.

Signature d'un pacte d'union entre la Syrie et l'Égypte.

La bande de Gaza est dotée d'une charte créant des organismes mixtes palestino-égyptiens.

Mars. Le Yémen rejoint la République arabe unie.

Mai. Début de la crise au Liban : insurrection nassérienne contre le pouvoir en place.

Juillet. Renversement de la dynastie hachémite en Irak.

Des soldats américains débarquent à Beyrouth.

À la demande du roi Hussein, des forces britanniques sont envoyées en Jordanie.

Août. Le Royaume-Uni et les États-Unis reconnaissent le nouveau régime irakien.

1959

Février. Le Royaume-Uni accorde son indépendance à Chypre.

Mai. L'Irak se retire du pacte de Bagdad et dénonce les accords passés avec les États-Unis.

Octobre. La Turquie accepte l'implantation d'une base de lancement de fusées américaines de l'OTAN.

Fondation au Koweït par Yasser Arafat du Fatah, organisation politique et militaire palestinienne qui prône la lutte armée et défend l'indépendance du peuple palestinien.

1960

Janvier. Début de la construction du barrage d'Assouan.

Mai. Coup d'État militaire en Turquie.

Août. Baisse de 10 % des prix du pétrole.

Septembre. L'Irak, l'Arabie saoudite, l'Iran, le Koweït et le Venezuela constituent l'OPEP.

1961

Juin. Indépendance du Koweït.

Juillet. La Grande-Bretagne soutient le Koweït face à une menace d'invasion irakienne.

Septembre. Révolte kurde en Irak.

L'armée syrienne prend le pouvoir : les Égyptiens de Syrie sont rapatriés et la République arabe unie est dissoute.

1962

Septembre. Tentative de coup d'État militaire au Yémen du Nord.

Octobre. L'Arabie saoudite rompt toute relation diplomatique avec l'Égypte.

Novembre. Abolition de l'esclavage en Arabie saoudite.

1963

Janvier. Référendum iranien sur la révolution blanche ; tentative de modernisation du pays par le shah. Les réformes et la mainmise américaine sont vivement critiquées par le clergé chiite et les grands propriétaires fonciers.

Février. Coup d'État baasiste en Irak.

Mars. Coup d'État baasiste en Syrie.

Juin. Émeutes en Iran : l'ayatollah Khomeyni se réfugie en Irak.

Juillet. Nouvelle tentative de coup d'État en Syrie.

Décembre. Nasser propose la réunion d'un sommet au Caire sur la question israélo-arabe.

1964

Janvier. Le pape Paul VI se rend en Terre sainte.

Premier sommet des chefs d'État arabes au Caire.

Mars. L'armée britannique bombarde le fort d'Harib au Yémen.

Avril. L'ONU condamne l'intervention britannique au Yémen.

Mai. Voyage de Khrouchtchev en Égypte. Avec Nasser, il inaugure la première tranche du barrage d'Assouan.

Premier Congrès national palestinien à Jérusalem-Est. Création de l'Organisation de libération de la Palestine (OLP), dirigée par Ahmed Choukeiry. Adoption de la Charte nationale palestinienne.

Le prince héritier saoudien Fayçal dépose son frère, qui se réfugie en Égypte, et devient roi du pays.

Novembre. Loi accordant l'immunité aux Américains présents sur le territoire iranien. L'ayatollah Khomeyni est arrêté. Il sera exilé en Turquie, puis en Irak.

1965

Janvier. Assassinat du Premier ministre iranien, Hassan Ali Mansour.

Première action militaire d'El-Assifa, branche armée du Fatah, contre des installations israéliennes de pompage des eaux du Jourdain.

Mai. Établissement de relations diplomatiques officielles entre Israël et l'Allemagne.

Août. Accord entre l'Égypte et l'Arabie saoudite établissant un régime provisoire au Yémen.

Nasser accuse les Frères musulmans d'avoir reconstitué leur organisation.

Septembre. Premières élections législatives en Afghanistan.

1966

Février. Nouveau coup d'État militaire en Syrie.
Avril. Mort du président irakien Abdel Salam Aref,
    remplacé par son frère Abdul Rahman Aref.
Mai. Première livraison d'armes américaines en Israël.
Juin. Rupture des relations jordaniennes avec l'OLP.
Août. Sayed Qutb, l'un des principaux leaders des
    Frères musulmans égyptiens, est exécuté par pen-
    daison.

1967

Avril. Israël détruit une partie de l'aviation syrienne.
Mai. Les forces égyptiennes, contrairement aux
    accords de démilitarisation de 1957, pénètrent dans
    le Sinaï. Nasser obtient de l'ONU le retrait des
    casques bleus. Il ferme aussi le détroit de Tiran et
    le golfe d'Aqaba aux bateaux israéliens. Pour
    Israël, c'est un *casus belli*.
    Nasser : « Notre objectif de base est la destruction
    d'Israël. » L'Égypte demande le retrait des forces
    de l'ONU de Gaza et du golfe d'Aqaba. Israël
    décrète la mobilisation générale.
    Signature d'un pacte de défense égypto-jordanien.
Juin. Formation d'un gouvernement d'union nationale
    en Israël.
    Attaque israélienne contre la Syrie et la Jordanie.
    L'Irak rejoint le Pacte égypto-jordanien.
    Guerre des Six-Jours (5-10 juin). Devant l'immi-
    nence d'une attaque arabe et les bombardements

syriens réguliers depuis le plateau du Golan, Israël lance une offensive préventive contre l'Égypte, menée par le général Moshe Dayan. Au terme d'une guerre éclair de six jours, Israël conquiert la Cisjordanie, la bande de Gaza, le Golan, la péninsule du Sinaï et Jérusalem-Est. Ainsi, les Israéliens peuvent à nouveau accéder à la vieille ville de Jérusalem et prier au Mur des lamentations. Le canal de Suez restera hors d'usage jusqu'en 1975.

Jérusalem-Est est annexée à l'État hébreu.

Septembre. Les États arabes réunis en sommet au Soudan proclament les trois « non » de Khartoum : non à la paix avec Israël, non à la reconnaissance d'Israël, non à toute négociation avec Israël. Le sommet de Khartoum réclame la restitution des territoires occupés, consacre l'émergence de l'OLP et fixe les sommes que doivent lui verser annuellement les pays pétroliers.

Octobre. Le shah d'Iran se couronne lui-même « roi des rois » *(shahinshah),* à la manière des princes perses achéménides et sassanides.

Novembre. L'ONU adopte la résolution 242 qui demande l'instauration d'une paix juste et durable au Proche-Orient, le droit pour les États de la région de vivre en paix à l'intérieur de frontières sûres et reconnues, et le retrait de ou des territoires occupés (selon les versions anglaise ou française) lors du conflit et un juste règlement du problème des réfugiés palestiniens (environ 250 000).

Le Yémen Sud accède à l'indépendance. Abu Dhabi adhère à l'OPEP.

Décembre. Création du Front populaire de libération de la Palestine (FPLP) par Georges Habache.

1968

Janvier. La Libye, le Koweït et l'Arabie saoudite fondent l'Organisation des pays exportateurs de pétrole (OPEP).

La Grande-Bretagne annonce son intention de se retirer de la Péninsule arabique sous trois ans.

Mars. Bataille de Karameh dans la vallée du Jourdain. Des fedayin palestiniens épaulés par l'armée jordanienne infligent de sévères pertes à l'armée israélienne.

Juillet. Détournement d'un Boeing de la compagnie israélienne El Al par le FPLP.

Coup d'État baasiste en Irak.

Décembre. Après la destruction par Tsahal d'avions de ligne sur l'aéroport de Beyrouth, multiplication de manifestations au Liban pour soutenir la cause palestinienne.

1969

Février. Cinquième Conseil national palestinien. Yasser Arafat est désigné président de l'OLP. Adoption de la Charte nationale palestinienne, qui dénie à Israël le droit à l'existence, se prononce pour la libération totale de la Palestine et l'instauration d'un État unique laïc et démocratique, de la Méditerranée au Jourdain.

Mars. Golda Meir (Parti travailliste) devient Premier ministre d'Israël.

Juin. L'Égypte déclenche une guerre d'usure contre Israël dans la région du canal de Suez.

Novembre. Accords du Caire : le Liban accepte une présence armée de l'OLP dans les camps palestiniens.

Décembre. Au sommet arabe, Nasser refuse une nouvelle guerre israélo-arabe.

1970

Janvier. Israël lance une opération de bombardement sur l'Égypte. À Moscou, Nasser demande la fourniture de missiles antiaériens.

Mars. L'Irak accorde une relative autonomie aux Kurdes.

Juin. L'Égypte met en place un dispositif antiaérien sur le canal de Suez.

Juillet. Fin de la construction du barrage d'Assouan.

L'Égypte accepte le plan Rogers, posant les bases d'un cessez-le-feu avec Israël.

Hussein de Jordanie se rallie au plan Rogers.

Août. Israël accepte à son tour le plan Rogers.

Début du cessez-le-feu entre l'Égypte et Israël. Un périmètre de sécurité est mis en place autour du canal de Suez.

Septembre. Les commandos du FPLP détournent trois avions des lignes internationales vers la ville de

Zarka, au nord de la Jordanie. L'aéroport est proclamé « zone libérée ».

À la suite de ces détournements d'avions et de la tentative d'assassinat sur le roi Hussein de Jordanie, offensive de l'armée jordanienne contre les bases palestiniennes de l'OLP en Jordanie, notamment à Amman et à Irbid. De cet événement émerge Septembre noir, nom de couverture pour des opérations sanglantes de l'OLP et du Fatah. Les Palestiniens se réfugient au Liban.

Mort de Nasser. Anouar el-Sadate prend la tête de l'État égyptien.

Octobre. Signature des accords d'Amman entre Yasser Arafat et le roi Hussein.

Novembre. Hafez el-Assad prend le pouvoir en Syrie.

Décembre. Création de la république démocratique populaire du Yémen.

1971

Mai. Tentative de coup d'État contre Sadate en Égypte.

Juillet. Début de l'indépendance des émirats du Golfe, qui deviennent les Émirats arabes unis.

Bataille de Jerash et d'Ajloun, qui marque la fin de la présence militaire palestinienne en Jordanie.

Août. Indépendance de Bahreïn.

Septembre. Sadate remplace le terme de République arabe unie par celui de république arabe d'Égypte.

Indépendance du Qatar.

Octobre. Iran : cérémonies fastueuses à Persépolis pour célébrer le 2 500ᵉ anniversaire de l'Empire perse et « 2 500 ans de continuité monarchique en Iran ».

Novembre. L'Iran s'assure le contrôle de la sortie du golfe Persique.

Assassinat au Caire du Premier ministre de Jordanie, Wasfi al-Tal, par un commando palestinien.

Décembre. Indépendance des Émirats arabes unis.

Les émirats du Golfe sont admis à l'ONU.

1972

Avril. Signature d'un traité d'amitié et de coopération entre les Soviétiques et l'Irak.

Juin. L'Irak nationalise l'Iraqi National Petroleum Company, propriété d'intérêts anglo-saxons.

Juillet. Refus soviétique d'augmenter l'aide apportée à l'Égypte : Sadate renvoie les conseillers militaires soviétiques.

Août. Union de la Libye avec l'Égypte.

Septembre. L'organisation Septembre noir prend en otages les athlètes israéliens participant aux Jeux olympiques de Munich. Deux sont abattus par le commando, et neuf autres sont tués au cours de la fusillade qui éclate avec la police allemande sur l'aéroport.

Octobre. Les compagnies pétrolières occidentales signent un accord avec l'Arabie saoudite, le Qatar, le Koweït et Abu Dhabi qui deviendront détenteurs de 25 % des sociétés concessionnaires.

L'autorité militaire est rétablie dans la bande de Gaza.

1973

Février. Tsahal abat un Boeing de la Libyan Arab Airlines.

Mars. Promulgation d'une nouvelle Constitution syrienne.

Avril. Sadate et Hafez el-Assad préparent un plan de reprise des combats contre Israël. Trois hauts responsables de l'OLP sont assassinés à Beyrouth par un commando israélien.

Octobre. Le jour de Kippour (6 octobre), les armées syrienne et égyptienne attaquent Israël par surprise afin de reconquérir les territoires occupés. La guerre de Kippour (ou du 10 de Ramadan) est déclarée. Prises au dépourvu, les forces israéliennes sont d'abord submergées, puis parviennent à reprendre le contrôle de la situation, à porter la guerre sur le territoire ennemi et à remporter la victoire, notamment grâce à une aide militaire américaine.

L'Égypte accepte un cessez-le-feu qu'Israël refuse. Début du premier choc pétrolier.

L'Arabie saoudite de Fayçal décide un embargo total sur les livraisons destinées aux États-Unis.

L'ONU adopte la résolution 338, qui réaffirme la validité de la résolution 242, adoptée pendant la guerre des Six-Jours, et appelle toutes les parties (l'Égypte, la Syrie, Israël, la Jordanie) à un

cessez-le-feu immédiat et à des négociations en vue
« d'instaurer une paix juste et durable au Moyen-
Orient ».

Sous la pression internationale, Israël accepte le
cessez-le-feu.

Novembre. L'Égypte et Israël signent le cessez-le-feu.
La Ligue arabe reconnaît l'OLP comme seul représentant du peuple palestinien.

Décembre. Conférence de Genève.

1974

Janvier. Accord du « kilomètre 101 » entre Israël et
l'Égypte. Les forces israéliennes se retirent sur une
ligne distante d'environ 20 kilomètres du canal de
Suez. Une zone tampon est créée entre les deux
armées.

Mars. Sadate obtient la levée de l'embargo saoudien
sur le pétrole.

Avril. L'Iran annonce son soutien à la résistance kurde
en Irak.

Mai. Signature d'un accord syro-israélien.

Juin. Lors de sa douzième session réunie au Caire, le
Conseil national palestinien (CNP) approuve le
principe de l'établissement d'un « pouvoir national
sur toute partie d'un territoire palestinien libéré ou
évacué par Israël ».

Octobre. Conférence des membres de l'OPEP à
Genève : l'Algérie, l'Irak et l'Iran refusent toute
réduction du prix du pétrole brut.

Le roi Hussein renonce à toute revendication sur la

Cisjordanie et reconnaît l'OLP comme seul représentant légitime du peuple palestinien.

Novembre. L'ONU reçoit Yasser Arafat. Reconnaissance internationale de l'OLP, qui obtient le statut
d'observateur à l'ONU. Le peuple palestinien se
voit reconnaître par l'assemblée générale le droit
« à la souveraineté et à l'indépendance nationale ».

1975

Mars. Par l'accord d'Alger, l'Irak reconnaît la délimitation de la frontière irako-iranienne. Réconciliation Iran-Irak par la signature d'un accord
frontalier sur la région pétrolifère du Chatt al-Arab.
Assassinat du roi Fayçal d'Arabie saoudite.

Avril. Début de la guerre du Liban.

Mai. Barricades dans Beyrouth.

Juin. Réouverture du canal de Suez à la navigation.

Septembre. Beyrouth est bombardé à de multiples
reprises.

L'Égypte et Israël signent un nouvel accord de paix,
autorisant le passage par le canal de Suez des produits non militaires venant ou à destination d'Israël.

Novembre. L'Assemblée générale de l'ONU vote la
résolution 3379 assimilant le sionisme à une forme
de racisme et de discrimination raciale. Elle sera
abrogée le 16 décembre 1991.

Décembre. Nationalisation des dernières concessions
pétrolières koweïtiennes.

1976

Janvier. Massacre de 850 chrétiens au Liban. Des membres armés du Fatah, sous le commandement direct de Yasser Arafat, attaquent la ville de Damour, au sud de Beyrouth.

Mars. L'Égypte dénonce les accords passés avec les Soviétiques. Des arabes israéliens se soulèvent pour protester contre les confiscations de terres palestiniennes par l'État israélien. Bilan de la répression : six manifestants sont tués. Cette journée sanglante est commémorée chaque année comme la « journée de la terre ».

Mai. Intervention syrienne au Liban.
Signature d'un traité commercial et de coopération entre la CEE et Israël.
L'Iran approuve un traité d'amitié avec l'Irak.

Juin. Raid d'Entebbe : 47 otages juifs et israéliens, capturés par un commando terroriste germano-palestinien à bord d'un avion et faits prisonniers en Ouganda, sont délivrés par un raid de l'armée de l'air israélienne.

Août. Fin du siège du camp palestinien de Tell El-Zaatar à Beyrouth par les Phalanges chrétiennes.

Novembre. La force arabe de dissuasion, dominée par la Syrie, est formée pour restaurer la paix au Liban.

1977

Janvier. Émeutes du pain en Égypte.

Incidents en Iran entre les forces de l'ordre et les étudiants à l'université de Téhéran.

Mars. Des intellectuels iraniens réclament une libéralisation politique. Lettre ouverte au shah du sociologue Ali Asghar sur la situation désastreuse du pays.

Mai. Le Likoud, parti de droite, remporte pour la première fois les élections législatives israéliennes. Menahem Begin devient Premier ministre.

Juin. Les dirigeants nationalistes iraniens Karim Sandjabi, Dariush Forouhar et Chapour Bakhtiar sortent de la clandestinité et demandent au roi de revenir aux principes constitutionnels de 1906.

Août. Extension de la législation israélienne à la Cisjordanie et à la bande de Gaza.

Septembre. Le président américain Jimmy Carter invite le président égyptien Anouar el-Sadate et le Premier ministre israélien à Camp David pour négocier les accords de paix.

Octobre. Iran : rassemblements religieux à Qom et à Rey en faveur de la libération de l'ayatollah Taleghani et du retour de Khomeyni. Affrontements avec la police.

Novembre. Anouar el-Sadate déclare qu'il est prêt à se rendre en Israël pour négocier la paix.

Manifestations et révoltes à l'université de Téhéran, brutalement réprimées.

Visite historique en Israël du président égyptien, Anouar el-Sadate, qui prononce un discours à la

Knesset pour une paix « juste et durable » entre les deux pays. En échange, l'Égypte exige qu'Israël se retire du Sinaï et s'engage à résoudre le problème palestinien.

Décembre. Sommet arabe dit « de la fermeté » à Tripoli, qui décide le gel des relations avec l'Égypte.

1978

Janvier. À Qom en Iran, les manifestations de soutien à l'ayatollah Khomeyni se transforment en émeutes contre le pouvoir. La police tire sur la foule.

Février. Soulèvement populaire en Iran, à Tabriz, après une marche en l'honneur des martyrs de Qom. L'armée tue une centaine de personnes.

Mars. Opération Litani. Israël occupe le Sud-Liban. Création de la Force intérimaire des Nations unies au Liban (FINUL). Vote de la résolution 425 demandant le retrait israélien du Sud-Liban.

Avril. Création en Iran de « milices patriotiques » pro-gouvernementales.

Juin. Tsahal se retire du Sud-Liban mais maintient une partie de ses troupes le long de la frontière.

Juillet. Affrontements entre l'armée syrienne et les milices chrétiennes libanaises.

Août. La loi martiale est décrétée à Ispahan en Iran après de violents affrontements.

Depuis l'Irak, Khomeyni appelle la population à continuer jusqu'au renversement du régime.

Septembre. Émeutes violemment réprimées à Téhéran. Vendredi noir : l'armée tire sur des jeunes, de violents combats éclatent dans la capitale. Nouvel appel à la résistance populaire de Khomeyni. Le président Carter assure au shah le soutien des États-Unis.

Signature des accords de Camp David entre l'Égypte, Israël et les États-Unis. Ces accords autorisent la récupération par l'Égypte du Sinaï, l'établissement de relations diplomatiques entre Israël et l'Égypte et la reconnaissance d'un droit légitime des Palestiniens. Ils prévoient en outre un régime d'autonomie substantielle en Cisjordanie et à Gaza. L'OLP condamne la « reddition » de l'Égypte.

Octobre. L'ayatollah Khomeyni est expulsé d'Irak par Saddam Hussein. Il s'installe à Neauphle-le-Château, en France. L'opposition religieuse, les communistes et les nationalistes déclenchent une série de grèves générales dans tout le pays. La plus grande raffinerie d'Iran, à Abadan, cesse ses activités.

Novembre. Les accords de Camp David sont rejetés à l'unanimité par le sommet arabe de Bagdad.

Le shah d'Iran instaure un gouvernement militaire dirigé par le général Azhari.

Décembre. Deux millions de personnes défilent à Téhéran pour demander le départ du shah.

Démission du général Azhari : Chapour Bakhtiar, un des chefs de file des nationalistes, est nommé Premier ministre.

1979

Janvier. Après avoir constitué un Conseil de régence, le shah quitte l'Iran pour l'Égypte.

Quatre millions de personnes défilent dans Téhéran pour réclamer la démission du pouvoir et le retour de Khomeyni.

Février. Incidents à la frontière irano-irakienne.

L'ayatollah Khomeyni prend le pouvoir. Il charge Mehdi Bazargan, figure historique de l'opposition, de former un gouvernement provisoire.

Mars. Traité de Washington : à la suite des accords de Camp David, Anouar el-Sadate et Menahem Begin signent un traité de paix entre Israël et l'Égypte. Par ce traité, Israël s'engage à retirer ses troupes du Sinaï.

La République islamique iranienne est approuvée par référendum à 98 %.

Avril. Proclamation de la République islamique en Iran.

Deuxième choc pétrolier, consécutif à la révolution iranienne. Face à la menace iranienne, l'Irak conclu un accord de sécurité avec l'Arabie saoudite.

Mai. Israël restitue à l'Égypte El-Arich, la capitale du Sinaï.

Reprise des pourparlers sur l'autonomie palestinienne entre l'Égypte et Israël.

Juin. Attentats islamistes en Syrie.

Juillet. Saddam Hussein devient président de la république d'Irak.

Août. La nouvelle Constitution iranienne accorde à Khomeyni le pouvoir suprême.

Octobre. Signature du traité de Moscou entre l'URSS et le Yémen du Sud.

Novembre : Manifestations chiites en Arabie saoudite.

Un groupe d'inspiration islamiste s'empare de la grande mosquée de La Mecque (135 morts).

Début de la crise iranienne des otages à l'ambassade américaine (qui durera jusqu'en janvier 1981).

1980

Février. Rétablissement des relations diplomatiques entre Israël et l'Égypte.

Mars. Soulèvement islamiste en Syrie.

Avril. Début de la répression sur le clergé chiite irakien.

Échec du raid américain pour libérer les otages de Téhéran.

Mai. La loi islamique devient la principale source de la législation égyptienne.

Juillet. Les Forces libanaises de Bachir Gemayel prennent le contrôle de la zone chrétienne.

La Knesset proclame Jérusalem « réunifiée » capitale éternelle d'Israël. La reconnaissance internationale ne suit pas et les pays occidentaux laissent leurs ambassades à Tel-Aviv.

Le shah d'Iran, renversé par la révolution islamique, meurt en exil au Caire.

Septembre. Coup d'État en Turquie.

Tension frontalière entre l'Irak et l'Iran. Saddam Hussein dénonce l'accord d'Alger.

Début de la guerre Iran-Irak.

1981

Janvier. Libération des otages américains de Téhéran.

Avril. Reprise des combats entre l'armée syrienne et les Forces libanaises de Bachir Gemayel.

Mai. Les Émirats arabes unis, Oman et l'Arabie saoudite forment le Conseil de coopération du Golfe.

Juin. L'armée de l'air israélienne bombarde le réacteur nucléaire irakien Osirak.

Reprise des attaques israéliennes contre les Palestiniens au Sud-Liban.

Juillet. Israël bombarde Beyrouth.

Les États-Unis obtiennent un cessez-le-feu au Liban.

Septembre. L'Iran lance une offensive contre l'Irak pour libérer son territoire.

Octobre. Assassinat d'Anouar el-Sadate par un groupe du Djihad islamique infiltré dans l'armée. Hosni Moubarak le remplace.

Décembre. Israël annexe le plateau du Golan.

1982

Février. Massacre des Frères musulmans à Hama par les forces de sécurité syriennes.

Avril. Le Sinaï est restitué à l'Égypte, sauf l'enclave de Taba.

Juin. Israël déclenche l'opération Paix en Galilée et envahit le Liban afin de mettre fin aux attaques palestiniennes depuis le Sud-Liban.

Tsahal attaque l'armée syrienne.

Signature d'un cessez-le-feu entre la Syrie et Israël.

Fahd devient roi d'Arabie saoudite.

Saddam Hussein rappelle l'armée irakienne sur la frontière internationale.

Juillet. L'Iran lance une série d'offensives contre l'Irak.

Août. Les troupes iraniennes entrent en Irak.

L'OLP évacue Beyrouth et se réfugie à Tunis.

Bachir Gemayel est élu président du Liban.

Septembre. Assassinat du président libanais Bachir Gemayel, élu trois semaines plus tôt.

Tsahal entre à Beyrouth.

Yasser Arafat est reçu par Jean-Paul II.

Constitution du Front de la résistance libanaise.

La milice libanaise chrétienne des Phalanges dirigée par Elie Hobeika investit les camps de réfugiés palestiniens de Sabra et Chatila et massacre un millier de civils, sous l'œil de l'armée israélienne qui n'intervient pas.

Amine Gemayel est élu président de la République libanaise.

Manifestations en Israël pour la démission de Menaham Begin.

Octobre. Raid israélien sur le quartier général de l'OLP à Tunis.

1983

Avril. Nouvelle offensive irakienne face à l'Iran.

Mai. Signature d'un accord de paix entre le Liban et Israël. Mutinerie au sein du Fatah. Combats fratricides à Tripoli entre les partisans d'Abou Moussa (prosyrien) et les fedayin restés fidèles à Yasser Arafat.

Juin. Yasser Arafat est expulsé de Damas.

Août. Démission de Menahem Begin, Premier ministre israélien.

Septembre. Au Liban, guerre du Chouf entre Druzes et chrétiens. Les Druzes avancent sur Beyrouth.

Octobre. Yitzhak Shamir devient Premier ministre d'Israël.

Signature d'un cessez-le-feu entre l'armée libanaise et les Druzes. Conférence de réconciliation nationale libanaise à Genève. Deux attentats simultanés contre les contingents américain et français à Beyrouth font 239 morts américains et 56 français.

Décembre. Attaque contre des soldats français de la FINUL au Sud-Liban (15 morts).

1984

Janvier. La Force multinationale commence à évacuer le Liban.

Février. Les chiites et les Druzes reprennent le contrôle de Beyrouth-Ouest.

Mars. Amine Gemayel dénonce l'accord israélo-libanais de mai 1983 et rompt les relations avec Israël. Retrait du contingent français de la Force multinationale de Beyrouth.

Avril. Achèvement du retrait israélien du Sinaï, sauf de l'enclave de Taba.

Mai. L'aviation iranienne attaque des pétroliers saoudiens et koweïtiens.

Juin. Les dernières troupes israéliennes quittent le
Liban.

1985

Février. Accord jordano-palestinien. L'OLP reconnaît
toutes les résolutions de l'ONU et propose « la terre
contre la paix ». Shimon Peres présente un règlement par étapes, avec une période intermédiaire où
la Jordanie et Israël géreront les affaires palestiniennes en liaison avec une assemblée élue. Une
série d'attentats palestiniens (comme le détournement de l'*Achille Lauro*) et de représailles israéliennes met fin au processus.

Mars. Les Forces libanaises se soulèvent contre
Amine Gemayel et portent Elie Hobeika à leur tête.

Mai. Début de la « guerre des camps » entre milices
chiites et Palestiniens, qui dure par intermittence
jusqu'en 1987.

Décembre. Tentative d'accord à Damas entre les milices druze, chiite et chrétienne.

1986

Janvier. La guerre civile éclate au Yémen du Sud.

Février. La Jordanie renonce au dialogue avec l'OLP,
ne pouvant amener celle-ci à abandonner publique-
ment toute action violente.

L'armée iranienne tente une offensive sur Bassora.

1987

Janvier. Saddam Hussein se déclare prêt à conclure une paix avec l'Iran.

Février. L'armée syrienne revient à Beyrouth-Ouest.

Mai. L'*USS Stark* est attaqué par des missiles Exocet irakiens.

Juillet. L'ONU demande un cessez-le-feu entre l'Iran et l'Irak.

Affrontements à La Mecque entre les forces armées et les pèlerins.

Novembre. Sommet arabe d'Amman.

Décembre. Première Intifada (« guerre des pierres ») en Cisjordanie et dans la bande de Gaza.

La résolution 605 du Conseil de sécurité de l'ONU, adoptée grâce à l'abstention américaine, déplore « les politiques et pratiques d'Israël qui violent les droits du peuple palestinien dans les territoires occupés ».

1988

Février. En Azerbaïdjan, l'enclave arménienne du Haut-Karabagh réclame son rattachement à l'Arménie. Pogrom de Sumqayit.

Mars. L'Irak bombarde le Kurdistan irakien.

Avril. Bataille des plates-formes pétrolières Sassan et Sirri entre les États-Unis et l'Iran. Abou Jihad, numéro 2 du Fatah et « chef d'orchestre » de l'Intifada, est assassiné dans la ville de Tunis par un commando israélien.

Juin. Le Haut-Karabagh se déclare en sécession vis-à-vis de l'Azerbaïdjan.

Juillet. Le vol 655 d'Iran Air est abattu par des missiles américains.

L'Iran accepte la résolution 598 de l'ONU.

Le roi Hussein de Jordanie accepte que la Cisjordanie devienne indépendante du royaume jordanien.

Août. Fin de la guerre Iran-Irak. Elle a fait un million de morts.

Septembre. Israël lance son premier satellite.

Novembre. La Jordanie renonce officiellement à sa souveraineté sur la Cisjordanie au profit de l'OLP.

Le Conseil national palestinien proclame un État palestinien dont la souveraineté s'étend sur la Cisjordanie et sur Gaza.

Décembre. Conférence des Nations unies de Genève : Arafat accepte l'existence d'Israël, admet les résolutions 242 et 338 et dénonce l'action terroriste.

Yitzhak Shamir devient Premier ministre d'un gouvernement d'union nationale. Il conserve une ligne dure face aux ouvertures palestiniennes.

1989

Janvier. Reprise des affrontements inter-chiites dans le Sud-Liban.

Février. L'ayatollah Khomeyni lance un appel à l'exécution de Salman Rushdie.

Retrait définitif de l'Armée rouge d'Afghanistan.

Mars. L'Égypte récupère l'enclave de Taba, dernier territoire occupé par Israël dans le Sinaï.

Avril. Crise économique en Jordanie et révolte dans le sud du pays.

Mai. Vote au Parlement israélien des propositions de paix définies par Yitzhak Shamir : élections dans les territoires occupés mais refus de la participation de l'OLP, autonomie provisoire durant trois ans, puis ouverture de négociations sur le statut final des territoires, mais refus d'un État palestinien. Arafat accepte l'initiative de Shamir mais en l'amendant : retrait partiel de l'armée israélienne, supervision des élections par l'ONU, retour des réfugiés, création définitive d'un État de Palestine.

Juin. Mort de l'ayatollah Khomeyni. Ali Khamenei lui succède en tant que « guide de la révolution ».

Juillet. Élection de l'*hodjatoleslam* Hachemi Rafsandjani à la présidence de la République islamique iranienne ; Ali Khamenei hérite des pouvoirs suprêmes du grand ayatollah.

Enlèvement par les Israéliens au Sud-Liban du cheikh Abdel Karim Obeid, chef du Hezbollah.

Coup d'État au Soudan : Omar al-Bechir, nouvel homme fort à Khartoum.

Octobre. Accords de Taëf, qui marquent la fin de la guerre civile libanaise.

Novembre. Premières élections libres en Jordanie : large succès des forces islamistes.

1990

Janvier. Liban : début de violents combats entre les aounistes et les Forces libanaises.

Mars. Le gouvernement israélien accepte l'ouverture de négociations avec les Palestiniens, mais uniquement sur l'autonomie des territoires. Yitzhak Shamir annonce qu'il poursuivra une politique d'implantation de colonies.

Avril. Saddam Hussein accuse les États-Unis et la Grande-Bretagne de soutenir Israël dans sa volonté d'intervenir contre l'Irak.

Mai. Un accord entre les deux Yémen permet la réunification du pays.

Le sommet arabe de Bagdad souligne le droit de l'Irak de prendre toutes les mesures susceptibles « d'assurer sa sécurité et de favoriser les moyens de son développement, y compris par l'acquisition de moyens scientifiques et technologiques de pointe ».

Juillet. Saddam Hussein accuse les dirigeants du Golfe de collusion avec les États-Unis.

Août. Entrée des troupes irakiennes au Koweït : début de la guerre du Golfe. L'OLP soutient l'Irak. Les Nations unies condamnent l'invasion.

La Ligue arabe condamne l'invasion du Koweït. L'Égypte tente une médiation.

L'Irak envahit les zones neutres le séparant du Koweït et de l'Arabie saoudite.

L'Irak annexe officiellement le Koweït.

L'Arménie déclare son indépendance vis-à-vis de l'URSS.

Septembre. Le gouvernement soviétique renoue ses relations diplomatiques avec l'Arabie saoudite.

Octobre. La Syrie bombarde des positions aounistes au Liban.

Novembre. Les États-Unis portent à 300 000 le nombre de soldats américains dans le Golfe.

Décembre. Réunification officielle de Beyrouth.

1991

Janvier. Début de l'opération Tempête du désert. Sous la pression des États-Unis, Israël ne riposte pas aux attaques de missiles irakiens.

Février. L'Irak déclenche l'incendie des puits de pétrole koweïtiens.

Le Koweït est libéré et l'Irak accepte un cessez-le-feu.

Avril. L'ONU réagit à la répression contre les Kurdes et les chiites par Saddam Hussein.

Les États-Unis lancent l'opération Provide comfort, destinée à apporter une aide humanitaire aux Kurdes.

Mai. Le président Moubarak annonce le retrait des forces égyptiennes du Koweït et de l'Arabie saoudite.

Octobre. Conférence de paix israélo-arabe à Madrid, qui réunit pour la première fois Israël, la Syrie, le Liban, la Jordanie et les représentants palestiniens. Les conversations se poursuivront à Washington mais n'aboutiront pas en raison de la méfiance de Yitzhak Shamir vis-à-vis des États-Unis. Le gouvernement américain, en réaction à la poursuite d'installations de colons juifs dans les territoires occupés, refuse sa garantie à des emprunts israéliens.

Décembre. L'Assemblée générale des Nations unies annule, par la résolution 46/86, la résolution 3379 décrétant que le sionisme est une forme de racisme et de discrimination raciale.

1992

Janvier. Les Nations unies condamnent la politique israélienne à l'égard de la population palestinienne.

Juillet. Yitzhak Rabin devient Premier ministre d'Israël.

Attentat islamiste contre des touristes au Caire.

Après de nombreuses attaques, Israël bombarde le Sud-Liban ; en retour, le Hezbollah bombarde la Galilée.

Israël accepte un cessez-le-feu.

Août. L'ONU établit une délimitation de la frontière du Koweït avec l'Irak, le privant de tout accès maritime.

Novembre. Le gouvernement de Rafic Hariri est investi au Liban.

Décembre. Premier attentat officiellement attribué à Al-Qaida contre un hôtel au Yémen où logent des soldats américains.

1993

Janvier. Israël et l'OLP entament des négociations secrètes à Oslo et adoptent une déclaration de principe sur « les arrangements intérimaires d'autonomie ».

Avril. Devant la recrudescence des violences, Israël boucle les territoires occupés.

Juillet. Opération Justice rendue au Sud-Liban contre le Hezbollah.

Septembre. Yasser Arafat signe à Tunis un accord de reconnaissance mutuelle entre Israël et l'OLP. Yitzhak Rabin signe le même document à Jérusalem.

Signature à Washington des accords d'Oslo, prévoyant une autonomie palestinienne progressive sur les territoires de Cisjordanie et de Gaza et un règlement définitif du conflit à l'issue d'une période de cinq ans.

Israël et la Jordanie signent le principe d'un traité de paix.

Décembre. Reconnaissance mutuelle du Vatican et d'Israël.

1994

Février. Une trentaine de fidèles musulmans qui prient au Caveau des patriarches, à Hébron, sont assassinés par le docteur Baroukh Goldstein, un colon juif.

Mars. Au Liban, arrestation des dirigeants des Forces libanaises.

Avril. Début des attentats kamikazes en Israël par le Hamas et le Djihad islamique.

Mai. Signature de l'accord sur Gaza et Jéricho par Israël et l'OLP. Création d'une autorité palestinienne de 24 membres et d'une force de police palestinienne. L'OLP obtient la gestion de Gaza et Jéricho.

Mise en place du programme de reconstruction du centre-ville de Beyrouth.

Retrait militaire des Israéliens de Gaza et de Jéricho.

Juillet. Yasser Arafat installe l'Autorité palestinienne à Gaza.

Visite de Yasser Arafat à Jéricho.

Israël et la Jordanie signent à Washington une déclaration mettant fin à l'état de guerre.

Octobre. Les États-Unis accusent l'Irak de concentrer des troupes à la frontière.

Signature du traité de paix entre Israël et la Jordanie. Hussein se voit reconnaître la fonction de « gardien des lieux saints » musulmans de Jérusalem ; protestations de l'OLP. L'écrivain Naguib Mahfouz est poignardé par un islamiste au Caire.

Novembre. L'Irak reconnaît les frontières internationales du Koweït.

Affrontements entre des islamistes et la police palestinienne. Arrêt du processus de paix.

Décembre. Yitzhak Rabin, Shimon Peres et Yasser Arafat reçoivent le prix Nobel de la Paix.

1995

Avril. Le Conseil de sécurité des Nations unies adopte la résolution 986 Pétrole contre nourriture et autorise l'Irak à vendre pour un milliard de dollars de pétrole par trimestre pour acheter des produits alimentaires et des médicaments.

Août. La Jordanie accorde l'asile à deux des filles de Saddam Hussein et à leurs maris.

Septembre. Les accords de Taba consacrent une extension de l'autonomie palestinienne à la Cisjordanie. Signatures des accords d'Oslo II à Washington.

Octobre. Retrait militaire israélien de sept villes de Palestine.

Novembre. Assassinat d'Yitzhak Rabin par un étudiant extrémiste israélien. Shimon Peres lui succède à la tête du gouvernement.

Le roi d'Arabie saoudite Fahd, victime d'une attaque cérébrale, décide de transférer une partie du pouvoir entre les mains du prince héritier Abdallah.

Attentat à la voiture piégée qui vise des militaires et des civils américains travaillant pour la Garde nationale saoudienne, à Riyad : 7 morts (dont 5 Américains).

Le PND remporte les élections législatives en Égypte.

Décembre. Seconde conférence économique pour le Proche-Orient et l'Afrique du Nord.

1996

Janvier. L'artificier Yahia Ayache, homme le plus recherché du Hamas par Israël, est assassiné à Gaza. Cent mille Palestiniens se rendent à ses funérailles. Premières élections au suffrage universel en Cisjordanie et à Gaza. Yasser Arafat est élu président de l'Autorité palestinienne avec 88 % des suffrages.

Mars. Une nouvelle opération suicide palestinienne tue 19 personnes à Jérusalem. Shimon Peres proclame une guerre totale contre le Hamas.

Bill Clinton convoque à Charm el-Cheikh, en Égypte, un sommet mondial contre le terrorisme.

Avril. Shimon Peres déclenche l'opération Raisins de la colère, autorisant une intervention militaire contre le Hezbollah au Sud-Liban. Une centaine de civils sera tuée lors de cette offensive.

Liban : un bombardement israélien sur un camp de la FINUL à Qana fait une centaine de morts parmi les civils.

Le Conseil national palestinien retire de la charte de l'OLP les articles remettant en cause le droit à l'existence de l'État d'Israël.

Grâce à une médiation franco-américaine, un cessez-le-feu est obtenu au Sud-Liban.

Mai. L'Irak accepte la résolution Pétrole contre nourriture.

Benyamin Netanyahou et sa coalition regroupant la droite du Likoud, l'extrême droite et les religieux remportent les élections israéliennes. Netanyahou est nommé Premier ministre ; son gouvernement accélère l'extension des implantations juives. Il pose des conditions telles que les discussions sur l'avenir de l'autonomie de la Palestine sont bloquées.

Juin. Réunion des États arabes au Caire. Ils rappellent les principes de la paix (« paix contre la terre ») et demandent le respect des engagements pris. Netanyahou parle de provocation et de « diktat ». La colonisation reprend durant l'été.

Août. L'armée irakienne occupe la plus grande partie du territoire kurde ; les États-Unis répondent par de nouvelles frappes aériennes et étendent les zones d'exclusion aérienne au sud de l'Irak.

Septembre. Tirs de missiles par les États-Unis contre des cibles militaires du Sud de l'Irak en riposte à l'offensive de Saddam Hussein dans le Kurdistan irakien.

Le projet de tunnel à vocation touristique près de l'esplanade des Mosquées provoque une explosion de colère et la fermeture immédiate des territoires palestiniens.

Octobre. Première visite officielle de Yasser Arafat en Israël.

L'Union patriotique du Kurdistan (UPK), soutenue par l'Iran, reprend une partie du terrain perdu dans le Kurdistan irakien.

Arabie saoudite : attentat visant la base d'Al-Khobar, dans l'est du pays : 19 soldats américains tués.

1997

Janvier. Grâce à la médiation d'Hussein de Jordanie, signature des accords de Washington entre Palestiniens et Israéliens à propos de la ville d'Hébron.

Yasser Arafat entre à Hébron. L'armée israélienne évacue les deux tiers de la ville.

Février. Israël décide de construire 6 500 logements réservés aux Juifs aux portes de Jérusalem-Est.

Coup d'État militaire en Turquie.

Mai. Victoire du modéré Mohammad Khatami en Iran. Il sera réélu en 2001.

Juin. Chute du Premier ministre turc Necmettin Erbakan.

Juillet. L'Irak refuse la visite des palais présidentiels à Richard Butler, nommé à la direction de l'UNSCOM.

Le gouvernement Netanyahou légalise l'usage de la torture contre les suspects d'attentats palestiniens et cherche à supprimer les permis de séjour des Palestiniens à Jérusalem.

Novembre. Échec des nouveaux pourparlers israélo-palestiniens à Washington.

Attentat islamiste à Louxor : 68 touristes tués.

Après une médiation russe, Saddam Hussein accepte le retour des membres américains de l'UNSCOM, mais dans un délai de six mois. Refus des États-Unis.

Boycott par la plus grande partie des pays arabes de la quatrième Conférence pour le développement économique du Moyen-Orient à Qatar. Pour les États-Unis, le processus de paix est en danger.

1998

Janvier. Crise entre l'Irak et les États-Unis à propos des contrôles des sites stratégiques irakiens par les experts de l'ONU.

Juin. Le gouvernement israélien propose la création d'un Grand Jérusalem en doublant la superficie de l'agglomération par l'annexion de nouveaux territoires arabes.

Août. L'Irak refuse l'accès de l'UNSCOM à certains sites et suspend sa coopération aux travaux de la commission.

Octobre. Sous la pression turque, la Syrie interdit les activités du Parti des travailleurs du Kurdistan (PKK) sur son territoire. Le chef du PKK quitte le Liban pour le Kenya.

Signature des accords de Wye Plantation prévoyant une autonomie palestinienne supplémentaire de 13 % du territoire de Cisjordanie.

Novembre. L'aéroport de Gaza est ouvert au trafic international.

Décembre. Attaque aérienne des forces américaines et britanniques sur l'Irak.

Dissolution de la Knesset et gel des accords de Wye Plantation.

Bagdad refuse de reconnaître les zones d'exclusion aériennes.

1999

Février. Réélection à 99,9 % de Hafez el-Assad pour un nouveau mandat de cinq ans.

Le grand ayatollah Mohammad Sadeq al-Sadr et deux de ses fils sont assassinés à Nadjaf, ville sainte chiite irakienne.

Mort du roi Hussein de Jordanie.

Avril. Reprise des bombardements américains et anglais sur l'Irak.

L'Autorité palestinienne reporte au mois de juin la proclamation de l'État palestinien.

Mai. Fin de la période d'autonomie palestinienne prévue par la Déclaration de principes du 13 septembre 1993. Grâce à la médiation des États-Unis, Arafat accepte de reporter la proclamation de l'État palestinien indépendant à l'année suivante.

Élections anticipées en Israël : le travailliste Ehoud Barak l'emporte largement sur le chef du Likoud Netanyahou, par 56 % contre 44 % des voix.

Décembre. Reprise des pourparlers israélo-syriens interrompus en 1996, refus israélien de l'application stricte des résolutions internationales.

2000

Février. Élections législatives en Iran : les réformateurs favorables à Khatami obtiennent la majorité absolue avec 170 des 290 sièges du Parlement.

Jean-Paul II signe un accord avec Yasser Arafat : le Vatican s'engage à s'opposer à toute action unilatérale d'Israël à Jérusalem et officialise les activités de l'Église catholique sur le territoire palestinien.

Mai. Les troupes israéliennes quittent le Sud-Liban après vingt-deux ans d'occupation.

Juin. Décès de Hafez el-Assad. Son fils Bachar el-Assad prend la relève.

Juillet. Moshe Katsav remporte l'élection présidentielle israélienne.

Septembre. Le chef du Likoud, Ariel Sharon, se rend sur l'esplanade des Mosquées à Jérusalem. Le lendemain éclatent de violents affrontements qui gagnent la Cisjordanie et la bande de Gaza. Début de la seconde Intifada.

Octobre. Dix-sept marins américains périssent dans un attentat à bord du navire *USS Cole*, en escale dans le port d'Aden, au Yémen.

Novembre. Ehoud Barak approuve un plan de construction d'une « barrière destinée à empêcher le passage de véhicules motorisés » depuis le nord-est de la Cisjordanie jusqu'à la région du Latrun.

2001

Février. Victoire du Likoud aux élections israéliennes : Ariel Sharon devient Premier ministre.

Avril. Raid israélien sur la Syrie.

Septembre. Le commandant Massoud est assassiné en Afghanistan. Attentat contre les tours jumelles du World Trade Center à New York et contre le Pentagone à Washington. Un triple attentat spectaculaire exécuté par Al-Qaida, l'organisation d'Oussama Ben Laden.

Octobre. Campagne américaine contre les Taliban et Al-Qaida en Afghanistan.

La Syrie est élue membre permanent du Conseil de sécurité de l'ONU.

Le général israélien Rehavam Zeevi, ministre du Tourisme, est assassiné par le FPLP.

Décembre. Début de la « réclusion » de Yasser Arafat, placé sous la surveillance de l'armée israélienne dans son QG de Ramallah.

Ariel Sharon décide de rompre les contacts avec Yasser Arafat et l'Autorité palestinienne.

Arafat appelle à l'arrêt total des attaques contre Israël.

Capitulation du régime afghan (taliban) à Kandahar.

2002

Janvier. George W. Bush désigne l'Irak, l'Iran et la Corée du Nord comme appartenant à l'« Axe du mal ».

Mars. Le Conseil de sécurité des Nations unies adopte la résolution 1397, qui mentionne pour la première fois la perspective de la coexistence de deux États, Israël et la Palestine.

Avril. À la suite de nombreux attentats, le gouvernement israélien décide de construire une « barrière de séparation » afin d'empêcher l'entrée de terroristes en Israël.

Mai. L'armée israélienne lève le siège de Ramallah.

Juin. Discours du président Bush sur sa vision du Proche-Orient, plaidant pour la création d'un État palestinien et appelant au remplacement de Yasser Arafat.

Juillet. Washington veut un « changement de régime » à Bagdad et utilisera « tous les moyens » pour renverser Saddam Hussein, déclare George Bush.

Août. Le gouvernement d'Ariel Sharon approuve le tracé du mur entre Israël et la Cisjordanie.

Six des sept villes autonomes de Cisjordanie sont réoccupées par Israël.

Septembre. Kofi Annan, secrétaire général de l'ONU, annonce que l'Irak accepte sans condition le retour des inspecteurs en désarmement de la Commission de contrôle, de vérification et d'inspection des Nations unies (UNMOVIC).

Octobre. Démission des six ministres travaillistes du gouvernement israélien, notamment du ministre de la Défense, Binyamin Ben-Eliezer, et du vice-Premier ministre, ministre des Affaires étrangères, Shimon Peres. Le Congrès américain autorise le recours à la force contre l'Irak.

Novembre. La résolution 1441 est votée à l'unanimité du Conseil de sécurité de l'ONU. Elle donne sept jours à l'Irak pour accepter « cette dernière chance de se conformer aux obligations de son désarmement ». L'Irak accepte sans réserve la résolution 1441.

Décembre. Les États-Unis, la Russie, l'Union européenne et les Nations unies établissent une feuille

de route qui établit un plan par étapes pour la création d'un État palestinien.

L'Irak remet à l'ONU un rapport de près de 12 000
pages sur ses programmes militaires. Saddam Hussein présente pour la première fois ses excuses au
peuple koweïtien pour l'invasion de l'émirat en
août 1990. L'opposition irakienne, réunie à Londres, appelle au renversement de Saddam Hussein
et à la formation d'un État fédéral démocratique
débarrassé de ses armes de destruction massive.

2003

Janvier. Washington renforce le déploiement de l'armée américaine dans le Golfe, portant ses effectifs
à 150 000 hommes. « Rien ne justifie de rompre le
fil des inspections ni d'envisager une action militaire », déclare Dominique de Villepin, ministre
français des Affaires étrangères, à l'issue d'une réunion du Conseil de sécurité de l'ONU sur le terrorisme. Le secrétaire d'État américain, Donald
Rumsfeld, s'en prend à la France et à l'Allemagne,
qui représentent « la vieille Europe ». Hans Blix, le
chef des inspecteurs en désarmement de l'ONU,
dément que le régime irakien soit lié au réseau
terroriste Al-Qaida.

Février. Iran : raz-de-marée conservateur aux élections municipales (taux d'abstention de plus de
85 %). Mahmoud Ahmadinejad remporte la mairie
de Téhéran. La France, la Russie et l'Allemagne
mettent au point un plan de rechange à l'option

militaire américaine, prévoyant l'envoi de casques bleus européens et le renforcement des inspections de l'ONU. Bagdad autorise « sans condition » le survol de son territoire par des avions espions U2, réclamés par les inspecteurs de l'ONU. Quelque 10 millions de personnes se mobilisent dans le monde pour manifester contre la guerre en Irak, notamment à Londres, Madrid et Rome. Les États-Unis, la Grande-Bretagne et l'Espagne soumettent un projet pour une seconde résolution (après la résolution 1441 adoptée le 8 novembre 2002) au Conseil de sécurité de l'ONU.

Mars. Mahmoud Abbas est investi Premier ministre de l'Autorité palestinienne. Nouveau rapport du chef des inspecteurs de l'ONU, Hans Blix, qui dresse un tableau encourageant de l'accélération du désarmement irakien depuis janvier. La Russie annonce qu'elle mettra un veto au projet de résolution anglo-américain. Le président français Jacques Chirac affirme à la télévision sa détermination à tout faire pour empêcher la guerre contre l'Irak, quitte à utiliser le veto de la France au Conseil de sécurité de l'ONU. Les États-Unis, la Grande-Bretagne et l'Espagne renoncent à mettre leur résolution aux voix à l'ONU, qui aurait donné le feu vert à la guerre. George Bush donne quarante-huit heures à Saddam Hussein pour quitter l'Irak. Le secrétaire d'État américain Colin Powell assure qu'une coalition de 45 pays soutient les États-Unis contre l'Irak. Le 20 mars, l'opération Liberté pour l'Irak débute.

Avril. L'armée américaine contrôle Bagdad. Saddam Hussein et les dignitaires du régime entrent en clandestinité. La statue du dictateur irakien est déboulonnée. Le musée archéologique de la capitale irakienne est pillé.

George Bush demande la levée des sanctions contre l'Irak.

Arrivée à Bagdad du général américain Jay Garner, administrateur provisoire de l'Irak d'après guerre.

Mai. George Bush déclare dans une allocution prononcée depuis le porte-avions *Abraham Lincoln*, au large de la Californie, que « l'essentiel des combats est terminé en Irak ».

Paul Bremer, diplomate de carrière, est chargé de diriger la reconstruction en Irak en tant qu'administrateur civil. Il s'installe dans la « Zone verte », ancien complexe des palais présidentiels de Saddam Hussein au centre de Bagdad.

Le chef de la principale force d'opposition chiite exilé en Iran, l'ayatollah Mohammed Bakr al-Hakim, fait un retour triomphal en Irak. L'accès à la fonction publique est interdit à tous les hauts responsables du Baas, le parti du président déchu Saddam Hussein.

Israël-Palestine : présentation de la feuille de route au sommet d'Aqaba. Elle prévoit la création d'un État palestinien en 2005.

Juillet. Les États-Unis offrent 25 millions de dollars pour des informations permettant l'arrestation de Saddam Hussein. Le Conseil de gouvernement transitoire irakien, composé de 25 membres, se réunit pour la première fois à Bagdad. Les deux fils de Saddam Hussein, Oudaï et Koussaï, sont tués par les forces américaines à Mossoul.

Août. Iran : l'AIEA affirme avoir découvert sur le site de Natanz des taux d'uranium enrichi supérieurs aux normes civiles. Un attentat suicide contre le siège de l'ONU à Bagdad fait 22 morts dont le représentant de l'ONU, Sergio Vieira de Mello. L'ayatollah Mohammed Bakr al-Hakim et 17 fidèles sont tués dans l'explosion d'une voiture piégée devant le mausolée d'Ali, dans la ville sainte de Nadjaf.

Septembre. Démission du Premier ministre palestinien, Mahmoud Abbas.

L'AIEA intime à l'Iran de prouver avant le 31 octobre qu'il ne développe pas l'arme nucléaire.

L'ONU adopte une résolution demandant à Israël de cesser ses menaces d'expulsion à l'encontre de Yasser Arafat et condamnant les attentats suicides perpétrés par des groupes palestiniens.

Octobre. La France, l'Allemagne et le Royaume-Uni (la « troïka ») obtiennent un engagement iranien sur la suspension de l'enrichissement d'uranium. Un rapport du Groupe d'inspection en Irak (ISG) affirme qu'aucune arme de destruction massive n'a été découverte.

Attentat suicide contre le Comité international de la Croix-Rouge (CICR) à Bagdad. L'ONU annonce le retrait temporaire de son personnel de la capitale irakienne.

Novembre. L'Iran accepte de suspendre ses activités en échange de négociations avec les Européens sur un partenariat nucléaire civil.

Palestine : Ahmed Qoreï, dit Abou Ala, forme un nouveau gouvernement.

Adoption par le Conseil de sécurité des Nations unies de la résolution 1515 approuvant la feuille de route du quartet (États-Unis, Russie, Union européenne et Nations unies) pour un règlement permanent du conflit israélo-palestinien, acceptée par Israël et l'Autorité palestinienne. Ariel Sharon annonce le plan de désengagement de Gaza, dont la mise en œuvre est prévue en 2005.

Décembre. Téhéran signe le protocole additionnel au TNP. Arrestation de Saddam Hussein près de Tikrit, sa ville natale.

2004

Février. Les conservateurs remportent les élections au Parlement iranien.

Mars. Mort du fondateur et chef spirituel du Hamas, cheikh Yassine, lors d'un raid aérien de l'armée israélienne à Gaza.

Le conseil de gouvernement irakien adopte le texte de la Constitution provisoire, compromis entre islamistes et laïcisants, qui stipule que l'islam est une source du droit mais pas exclusive.

Quatre civils américains sont tués à Falloujah, ville sunnite à l'ouest de Bagdad ; leurs corps sont mutilés et exhibés dans la ville.

Avril. Mort d'Abdel Aziz al-Rantissi, chef du Hamas, successeur de Cheikh Yassine, lors d'un raid de l'armée israélienne à Gaza.

Début des affrontements entre les miliciens du leader chiite Moqtada al-Sadr et les forces de la coalition à Bagdad et dans les villes du sud de l'Irak. Opération américaine d'envergure pour mater l'insurrection sunnite à Falloujah.

Mai. Le *New Yorker* révèle qu'un rapport de l'armée américaine dénonçait dès février l'aspect « systématique » des exactions contre les prisonniers irakiens. Le secrétaire d'État américain, Donald Rumsfeld, présente ses excuses pour les sévices subis par les prisonniers irakiens. Paul Bremer, l'administrateur américain en Irak, évoque la possibilité d'un désengagement américain, estimant « qu'il n'est évidemment pas possible de rester dans un pays où nous ne sommes pas les bienvenus ».

Juin. Ghazi al-Yaouar est désigné président de l'Irak. Adoption à l'ONU de la résolution 1546 sur le transfert de souveraineté, détaillant les étapes de l'organisation d'élections d'ici à janvier 2005 et les conditions du maintien de la coalition, sans fixer de date limite. L'Autorité provisoire de la coalition (CPA) est dissoute et Paul Bremer, l'administrateur civil américain, quitte l'Irak.

Juillet. Avis de la Cour internationale de justice déclarant illégal le tracé de la barrière de séparation construite par Israël en Cisjordanie. Saddam Hussein comparaît devant un tribunal irakien qui lui signifie sept chefs d'inculpation de crimes contre l'humanité.

Août. Rébellion chiite à Nadjaf. Les miliciens de Moqtada al-Sadr s'emparent du mausolée d'Ali. Un cessez-le-feu puis un accord sont finalement trouvés avec Moqtada al-Sadr, qui accepte de déposer les armes.

Septembre. Le seuil des 1 000 soldats américains tués en Irak est franchi. Adoption de la résolution 1559 qui appelle au respect de la souveraineté et de l'indépendance du Liban, au retrait de toutes les troupes étrangères et à une élection présidentielle libre et équitable.

Octobre. Premières élections démocratiques en Afghanistan. Le rapport du chef des inspecteurs américains en Irak, Charles Duelfer, confirme l'absence d'armes chimiques, bactériologiques et nucléaires en Irak lors de l'entrée en guerre.

Novembre. Décès de Yasser Arafat.

Accord de Paris qui formalise la suspension des activités iraniennes d'enrichissement d'uranium contre une promesse européenne de coopération nucléaire, commerciale et politique. Téhéran accepte de geler l'enrichissement d'uranium.

L'Iran déclare qu'il ne « renoncera jamais » à l'enrichissement de l'uranium.

Décembre. Ouverture de négociations avec la « troïka » à propos du nucléaire iranien.

2005

Janvier. Mahmoud Abbas, nouveau leader du Fatah, est élu président de l'Autorité palestinienne. Premières élections multipartites en Irak depuis 1953.

Février. Conférence de Charm El-Cheikh : Israéliens et Palestiniens annoncent la fin de la violence.

Israël relâchera plus de 900 prisonniers palestiniens et se retirera graduellement de villes palestiniennes ; l'Égypte et la Jordanie renverront leurs ambassadeurs en Israël. La seconde Intifada est considérée comme terminée.

L'ancien Premier ministre libanais, Rafic Hariri, ainsi que 22 personnes sont tués dans un attentat à Beyrouth.

Après un attentat suicide à Tel-Aviv, Israël gèle la transmission prévue de villes de Palestine à la sécurité palestinienne.

Mars. Conférence de Londres pour mettre en place l'aide financière au gouvernement palestinien et aider à l'organisation des forces de sécurité palestinienne.

L'opposition libanaise (contre l'occupation syrienne et le régime prosyrien en place) rassemble un million de manifestants sur la place des Martyrs à Beyrouth. La foule réclame la vérité sur l'assassinat de Rafic Hariri, le départ de la présence syrienne et celui du gouvernement Karamé.

Avril. Égypte : un attentat dans le bazar de Khan Al-Khalili cause la mort de 3 personnes et en blesse 18 autres. Deux semaines plus tard, attentat suicide près du Musée égyptien du Caire et le même jour, deux femmes tirent sur un autocar transportant des touristes.

Le Kurde Jalal Talabani est élu président de l'Irak par l'Assemblée nationale transitoire. Le chiite Ibrahim al-Jaafari est nommé Premier ministre par le président Talabani, qui propose une amnistie aux insurgés.

Les derniers soldats syriens quittent le Liban.

Mai. Après quinze ans d'exil, Michel Aoun revient au Liban. Élections législatives : la coalition antisyrienne menée par Saad Hariri, le fils du Premier ministre assassiné, remporte 72 des 128 sièges.

Juin. Iran, élection présidentielle : Mahmoud Ahmadinejad l'emporte sur l'ancien président, Hachemi Rafsandjani, avec 61,7 % des voix et un taux de participation de 59,7 %.

Après une rencontre entre Sharon et Abbas, l'Autorité palestinienne accepte une coordination pour le désengagement de Gaza. Israël refuse les concessions en matière de sécurité.

Juillet. Des kamikazes font exploser leurs voitures dans la station balnéaire égyptienne de Charm El-Cheikh : 88 morts, surtout des Égyptiens. L'attentat est revendiqué par un groupe proche d'Al-Qaida.

Août. L'Iran rejette les propositions européennes de coopération et réactive le programme d'enrichissement à Ispahan. Les États-Unis réclament la saisine du Conseil de sécurité de l'ONU.

Conformément au plan de désengagement, les colonies juives à proximité de la bande de Gaza commencent à être démantelées.

Septembre. L'AIEA adopte une résolution prévoyant un recours au Conseil de sécurité dans l'affaire nucléaire iranienne.

Élection présidentielle multipartite en Égypte. Hosni Moubarak est réélu avec 88,6 % des voix et un taux de participation de 23 %.

Une vague d'attentats fait 150 morts en Irak : Abou Moussab al-Zarqaoui, chef des réseaux Al-Qaida en Irak, proclame une « guerre totale » contre les chiites, les accusant « d'exterminer » les sunnites.

Octobre. Le président iranien Ahmadinejad multiplie les provocations à l'encontre d'Israël, qui doit être « rayé de la carte », et émet des doutes sur la réalité du génocide juif. En Irak, le projet de Constitution, incluant le fédéralisme, est adopté à 78 % par référendum. Ouverture du procès de Saddam Hussein.

Novembre. Trois attentats en Jordanie, à Amman, font plus de 60 morts et 300 blessés.

Décembre. Au Liban, le député antisyrien Gébrane Tuéni est tué dans un attentat.

Le Premier ministre palestinien Ahmed Qoreï démissionne.

À quelques heures de l'expiration de la trêve des attaques contre Israël, le Jihad islamique et plusieurs factions armées proches du Fatah déclarent que ladite trêve ne sera pas reconduite.

Élections législatives en Irak : la liste chiite conservatrice remporte 78 sièges sur 275, mais n'obtient pas la majorité absolue ; la liste kurde emporte 53 sièges et la liste sunnite 44.

2006

Janvier. Seconde attaque cérébrale d'Ariel Sharon, qui sombre dans le coma.

L'Iran lève des scellés placés par l'AIEA sur plusieurs centres de recherche nucléaire.

Victoire du Hamas aux élections législatives palestiniennes.

Février. Résolution de l'AIEA demandant le transfert du dossier iranien à l'ONU. Téhéran suspend les inspections surprises prévues par le TNP. Le dôme de la Mosquée d'or de Samarra en Irak est endommagé par un attentat. Dans les jours suivant, des violences entre chiites et sunnites font 450 morts.

Mars. Échec des discussions entre la « troïka » et l'Iran. L'AIEA transmet le dossier à l'ONU.

Avril. Le président Ahmadinejad annonce que « l'Iran a rejoint les pays nucléaires » avec l'enrichissement d'uranium.

Ariel Sharon perd officiellement son poste de Premier ministre, conformément à la loi israélienne qui impose une période d'intérim de 100 jours. Ehoud Olmert forme un gouvernement.

Mai. Mahmoud Ahmadinejad écrit à George W. Bush pour proposer de « nouveaux moyens » de régler les tensions dans le monde, geste sans précédent depuis la révolution en 1979.

Le secrétaire général de l'ONU Kofi Annan appelle les États-Unis à dialoguer directement avec Téhéran pour résoudre la crise.

Washington, dans un changement majeur de politique vis-à-vis de l'Iran, propose de participer directement aux négociations sur le programme nucléaire iranien aux côtés des Européens, à condition que Téhéran suspende son enrichissement d'uranium.

En Irak, le parlement de la région autonome du Kurdistan vote l'unification des trois provinces kurdes, scellant ainsi la réconciliation du Parti démocratique du Kurdistan (PDK) de Massoud Barzani et de l'Union patriotique du Kurdistan (UPK) du président Jalal Talabani.

Juin. Une offre faite par les cinq membres permanents du Conseil de sécurité et par l'Allemagne, contenant une série de propositions incitatives si Téhéran suspend l'enrichissement d'uranium, est remise à l'Iran.

Téhéran se dit « prêt à commencer à négocier », mais « sans conditions préalables ».

Le caporal Gilad Shalit est enlevé par des groupes activistes palestiniens lors d'une attaque contre un poste militaire de Tsahal en territoire israélien. Abou Moussab al-Zarqaoui, le chef de la branche d'Al-Qaida en Irak, est tué par un raid américain.

Juillet. Israël, cherchant à éradiquer le Hezbollah du Sud-Liban, attaque le Liban (1 400 morts), après l'enlèvement de deux de ses soldats.

Résolution de l'ONU donnant un mois à l'Iran pour suspendre ses activités, sous peine de sanctions. Cent civils meurent chaque jour en Irak, révèle un rapport de l'ONU.

Août. Téhéran remet aux Nations unies un document proposant des « négociations sérieuses », mais qui n'évoque pas la suspension de l'enrichissement d'uranium.

Un rapport de l'AIEA remis à l'ONU indique que l'Iran n'a pas respecté l'ultimatum fixé et a repris ses activités.

Octobre. Israël retire ses troupes du Sud-Liban (excepté à Ghajar). Le Parlement irakien adopte une loi créant un État fédéral.

Novembre. Israël attaque le nord de la bande de Gaza, faisant plus de 50 morts et 200 blessés en quatre jours. Accord sur un cessez-le-feu dans la bande de Gaza.

Liban : le ministre antisyrien de l'Industrie Pierre Gemayel est tué par balles.

Le Tribunal spécial irakien condamne Saddam Hussein à la pendaison pour le massacre de 148 villageois en 1982. L'Irak et la Syrie rétablissent leurs relations diplomatiques interrompues en 1980 lors de la guerre Iran-Irak.

Décembre. L'Iran organise une conférence internationale sur l'Holocauste, rassemblant soixante-sept « historiens et chercheurs » de trente pays, dont des révisionnistes.

Le parti du président Ahmadinejad subit une défaite aux élections municipales.

Le Conseil de sécurité vote la résolution 1737, qui impose des sanctions sur le programme nucléaire iranien mais n'autorise pas le recours à la force, et accorde deux mois à Téhéran pour suspendre l'enrichissement d'uranium. Saddam Hussein est exécuté par pendaison.

2007

Janvier. George Bush annonce une nouvelle stratégie en Irak et décide l'envoi d'un renfort de 21 500 soldats américains. Le GSPC devient l'Organisation d'Al-Qaida au pays du Maghreb islamique.

Février. Expiration du délai accordé en décembre par l'ONU à Téhéran pour suspendre ses activités nucléaires. L'AIEA constate que l'Iran n'a pas respecté l'ultimatum de l'ONU.

Mars. L'AIEA décide de réduire son aide technique à l'Iran.

Formation d'un nouveau gouvernement d'union nationale palestinien.

Quinze marins britanniques patrouillant à proximité des eaux territoriales iraniennes sont capturés par l'Iran dans le golfe Persique.

L'ONU adopte la résolution 1747, qui durcit les sanctions économiques et commerciales contre l'Iran.

Avril. Le gouvernement irakien décide la réintégration dans l'armée des anciens soldats de Saddam Hussein.

Mai. Combats de l'armée contre les islamistes du Fatah Al-Islam dans le camp palestinien de Nahr Al-Bared, au nord du Liban (plus de 400 morts).

Juin. Ismaïl Haniyeh est limogé par Mahmoud Abbas et remplacé par Salam Fayyad au poste de Premier ministre. Le Hamas prend le contrôle militaire de la bande de Gaza.

Septembre. Israël déclare Gaza « entité hostile » et lui impose des sanctions économiques. L'aviation israélienne mène un raid contre le site d'Al-Kibar en Syrie, qui abriterait un réacteur nucléaire secret.

Novembre. Conférence d'Annapolis.

Décembre. La conférence de Paris décide une aide de 7,4 milliards de dollars pour les Palestiniens.

La Grande-Bretagne remet la responsabilité de la

sécurité de la province de Bassora aux forces irakiennes.

2008

Janvier. Entrée en vigueur du marché commun du
golfe Persique.

Tournée au Moyen-Orient et dans le Golfe du président Bush, accompagné de la secrétaire d'État
Condoleezza Rice. Le Parlement irakien adopte une
loi de réhabilitation des anciens membres du parti
Baas, autorisant leur retour dans la vie publique.
Elle permet aux anciens fonctionnaires de toucher
une pension.

Liban : l'élection présidentielle est reportée pour la
treizième fois depuis le 25 septembre 2007, faute
d'accord entre la majorité antisyrienne et l'opposition, et malgré la médiation de la Ligue arabe.

Flambée de violences israélo-palestiniennes : Israël
boucle la bande de Gaza et durcit sa pression par
une série de raids aériens meurtriers, appuyés par
des chars.

Le Parlement irakien adopte une loi de réhabilitation des anciens baasistes, parti dont était issu Saddam Hussein.

Le Hamas force à l'explosif la frontière entre la
bande de Gaza et l'Égypte pour briser le blocus et
permettre à des milliers d'habitants de se ravitailler
dans les commerces frontaliers.

Yémen : un groupe de quinze touristes belges est
attaqué dans le Wadi Hadramaout, à l'est de Sanaa,

par des hommes armés qui tuent deux femmes belges ainsi que leur guide et leur chauffeur yéménites. Le groupe armé serait affilié au réseau Al-Qaida.

Le rapport de la commission Winograd sur la guerre entre Israël et le Hezbollah libanais conclut notamment à la responsabilité de l'échelon militaire, faisant état de « sérieux manquements et défaillances dans le processus de décision » ainsi que « dans la qualité de préparation et de performance du haut commandement de l'armée de terre, de même qu'en ce qui concerne la stratégie et l'organisation ».

Février. Assassinat à Damas d'Imad Moughnieh, chef militaire du Hezbollah libanais.

L'armée turque lance une offensive dans le nord de l'Irak contre les rebelles du PKK, qui revendiquent leur autonomie.

Offensive (baptisée « Hiver chaud ») de l'armée israélienne contre la bande de Gaza pour réduire les tirs de roquettes contre les villes israéliennes de Sdérot et Ashkelon, et affaiblir le régime du Hamas : 2 000 soldats appuyés par des chars et par l'aviation. Près de 130 Palestiniens, activistes et civils, sont tués.

Lors des obsèques d'Imad Moughnieh, le chef du Hezbollah, Hassan Nasrallah déclare une « guerre ouverte » à l'État hébreu.

Mars. Construction d'un mur entre l'Égypte et la bande de Gaza afin d'éviter un nouvel afflux de milliers de Palestiniens.

Attentat dans une école talmudique en Israël : huit étudiants de la Mercaz HaRav sont tués et dix blessés par des rafales de fusil automatique tirées par un homme originaire de Jérusalem-Est, partie arabe de la ville. Le Hamas revendique l'attentat, le premier depuis quatre ans à Jérusalem.

Onzième sommet à Dakar de l'Organisation de la conférence islamique (OCI). Une nouvelle charte est adoptée, qui se réfère aux droits humains, aux libertés fondamentales et à l'État de droit. Concernant la Palestine, le soutien au combat de libération des territoires a été transformé en soutien du « peuple palestinien pour lui donner les moyens de créer son État souverain ».

À Bagdad, la Conférence nationale de réconciliation des factions irakiennes, qui réunit 400 délégués sunnites, chiites et kurdes, s'achève sans résultats probants.

Mgr Paulos Faraj Rahho, archevêque chaldéen de Mossoul, enlevé le 29 février, est retrouvé mort.

Après cinq jours de discussions sous l'égide du président yéménite Ali Abdallah Saleh, les représentants du Hamas et du Fatah acceptent de signer la déclaration de Sanaa, plan de réconciliation proposé par le Yémen qui prévoit notamment la tenue d'élections législatives anticipées dans les territoires palestiniens.

Le 20e sommet de la Ligue arabe à Damas est marqué par le boycottage du Liban et l'absence des chefs d'État des principaux alliés de Washington dans la région, comme l'Arabie saoudite, l'Égypte et la Jordanie, pour protester contre l'ingérence syrienne au Liban.

Affrontements entre les forces gouvernementales irakiennes et les miliciens sadristes dans la ville portuaire de Bassora, au sud de Bagdad : lutte d'influence entre factions chiites rivales, depuis le retrait des forces britanniques.

Avril. Combats à Sadr City, entre les partisans du mouvement de Moqtada al-Sadr et les forces irakiennes appuyées par des unités américaines.

Riyad al-Nouri, l'un des principaux leaders du mouvement de Moqtada al-Sadr, est assassiné à son domicile à Nadjaf.

Attaques du Hamas contre l'armée israélienne : opération Briser le siège.

Liban : 18e report de la séance parlementaire supposée élire un président.

Mai. Accord entre le gouvernement irakien et le mouvement de Moqtada al-Sadr sur un cessez-le-feu. Le texte de l'accord n'envisage pas la dissolution de l'armée du Mahdi, ni son désarmement.

Offensive de l'armée irakienne contre la guérilla d'Al-Qaida.

Affrontements meurtriers entre chiites et sunnites au Liban. Le gouvernement à majorité sunnite et druze de Fouad Siniora met hors la loi le réseau privé de télécommunications du Hezbollah et limoge le responsable de la sécurité de l'aéroport international de Beyrouth.

Qualifiant ces deux décisions de déclaration de guerre, les chiites lancent une campagne de désobéissance civile à l'occasion d'une grève générale décrétée par les syndicats pour appuyer des revendications salariales. Le mouvement dégénère en bataille de rue meurtrière entre partisans sunnites du gouvernement et le Hezbollah, qui prend le contrôle des quartiers ouest de Beyrouth, bloquant les accès au port et à l'aéroport international. Combats à Tripoli et Halba, au nord du Liban, et au sud-est dans la région montagneuse du Chouf.

Le gouvernement annule les deux décisions prises à l'encontre du Hezbollah quatre jours plus tôt. Médiation de la Ligue arabe et du Qatar : négociations interlibanaises à Doha, au Qatar, qui aboutissent à un accord de sortie de crise stipulant que le général Michel Sleimane, chef de l'armée, sera élu président « dans les vingt-quatre heures ». Le Hezbollah obtient un droit de veto au sein du gouvernement d'union nationale. L'opposition lève son campement de protestation dans le centre de Beyrouth.

Israël célèbre le 60e anniversaire de sa création.

Procès à Bagdad de Tarek Aziz (ministre de l'Information, ministre des Affaires étrangères puis vice-Premier ministre de l'ancien président Saddam Hussein). Il est jugé avec sept autres dignitaires de l'ancien régime pour l'exécution en 1992 de 42 commerçants accusés d'avoir spéculé sur les prix des produits alimentaires.

Juillet. Échange de prisonniers et de dépouilles mortelles entre Israël et le Hezbollah.

Août. L'Irak signe le traité d'interdiction complète des essais nucléaires.

Septembre. Ouverture du dialogue national au Liban sur les relations entre l'armée et le Hezbollah.

Après deux ans et demi au pouvoir, le Premier ministre israélien Ehoud Olmert démissionne.

Début d'une vague de violence antichrétienne à

Mossoul, au nord de l'Irak, qui fait des dizaines de morts et provoque la fuite de milliers de chrétiens.

Octobre. Établissement de relations diplomatiques entre la Syrie et le Liban, en vue de l'ouverture d'ambassades à Beyrouth et à Damas.

La ville israélienne de Saint-Jean-d'Acre est le théâtre de violents affrontements intercommunautaires entre Juifs et Arabes pendant quatre jours, au moment de la fête juive de Yom Kippour.

Novembre. Le Liban décide d'établir des relations diplomatiques avec « l'État de Palestine », en approuvant le principe de l'ouverture d'une ambassade qui remplacerait le bureau de l'Organisation de libération de la Palestine (OLP) à Beyrouth.

Le Parlement irakien adopte par 144 voix contre 198 l'accord de sécurité avec les États-Unis qui prévoit le retrait des troupes américaines à la fin 2011.

Le Parlement algérien approuve un amendement à la Constitution, qui permet au président Bouteflika de se présenter pour un troisième mandat.

BIBLIOGRAPHIE SÉLECTIVE

Généralités

Yadh BEN ACHOUR, *Aux fondements de l'orthodoxie sunnite*, Paris, PUF, 2008.

François BURGAT, *L'Islamisme au Maghreb. La voix du Sud*, Paris, Payot et Rivages, 2008 (nouv. éd.).

Georges CORM, *Le Proche-Orient éclaté, 1956-2007*, Paris, La Découverte, 2007 ; Paris, Gallimard, coll. « Folio histoire ».

Charles ENDERLIN, *Le Rêve brisé. Histoire de l'échec du processus de paix au Proche-Orient, 1995-2002*, Paris, Fayard, 2002.

Jean-Pierre FILIU, *Les Frontières du jihad*, Paris, Fayard, 2006.

Alain GRESH, Dominique VIDAL, *Les 100 clés du Proche-Orient*, Paris, Hachette Littératures, 2006.

Lilli GRUBER, *L'Autre islam : au cœur de l'univers chiite*, Paris, Saint-Simon, 2005.

Rémy LEVEAU et Frédéric CHARILLON (dir.), *Afrique du Nord, Moyen-Orient : les incertitudes du « Grand Moyen-Orient »*, Paris, La Documentation française, 2005.

Laurence LOUËR, *Chiisme et politique au Moyen-Orient*, Paris, Autrement, 2008.

Farouk MARDAM-BEY et Elias SANBAR, *Être arabe*, Arles, Actes Sud ; Paris, Sindbad, 2005.

Barah MIKAÏL, *La Politique américaine au Moyen-Orient*, Paris, Dalloz, IRIS, 2006.

Hugh MILES, *Al-Jazira. La chaîne qui défie l'Occident*, Paris, Buchet-Chastel, 2006.

Lawrence WRIGHT, *La Guerre cachée. Al-Qaida et les origines du terrorisme islamiste*, Paris, Robert Laffont, 2007.

Sur l'Algérie

Benjamin STORA, *Histoire de l'Algérie depuis l'indépendance. 1, 1962-1988*, Paris, La Découverte, 2004 (4e éd.).

Saïd ZAHRAOUI, *Entre l'horreur et l'espoir. 1990-1999 : chronique de la nouvelle guerre d'Algérie*, Paris, Robert Laffont, 2000.

Sur l'Arabie saoudite

Pascal MÉNORET, *L'Énigme saoudienne. Les Saoudiens et le monde, 1744-2003*, Paris, La Découverte, 2003.

David RIGOULET-ROZE, *Géopolitique de l'Arabie saoudite*, Paris, Armand Colin, 2005.

Sur l'Égypte

Jean-Noël FERRIER, *L'Égypte, entre démocratie et islamisme. Le système Moubarak à l'heure de la succession*, Paris, Autrement, 2008.

Sophie POMMIER, *Égypte. L'Envers du décor*, Paris, La Découverte, 2008.

Sur l'Irak

Michael R. GORDON et Bernard E. TRAINOR, *Cobra II. The Inside Story of the Invasion and Occupation of Iraq*, New York, Pantheon Books, 2006.

Kris KUTCHERA, *Le Livre noir de Saddam Hussein*, Paris, Oh ! Éditions, 2005.

Sur l'Iran

Thierry COVILLE, *Iran, la révolution invisible*, Paris, La Découverte, 2007.

Thérèse DELPECH, *L'Iran, la bombe et la démission des nations*, Paris, Autrement, 2006.

Jean-Pierre DIGARD, Bernard HOURCADE, Yann RICHARD, *L'Iran au XXᵉ siècle : entre nationalisme, islam et mondialisation*, Paris, Fayard, 2007 (nouv. éd.).

Bruno TERTRAIS, *Iran : la prochaine guerre*, Paris, Le Cherche midi, 2007.

Claire TRÉAN, *Le Paradoxe iranien*, Paris, Robert Laffont, 2006.

Sur Israël

Sylvain CYPEL, *Les Emmurés. La société israélienne dans l'impasse*, Paris, La Découverte, 2006 (nouv. éd.).

Alain DIECKHOFF (dir.), *L'État d'Israël*, Paris, Fayard, 2008.

Frédéric ENCEL, François THUAL, *Géopolitique d'Israël*, Paris, Seuil, 2006.

Emmanuel FAUX, *Le Nouvel Israël. Un pays en quête de repères*, Paris, Seuil, 2008.

Pierre HASKI, *Israël, une histoire mouvementée*, Toulouse, Milan, 2006 (nouv. éd.).

Alain MICHEL, *Racines d'Israël. 1948 : plongée dans 3 000 ans d'histoire*, Paris, Autrement, 2003.

Avi SHLAIM, *Le Mur de fer : Israël et le monde arabe*, Paris, Buchet-Chastel, 2008.

Sur la Jordanie

Randa HABIB, *Hussein, père et fils*, Paris, L'Archipel, 2007.

Sur le Liban

Robert FISK, *Liban : nation martyre*, Paris, Panama, 2007.

Sabrina MERVIN (dir.), *Le Hezbollah. État des lieux*, Arles, Actes Sud ; Paris, Sindbad, 2008.

Béatrice PATRIE et Emmanuel ESPANOL, *Qui veut détruire le Liban ?*, Arles, Actes Sud, 2007.

Sur le Maroc

Nicolas BEAU, Catherine GRACIET, *Quand le Maroc sera islamiste*, Paris, La Découverte, 2007.

Ignace DALLE, *Le Règne de Hassan II, 1961-1999. Une espérance brisée*, Paris, Maisonneuve et Larose ; Casablanca, Tarik éditions, 2001.

Gilles PERRAULT, *Notre ami le roi*, Paris, Gallimard, coll. « Folio », 1992.

Sur la Palestine

Khaled HROUB, *Le Hamas*, Paris, Demopolis, 2008.

Amnon KAPELIOUK, *Arafat, l'irréductible*, Paris, Fayard, 2004.

Rashid KHALIDI, *Palestine, histoire d'un État introuvable*, Arles, Actes Sud, 2007.

Henri LAURENS, *La Question de Palestine*, t. I, *1799-1922, l'invention de la Terre sainte*, et t. II, *1922-1947, une mission sacrée de civilisation*, Paris, Fayard, 1999 et 2002.

Ilan PAPPÉ, *Une terre pour deux peuples. Histoire de la Palestine moderne*, Paris, Fayard, 2004.

Dominique THOMAS, *Crises politiques en Palestine, 1997-2007*, Paris, Michalon, 2007.

Sur la Syrie

Baudouin DUPRET (dir.), *La Syrie au présent : reflets d'une société*, Arles, Actes Sud, 2007.

Sur la Tunisie

Nicolas BEAU, Jean-Pierre TUQUOI, *Notre ami Ben Ali. L'envers du miracle tunisien*, Paris, La Découverte, 2002.

Michel CAMAU, Vincent GEISSER, *Le Syndrome autoritaire. Politique en Tunisie de Bourguiba à Ben Ali*, Paris, Presses de Sciences Po, 2003.

Table

Des mêmes auteurs :

Christian Chesnot

La Bataille de l'eau au Proche-Orient, Paris, L'Harmattan, 1993.
Palestiniens, 1948-1998. Génération fedayin : de la lutte armée à l'autonomie, avec Joséphine Lama, Paris, Autrement, 1998.
L'Irak de Saddam Hussein : portrait total, avec Georges Malbrunot, Paris, Éditions 1, 2003.
Les Années Saddam, avec Georges Malbrunot, Paris, Fayard, 2003.
Mémoires d'otages : notre contre-enquête, avec Georges Malbrunot, Paris, Calmann-Lévy, 2005.

Antoine Sfeir

L'Argent des Arabes, Paris, Hermé, 1992.
Atlas des religions, Paris, Perrin, 1993, rééd. 1999.
Les Réseaux d'Allah : les filières islamistes en France et en Europe, Paris, Plon, 1997, rééd. 2001.

Dictionnaire mondial de l'islamisme (dir.), Paris, Plon, 2002.

Dieu, Yahvé, Allah : les grandes questions sur les trois religions, avec M. Kubler et K. Mrowjec, Paris, Bayard Jeunesse, 2004.

La Langue française face à la mondialisation, avec Yves Montenay, Paris, Les Belles Lettres, 2005.

Liberté, égalité, islam : la République face au communautarisme, avec René Andrau, Paris, Tallandier, 2005.

L'Islam en 50 clés, Paris, Bayard, 2006.

Américains, Arabes : l'affrontement, avec Nicole Bacharan, Paris, Seuil, 2006.

Orient si proche, entretien avec Antoine Sfeir, complément du DVD *Persona Non Grata* de Oliver Stone, 2006.

Tunisie, terre de paradoxes, Paris, L'Archipel, 2006.

Vers l'Orient compliqué : les Américains et le monde arabe, Paris, Grasset, 2006.

Al-Qaida menace la France, Paris, Le Cherche-Midi, 2007.

Les Islamismes d'hier à aujourd'hui, Paris, Lignes de repères, 2007.

Brève histoire de l'islam à l'usage de tous, Paris, Bayard, 2007.

Israël survivra-t-il ?, avec Théo Klein, Paris, L'Archipel/France culture, 2008.

 **www.livredepoche.com**

- le **catalogue** en ligne et les dernières
  parutions
- des **suggestions de lecture** par des libraires
- une **actualité éditoriale permanente** :
  interviews d'auteurs, extraits audio et vidéo,
  dépêches…
- **votre carnet de lecture** personnalisable
- des **espaces professionnels** dédiés
  aux journalistes, aux enseignants
  et aux documentalistes

Composition réalisée par PCA

Achevé d'imprimer en avril 2010 en Espagne par
LITOGRAFIA ROSÉS S.A.
08850 Gava
Dépôt légal 1re publication : avril 2010
Librairie Générale Française – 31, rue de Fleurus – 75278 Paris Cedex 06